中国奶业竞争力影响因素及提升策略研究

◎刘秀娟 著

中国农业科学技术出版社

图书在版编目（CIP）数据

中国奶业竞争力影响因素及提升策略研究 / 刘秀娟著. -- 北京：中国农业科学技术出版社，2022.9
ISBN 978-7-5116-5653-7

Ⅰ.①中… Ⅱ.①刘… Ⅲ.①乳品工业-产业发展-研究-中国 Ⅳ.① F426.82

中国版本图书馆 CIP 数据核字（2021）第 274267 号

责任编辑　金　迪
责任校对　马广洋
责任印制　姜义伟　王思文

出 版 者	中国农业科学技术出版社 北京市中关村南大街 12 号　　邮编：100081
电　　话	（010）82106625（编辑室）　（010）82109702（发行部） （010）82109709（读者服务部）
网　　址	http://www.castp.cn
经 销 者	各地新华书店
印 刷 者	北京建宏印刷有限公司
开　　本	185 mm × 260 mm　1/16
印　　张	12
字　　数	280 千字
版　　次	2022 年 9 月第 1 版　2022 年 9 月第 1 次印刷
定　　价	78.00 元

━━━◀ 版权所有·侵权必究 ▶━━━

前言

在国家全面振兴奶业，建设奶业现代化的大背景下，奶业成为农业供给侧结构性改革的突破口。虽然中国奶业在改革开放后经历了40余年的快速发展，但是与发达国家相比，竞争力依然较弱。"一带一路"开放格局下，面对进口乳制品的冲击和贸易摩擦，中国奶业发展水平亟须提升。

当前提升奶业竞争力已经成为中国奶业发展的基本方向。但是，由于奶业包含了养殖和加工两个环节，内部作用机制复杂，已有的奶业研究在实践、理论方面还不系统，存在许多待解决的问题。因此，界定奶业的内涵，分析中国奶业的发展现状及影响因素，构建奶业发展影响因素测度系统并分析其作用效果，对丰富奶业发展理论具有重要的科学意义。在理论研究基础上，制定奶业发展战略、优化奶业区域布局，提出奶业发展对策，可以为相关政府部门制定奶业政策、加强管理提供参考，对全面、有效地提高中国奶业竞争力具有重要的现实意义。奶业发展水平提高对促进乡村振兴、带动农民增收、满足人民食物消费结构升级、实现奶业现代化和优化农业结构具有深远的社会意义。

本书系统分析了奶业和竞争力等内涵，以竞争优势理论、要素禀赋理论、内生比较优势理论、可持续发展理论、区域经济理论等为基础，运用14年的国内各区域奶业相关统计数据和37年的联合国粮食及农业组织（FAO）国际奶业统计数据，探究中国奶业发展现状和影响因素，构建影响因素测度系统并分析其作用效果，评价奶业发展水平，最后提出奶业发展建议。

本书主要内容包括：第一，以波特钻石模型理论为基础，从理论角度剖析中国奶业发展的影响因素，找出奶业发展的内部优势和劣势、外部风险和威胁。第二，在奶业发展现状和影响因素分析基础上，结合奶业的特性，从发展环境、发展实力、竞争绩效三方面筛选奶业发展测度因子，采用探索性因子分析法，构建了包括5个公因子和18个度量指标的奶业发展影响因素测度系统。第三，提出研究假设，通过结构方程模型对影响因素间作用效果进行分析，找出对奶业发展作用最大的因子以及作用路径。第四，构建奶业发展水平评价指标体系，采用全局主成分分析法对 27 个省（区、市）横跨 14 年的奶业发展水平进行评价，找出发展环境、生鲜乳生产能力、牧场经营能力、乳企经营能力、竞争绩效、综合发展水平的优势区域，通过聚类分析，对区域奶业发展进行定位，分为奶业龙头带动区、奶业潜力挖掘区、奶业特色发展区。第五，从全局视角制定奶业发展战略，从区域比较视角优化奶业发展布局，从影响因子视角提出奶业发展对策。

  本书是我在河北农业大学工作学习期间完成的，获得河北省社会科学发展研究课题（20210201281）资助。写作过程中，身边的老师、朋友给予我许多帮助，在此表示衷心的感谢！鉴于本人写作水平有限，书中难免存在疏漏之处，敬请广大读者批评指正。

刘秀娟

2022 年 6 月

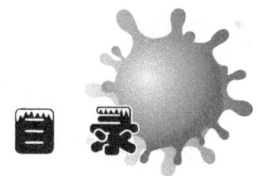

目录

1 概述···1
  1.1 中国奶业发展背景···1
  1.2 国内外奶业研究现状···2
  1.3 研究目的···11
  1.4 研究方法···11
  1.5 创新性总结···12

2 概念界定与理论基础···13
  2.1 概念界定···13
  2.2 理论基础···16
  2.3 本章小结···19

3 中国奶业发展现状···20
  3.1 中国奶业的发展历程···20
  3.2 牛奶生产现状分析···33
  3.3 乳制品生产现状分析···37
  3.4 牧场和乳企发展现状分析···39
  3.5 乳制品贸易现状分析···44
  3.6 本章小结···48

4 中国奶业发展影响因素钻石模型分析···49
  4.1 生产要素分析···49
  4.2 需求分析···57
  4.3 相关辅助产业分析···61
  4.4 奶业规模与结构分析···67
  4.5 奶业发展政策环境分析···72
  4.6 影响因素态势归纳···80
  4.7 本章小结···83

5	中国奶业发展影响因素测度系统构建	84
	5.1 奶业发展影响因素的分析维度	84
	5.2 奶业发展测度因子的选择	86
	5.3 奶业发展测度因子理论分析	90
	5.4 奶业发展测度因子系统构建	95
	5.5 本章小结	106
6	奶业发展影响因素间作用路径与效果分析	107
	6.1 研究方法分析	107
	6.2 奶业发展影响因素理论模型的构建	108
	6.3 奶业发展影响因素理论模型的拟合	111
	6.4 奶业发展影响因素模型的拟合检验	116
	6.5 奶业发展测度因子影响度与影响路径分析	119
	6.6 本章小结	121
7	奶业发展水平省际评价	122
	7.1 奶业发展水平评价方法	122
	7.2 奶业发展水平评价指标体系	123
	7.3 奶业发展水平评价和比较	126
	7.4 奶业发展水平聚类分析	136
	7.5 本章小结	139
8	中国奶业发展战略、布局及对策	140
	8.1 全局视角的奶业发展战略	140
	8.2 区域比较视角的奶业发展布局	144
	8.3 影响因子视角的奶业发展对策	147
	8.4 本章小结	153
9	研究结论与展望	155
	9.1 研究结论	155
	9.2 研究展望	156
参考文献		158
附录		168

1 概 述

中国奶业已经取得了巨大的发展,由于其开放度较高,面临着激烈的竞争,近几年与新西兰、澳大利亚的奶业贸易格局中,中国乳制品进口量大增,国内原料奶生产环节成本较高,体现出奶业相对优势不足,迫切需要找出发力点,提高竞争力,才能实现奶业可持续发展。

1.1 中国奶业发展背景

我国社会主要矛盾已经转化为人民日益增长的美好生活需要和不平衡不充分的发展之间的矛盾。民以食为天,随着人民收入水平提高,乳制品在食品消费中比重上升,为了解决食品结构转型与种植结构之间的矛盾,国家提出农业向粮、经、饲统筹,种养加一体转型,奶业成为农业供给侧结构性改革的突破口。首先,推进奶业发展可以满足人民食物消费结构升级,带动饲料作物的种植,实现农业结构的优化。其次,奶业的发展离不开乡村,奶业兴旺必然会促进乡村振兴,带动农民增收。2018年国务院办公厅《关于推进奶业振兴保障乳品质量安全的意见》提出全面振兴奶业,实现奶业现代化,提高奶业竞争力。因此研究中国奶业的发展策略,提高竞争力,极具现实意义。

中国奶业取得了巨大的历史性进步。生鲜乳产量大幅提升,2018年牛奶产量3 074.6万t,较1978年增加了约35倍;全国平均生鲜乳质量指标高于国家标准,规模化牧场指标达到了国际先进水平;奶牛养殖水平明显提高,2018年存栏100头以上的养殖场奶牛存栏数占比为60%以上,中国荷斯坦奶牛平均单产为7 400 kg/年,较1978年增长了1.5倍多;机械化水平提高,牧场由松散型养殖向规范化、规模化养殖转型基本完成;2018年我国乳制品产量为2 687.10万t,2000—2018年年复合增长率15.29%;中国引进了世界一流的乳制品生产设备,装备了世界最先进的检测仪器,实施了最严苛的全产业链监管制度,乳制品质量比肩国际水准,2018年抽检合格率99.8%;一批乳企脱颖而出,品牌影响力越来越大,内蒙古伊利实业集团股份有限公司(简称伊利)、内蒙古蒙牛乳业(集团)股份有限公司(简称蒙牛)等奶业领军企业表现突出,在海外开疆扩土,兼并收购,中国奶业与国际合作的大格局正在形成。

在我国奶业快速发展并取得巨大成就的同时,也应该充分认识到奶业还存在诸多问题亟须解决，主要有以下三方面。

第一，奶牛养殖业整体发展水平有待进一步提高。全国奶牛养殖平均规模和美国、新西兰、澳大利亚相比还有差距；根据《中国奶业统计资料2019》数据，奶牛单产水平与同是圈养规模化养殖的美国相比，2018年还相差3 100 kg/头；由于我国奶牛养殖的单产水平低、饲料利用效率低、奶牛利用年限短和生产成本高等原因，原料奶生产成本与奶业强国相比较高，2018年中国原料奶生产成本为3.31元/kg，比美国高29%左右。

第二，部分奶业辅助产业发展滞后。在奶牛养殖环节，牧场需要优质粗饲料，由于国内优质苜蓿、燕麦干草产量不能满足需求，很多牧场开始大量进口，2011年以来中国已成为澳洲燕麦干草第二大进口商；奶牛单产水平的提高很大程度上依赖牛群遗传品质的提升，中国遗传评估数据的整理、分析工作滞后，在奶牛品种遗传素质和选种选配技术上与发达国家相比还存在差距。在乳品加工环节，中国主要乳品加工机械设备国产化率不足20%，国内大型乳品企业的主要加工装备依靠进口；国内液态奶包装机大部分被国外公司垄断，导致国内多数乳企的包装材料亦依赖进口。

第三，乳制品进口量激增。国内乳品企业产品同质化现象严重，主要生产液态奶，直接生产奶油、奶酪的较少，2000年以来奶油、奶酪进口量在不断提高，乳基配料（乳清粉、乳钙等）长期依赖进口。在液态奶市场，中国乳企主打高端产品，高售价给进口乳制品留下了市场空间，2011年以来液态奶进口量高速增长。高附加值的乳制品市场占有率低，例如婴幼儿配方产品，据尼尔森调查，2018年国外品牌占有60%以上的高端奶粉市场份额，国内品牌主要集中于中低端产品市场。

以上问题归根结底是奶业竞争力较弱的集中体现。2015年中央一号文件指出，做强农业必须注重提高竞争力；2017年初在河北考察时，习近平总书记提出要打造出具有国际竞争力的乳业产业；2019年中央一号文件提出实施奶业振兴行动，以期提升我国奶业发展的质量、效益和竞争力。"一带一路"开放格局下，面对不断的贸易摩擦，提高奶业竞争力需要思考以下问题：中国奶业的发展战略是什么，怎样布局区域奶业发展，如何提高奶业发展水平。围绕上述问题来构思中国奶业发展的研究内容，希望在已有的理论和研究成果基础上，进一步深入分析，解答上述研究问题，提高中国奶业竞争力。

1.2 国内外奶业研究现状

1.2.1 国外研究现状

国外关于奶业的研究集中在养殖效率、乳品加工业效率的提高、价格变化、政策变化对奶业的影响等方面。第一，关于养殖效率的研究，Tauer等[1]研究造成美国小规模奶牛场的成本高于大型农场的原因，认为许多小农场生产成本较高的原因是效率低下，而不是技术原因。Suhaimi等[2]测算了马来西亚奶牛场的技术效率，进而探讨了乳业技术效率低下的影响因素。Le等[3]评估了温室气体减排对阿尔伯塔省乳品业效率的影响。

第二，关于乳品加工业效率的研究，Briscoe 等[4]研究了爱尔兰合作社之间的合并行为，认为爱尔兰乳制品业远远落后于其他国际竞争对手，需要更大的加工单位，才能将重点转向生产附加值更高的产品，研发方面获得充足的投资。Pawlak[5]采用 GTAP 一般均衡模型，研究由于潜在的全球牛奶贸易自由化引起的欧盟国家和世界主要乳制品生产国的市场变化情况。Macdonald 等[6]介绍了美国乳制品生产结构变化、乳制品市场变化、价格波动加剧和乳制品政策。Squicciarini 等[7]分析了乳制品生产对印度农业增长的影响。Yan 等[8]分析了爱尔兰乳制品加工厂的用水影响因素，确定了提高用水效率的范围。第三，价格研究方面，Bolotova[9]实证分析美国东部地区零售液态牛奶价格、农场牛奶价格（一级牛奶价格）和农场利润与零售利润之间的差异。Dolgopolova 等[10]研究了德国传统牛奶、有机牛奶和无转基因牛奶的价格关系。Rezitis 等[11]分析了贸易自由化对欧盟、大洋洲和美国乳制品市场空间价格变动的影响。第四，政策变化对奶业的影响方面，Fitzsimmons 等[12]研究新英格兰地区《乳制品契约》在实施前和实施期间对农场和零售液态牛奶价格的影响。Elskamp 等[13]研究了加拿大安大略省乳制品配额市场中农场规模效率与配额购买之间的关系，发现规模效率对净配额购买有积极影响，并且实施的逐步转移评估政策和价格上限政策减缓了这一影响。Bethan 等[14]通过对 548 名苏格兰消费者的调查，研究了产品类型、日期类型、减量标签和乳制品消费意愿之间的关系。Charlton 等[15]研究移民执法政策实施后当地移民劳动力供给向内转移对美国乳制品经营的影响。Em 等[16]研究了肯尼亚乳制品委员会新规对牛奶价格、牛奶分配和儿童摄入量的影响。

奶业竞争力研究在国外是一个较小的研究领域，研究重点为竞争力衡量、比较、影响因素、提升竞争力的方法。第一，在竞争力衡量方面，Buckley 等[17]从竞争力绩效、竞争力潜力、竞争力实现三个方面衡量竞争力，并分析了它们之间的关系，认为可盈利性和市场份额是竞争力绩效的主导指标，竞争力潜力是竞争力绩效的来源。Frohberg 等[18]认为应该从竞争力事后绩效和竞争力潜力两方面来衡量竞争力。Ward 等[19]评估了在引入符合《巴黎协定》的全球碳价格之后对经济的短期冲击，产业竞争力的变化。第二，在竞争力分析比较方面，Blignaut[20]基于波特钻石模型分析了南非奶业的本地竞争力和国际竞争力。Špička[21]采用波特五力分析模型，分析了捷克奶业的竞争环境，还分析了乳制品行业的技术效率。Bojnec[22]利用 2000—2011 年的显示性比较优势指数，分析了欧盟国家的乳制品对欧盟内部、欧盟外部和全球市场的出口竞争力，研究表明乳品链的产品差异化对出口竞争力和专业化十分重要，高加工水平的乳制品的出口竞争力对最终消费具有重要意义。Chatellier[23]分析了国际、欧洲和法国乳制品贸易趋势和竞争动态。Hochuli 等[24]研究了瑞士奶牛场的三种不同发展策略：高度专业化的牛奶生产、多样化营销、农业旅游，得出农业旅游模式最具有竞争优势。第三，在竞争力影响因素和提升途径方面，Viaene 等[25]研究发现，牛奶不再被认为是原料，而是乳制品的成分，为了保持乳制品的竞争力，乳品企业需要在研发部门和市场部门之间加强合作。Kawaguchi 等[26]运用空间均衡模型研究日本奶业，发现对区域间牛奶调动的最好解释是不完全竞争行为的结果。Boehlje 等[27]认为在奶业市场竞争中获胜的关键因素是将重点放在消费者需求和生产方法的结合上。Dobson[28]总结了爱尔兰乳品加工者竞争环境的关键要素,爱尔兰整体的乳业结构,以及爱尔兰乳制品加工和出口公司的战略。Dillon 等[29]在欧盟贸易自由化背景下,从劳动生产率的角度提出了提高爱尔兰乳品业国际竞争力的建议。Hadryjańska[30]认为乳品企业的亲生态行为不但贯彻了欧盟的生态政策,而且成为影响其竞争地位的有利因素。Gamma[31]分析了外部环境对乳品企业竞争力的影响,证明了牛奶加工厂与原料奶生产企业垂直整合的必要性。Muturi[32]利用价值链分析肯尼亚乳品企业的活动,找到竞争优势的来源,提升奶业竞争力。Guo 等[33]通过一个典型的生产函数建立了经济计量模型,探讨中国乳品行业不同企业规模、不同地区和不同城市的市场力量。Scollan 等[34]研究了欧洲委员会资助的可持续有机低投入乳品(固体)项目涉及的 25 个合作伙伴,低投入乳业具有国家特定的农场特征,与集约型乳业体系相比,具有潜在的竞争力。Chindime 等[35]基于对马拉维利隆圭和布兰泰尔产区 193 名小奶农的横断面调查,通过计算创新指数来衡量创新绩效,并进一步分析创新的驱动力和障碍。Dzukou 等[36]研究了产品创新作为一个潜在的竞争力驱动因素对法国乳品行业的影响。

总之,国外在奶业研究方面更侧重于效率研究和政策变化对奶业的影响研究;在竞争力研究上重点是影响因素研究。

1.2.2 国内研究现状

从中国知网现有期刊来看,关于奶业的研究主要涉及畜牧与动物医学、农业经济学、工业经济学、轻工业手工业四大学科,由于本书的研究视角是从经济学角度出发,因此主要关注奶业经济的研究文献。在这一领域最早关于奶业的研究是刘秋篁[37]对重庆市奶业产供销一条龙发展的建议,提出农业、工业和商业的联合经营是实现农业现代化的必经之路,是经济规律使然。1999 年开始对奶业的研究逐渐增多,2008 年和 2013 年是奶业研究的两个高潮。从研究内容来看,关于奶业的研究主要分为:发展现状及政策研究、牧场生产研究、生产组织模式及利益联结机制研究、乳制品贸易研究、国外经验借鉴研究、奶业区域布局研究、消费市场研究、质量安全研究、奶业竞争力研究 9 个方面。

(1)发展现状及政策研究。学者关于中国奶业发展现状,存在的问题,发展奶业的建议、战略方面的研究最多,也有部分学者关注奶业发展演变过程、奶业政策实施效果。总之,这方面的研究侧重于经验、案例研究。

在 20 世纪 80 年代,学者围绕提倡发展奶业、在哪里发展奶业问题展开研究。例如曾晓光[38]提出在农业现代化建设中,应该建设有奶牛的混合农业系统,发展奶牛业可以突破复种指数的极限,充分利用光热资源,缓和发展猪禽等畜牧业饲料紧张的问题,增加培肥地力的新途径。1989 年学者开始对城市郊区奶业发展问题进行研究,陈俊家[39]对长沙市近郊奶业发展中存在的问题进行分析,提出将奶牛养殖放在中、远郊区,理顺奶业管理体制,稳定供应平价饲料用粮。在 20 世纪 90 年代,奶业生产在经济体制转轨的背景下产生了许多新问题,奶业市场经济调查组[40]针对 1993 年以来奶产量下降的问题,分析了产生原因,建议在计划经济向市场经济转轨阶段,要理顺价格体系,开展一体化经营，调整一二三产业之间的利益分配关系等。庾国柱[41]分析了市场化下我国奶业面临的挑战，建议提高奶业生产的集约度，整合奶业产业链，改进奶价管理机制，建立奶业风险管理机制。进入21世纪，随着中国加入世界贸易组织（WTO），奶业发展不但要面对国内的结构性问题，还要应对乳制品进口带来的冲击，学者围绕这两个方面展开研究。赵全厚[42]针对我国奶业存在的问题，结合WTO规则，探讨了政府扶持奶业的可行措施。吕向东等[43]分析了进入调整期的中国奶业所面临的结构性问题和乳制品进口持续增长的压力，建议转变生产方式、加快产业升级、规范市场秩序、加大贸易支持，提升奶业综合生产能力和国际竞争力。

随着奶业发展进入规范期，国家奶业政策趋于稳定，部分学者开始研究我国奶业政策的演变规律和转型路径。郑军南等构建了"经济规制—社会规制"动态分析框架，分析了三次重大奶业危机中的政府规制转向与变化特点，揭示了政府规制转向的原因和规制结构变迁机理[44]；从共生演化理论的视角，研究了奶业演化的层级结构和共生单元，分析了共生单元间的互动行为和互动机制[45]。卫龙宝等[46]分析描述了我国奶业演化的路径及阶段性特征，刻画出奶业演化的趋势及对政府的定位。韩磊等[47]从生产、贸易、市场和成本收益的角度对中国奶业经济发展趋势进行了分析，探讨奶业发展面临挑战和振兴的政策建议。刘浩等[48]对中国奶业政策及质量安全进行分析评价，研究奶业政策对推动奶业发展和乳品质量安全的作用。

（2）牧场生产研究。在奶业研究领域，养殖环节是一个研究重点，研究内容包括原料奶（生鲜乳）的价格、养殖效率、奶业生产、养殖规模四个角度，在此简称为牧场生产研究。

在原料奶价格研究方面，学者不但研究其波动规律，还注重研究其影响因素，尤其从2010年开始，学者对价格的研究方法变得更多样，在影响因素的挖掘上也更为深入。花俊国[49]构建了结构向量自回归（SVAR）模型，测度和分析从玉米价格、饲料价格到原料奶价格的传导机制。刘亚钊等[50]采用B-N分解法对我国2006—2015年生鲜乳价格波动特征及规律进行研究，分析其主要影响因素。李翠霞等[51]认为原料奶价格波动具有非对称性和持续性，调控政策应依据各区特征来制定。于海龙等[52]采用Census X12季节调整法和H-P滤波法对我国生鲜乳价格波动特征及其成因进行分析，认为消费需求变化、生产成本变动、进口乳品冲击、产业政策调整和突发质量安全事件等是影响我国生鲜乳价格波动的最主要因素。严哲人等[53]认为，国际原料奶市场依托贸易路径对国内市场产生价格溢出效应，国内奶源发展形势和乳品进口态势会对国际价格溢出效应强度产生影响。王倩倩等[54]运用GARCH类模型研究了中国原料奶价格波动的影响因素及特征。

在养殖效率研究方面，学者不但分析养殖效益、技术效率，也关注其影响因素。张利庠等[55]采用Logit模型分析影响奶农收入的因素，结果表明下列因素对奶农收入有显著影响：养殖规模、家庭劳动力人数、饲料地面积、养殖时间、饲料成本。关于养殖技术效率的研究从2008年开始增多，主要采用随机前沿分析方法。薛强等[56]采用DEA-Malmquist生产率指数方法，分析了2004—2009年中国10省奶牛家庭饲养全要素生产增长率及增长方式。结果表明，技术进步减缓是导致全要素生产率负增长的主要原因。郜亮亮等[57]利用615户奶农的监测面板数据，采用随机前沿分析方法，对散养、小规模、中规模养殖模式的技术效率、产出效率进行了比较分析。随着对影响因素分析的不断深入，周杨等[58]对中规模奶牛养殖技术效率、各投入要素的贡献率、技术损失效率及其影响因素进行了剖析。刘浩等[59]探究影响规模牧场奶牛养殖效率的关键因素，建议开展奶牛养殖社会化服务提升养殖效率。

在奶业生产研究方面，学者不但研究了牛奶生产波动的特点，也从供给、需求层面分析了生产波动的影响因素。张莉侠等[60]采用时间趋势回归法分析了我国奶业生产波动的特点及原因。周宪锋等[61]利用那拉维模型和消费者需求理论分别构建了原料奶市场的供给和需求方程，从弹性的角度对影响原料奶市场波动的因素进行分析，认为原料奶生产供给弹性远远大于需求弹性、两年的生产周期是市场波动的主要影响因素。唐洪峰等[62]采用VAR模型，研究了饲养成本、进口奶粉量价与奶业增长之间的关系。张莉等[63]基于演化博弈模型，分析了奶农与乳制品企业选择生产模式策略行为的动态演化过程及其影响因素。

在养殖规模研究方面，随着万头牧场的出现，学者关注点转向养殖规模变化趋势、适度规模的衡量、规模化养殖的可持续性等领域。梁亚静等[64]运用多目标规划的方法，综合考虑养殖利润、原奶质量和原奶安全，确定出一个最佳养殖规模。赵文哲等[65]运用MESMIS方法从生产率、稳定性、适应性、公平性和自控力5个属性分别选取指标，对内蒙古18个奶牛养殖场展开规模化养殖可持续性评价。罗燕芳等[66]采用马尔科夫模型分析2002—2013年中国奶业不同规模类型养殖场（户）数据，分两个阶段测算了不同规模养殖主体之间的相邻转移概率。

（3）生产组织模式及利益联结机制研究。在奶业研究方面，由于奶业产业链逐步形成，养殖环节与加工环节的生产组织模式和利益联结机制成为研究热点，学者的关注点从奶业产业化到合作社，再到产业链，虽然视角不同，但两个环节间的利益联结机制是经久不衰的研究热点。

从奶业产业化的视角，学者分析了奶业组织模式应该向一体化方向发展，也探讨了牧场、乳企之间难以形成利益共同体的原因。首先，在奶业一体化研究方面，熊汉林等[67]分析了传统奶业体制的弊端，产、加、销彼此分割，三者之间利益分配不均，建议建立养牛者、乳品加工业连为一体的股份合作企业。陈前恒等[68]分析了龙头企业与农户采用合同式利益连接机制的内容、特点、问题。姜冬梅等[69]运用AHP方法对呼和浩特市奶业产业化组织模式进行综合评价，认为"企业+奶业合作组织+奶农"组织模式对于提高奶农收益是最重要的。李峰等[70]认为地方政府的产业政策介入改变了奶制品行业产业链中奶农和收购商之间的关系模式，进而导致奶农行动能力的式微。其次，在牧场、乳企利益博弈方面，姚凤桐等[71]分析了奶业龙头企业与农户间难以形成利益共同体的原因，认为提高农户的投资能力是关键。宝音都仍等[72]采用博弈论分析乳品企业与奶农间的利益关系，认为合同制的利益联结关系容易产生非合作博弈，建议奶业合作社参股乳品企业。何亮等[73]从博弈论的角度出发，分析了奶业产业链中乳制品企业和奶农行为主体间的策略选择，认为如果两者之间进行无限次重复博弈，将形成良性的合作关系。

从合作社角度,学者论证了合作社是牧场生产组织模式的最优选择。缪建平[74]探索奶业经营体制创新,认为以奶牛合作社为依托,可以提高奶业产业化经营的整体水平。侯守礼等[75]研究了奶农与乳企之间的契约类型,认为解决契约不完备问题的途径是发展农户之间的合作,形成合作社与乳企之间稳定的契约关系。王瑜等[76]从契约经济学和交易费用经济学的角度分析了奶业专业合作社的存在具有合理性,研究了奶业专业合作社健康发展的新途径。钟真等[77]通过对4家奶农合作社的案例分析发现,农民合作社的纵向协作程度通过合作社总收益和合作社利益分配两种作用机制影响合作社社员收益。苑鹏[78]介绍了索迪雅的以消费者为核心、保障奶农收益为目标、提升牛奶价值为导向的专业化可持续发展模式。

从产业链的角度,学者分析了牧场、乳企之间的利益分配格局和产业集群的发展。于海龙等[79]从产业链的视角研究了中国奶业不合理利益分配格局的成因,对中国乳制品质量安全水平的提高和各产业主体之间形成稳定的供求和紧密的契约关系的影响。钱贵霞等[80]分析了呼和浩特市液态奶产业链乳品零售商、乳品企业和奶农的利润分配格局,利用Shapley值方法,根据产业链中各方对合作联盟的贡献程度,得出最终的利润分配方案。王坤[81]采用Solow-Swan模型对内蒙古乳品产业集群成长的影响因素进行分析,认为企业集聚度、乳品业从业人员数量、企业总资产与乳品产业集群的产出具有正相关性。马彦丽等[82]认为政府应通过技术标准保护国内养殖企业发展,对乳企自建奶源行为保持中立,支持适度规模的家庭牧场的发展,提高奶农的组织化程度,取消进入乳企加工环节的行政壁垒,为以养殖者为核心的一体化创造可能性。王晓萍等[83]认为,要以龙头奶企为核心,通过优化产业链纵向组织关系与横向市场结构,来实现全产业链的协同稳步发展,同时还要加强政府政策的支持与乳品行业协会的协助。许可等[84]基于合作博弈框架分析北京市奶业链各环节成本收益构成和利润分配。

(4)乳制品贸易研究。2001年中国加入WTO后,随着中新、中澳自贸区的建立,"一带一路"发展,乳制品贸易开放度越来越大,学术界开始研究乳品贸易开放政策和乳制品进口对中国奶业的影响,以及未来中国奶业如何发展。

一方面,学者研究了乳品贸易开放政策对中国奶业的影响。杨红杰[85]通过中国农业与贸易政策模拟模型(CATP)分析加入WTO后中国乳业可能受到的影响。随着奶业开放度的提高,学者进一步研究了自贸区的建立对中国奶业的影响。李宇彤[86]分析了中国—新西兰自贸区的实施对中国奶业的影响,建议在国家层面采取积极措施支持、补偿和保护奶业,促进中国奶业健康发展。王莉等[87]运用GTAP模型定量评估中澳自贸区对国内奶业的影响。王惠惠等[88]分析了中国和新西兰、澳大利亚建立自由贸易区对中国乳制品进口的影响。崔力航等[89]研究"一带一路"倡议对中国向沿线国家乳制品出口的影响。

另一方面,学者具体分析了乳品进口对中国奶业的影响。李易方等[90]分析了我国乳制品的进出口数据,大量进口乳制品对国内奶业的影响,建议实施灵活的关税保护政策保护国内奶业发展。胡冰川等[91]利用一般均衡模型具体分析了乳品进口对中国奶牛养殖与乳品加工两个行业的具体影响。卫龙宝等[92]采用VAR模型实证分析了进口奶粉价格对我国原料奶价格的影响,认为进口奶粉价格提高有助于提高我国原料奶的价格水平。接着奶业损害预警研究增多，刘芳等[93]构建了中国奶业损害预警模型。何向育等[94]应用中国奶业损害预警模型，实证分析了中新自贸区对中国奶业的损害。袭讯等[95]分析了乳制品进口的"知识溢出效应"和"市场挤出效应"。

（5）国外经验借鉴研究。随着中国与奶业强国的合作交流增多，学者们开始重视对国外奶业强国的典型案例研究、经验归纳总结，为中国的奶业发展提供借鉴。例如早期有曾晓光、郑声滔、戴旭明、林友松、张乐昌、熊汉林、陈新分别介绍了法国、美国、葡萄牙、印度、芬兰等国的奶业发展经验。近期，刘芳等[96]从奶牛养殖、乳品加工、乳制品流通、进出口贸易和乳品质量监控方面，对欧盟、美国、新西兰、日本和中国的主要奶业政策进行比较分析。栾敬东等[97]介绍了加拿大、荷兰、以色列的牛奶生产配额制度。袁祥州等[98]分析了美国奶业安全网的演变历程。姚梅[99]介绍了新西兰奶业生产经验，建议中国发展家庭牧场、鼓励和扶持"牛地结合"型的奶牛养殖发展新模式。何向育等[100]从金融立法、金融机构的金融服务、政府的金融服务及澳大利亚乳业局的产业基金项目投资方面梳理了澳大利亚金融支持奶业的举措。张立平[101]介绍了欧美等发达国家在乳制品安全风险评估、管理模式、质量标准与安全标准、检验检测体系等方面的成功经验。

（6）奶业区域布局研究。随着奶业产业带的初步形成，学者们开始研究奶业区域布局的特征、变迁、成因。卫龙宝等[102]从国家和区域层面分别分析了我国奶牛养殖布局的变迁，发现奶牛养殖的路径依赖和乳品企业对原料奶需求的带动效应是我国奶牛养殖布局变迁的主要原因。李帮鸿等[103]采用生产布局指数对我国原料乳生产区域布局变化及影响因素进行分析，认为上期原料乳布局指数、自然资源因素是重要影响因素。道日娜等构建"资源—资本—市场—政策"的四维理论分析框架，利用2002—2012年省际面板数据研究了奶业区域格局演化的时空特征及成因[104]；分析了中国奶业空间分布特征，采用动态面板模型实证了中国奶业空间分布的驱动因素[105]。郎宇等[106]运用区域重心分析法综合考察奶牛养殖区域布局重心变动的轨迹和特征。

（7）消费市场研究。消费是奶业成长的重要诱因，学者们通过对不同市场消费行为、影响因素、消费量的研究，为乳品企业发展提供建议。许世卫[107]分析了新中国成立60年来奶业消费的特点、影响因素，建立了奶类消费预测模型并进行了预测。陆海霞[108]分析制约国内奶业消费增长的因素，认为制约城市奶类消费市场的因素主要是收入、品质信息不充分，制约农村奶类消费市场的因素主要是直接收入和消费环境。何玉成等[109]分析了中国城镇奶粉消费市场的特征、影响因素。王帅等[110]以牛奶的全国年度总消费量作为研究对象，采用单变量分解集成方法，对牛奶消费需求量进行预测研究。翟世贤等[111]根据城乡调查数据，采用双尾截取Tobit模型考察了收入和城市化对巴氏奶和常温奶消费结构的影响。贺子轩等[112]分析了城市化影响液态奶消费的途径。

（8）质量安全研究。2008年三聚氰胺事件后，学者开始重视奶业领域的质量安全问题研究，对引起质量安全的原因、政府安全监管进行深入分析。

首先，学者们从各个角度分析了影响奶业安全的原因。钱贵霞等[113]从乳制品供应链角度分析了引起乳制品质量安全事故的原因。钟真[114]定量分析了生产组织方式和市场交易类型对生鲜乳品质和安全的影响程度，认为生产组织方式更突出地影响生鲜乳品质，市场交易类型更突出地影响生鲜乳安全。李红等[115]利用内蒙古的调查数据分析了影响奶牛养殖户挤奶安全行为、消毒安全行为、饲养安全行为的因素。国琳等[116]从乳制品生产加工过程入手，分析其各个环节可能出现的不安全因素和潜在危害物。张莉等[117]基于奶农与乳制品企业非对称质量保障行为的演化博弈模型，分析了不同条件下奶农与乳企质量保障行为的动态演化过程。吴强等[118]认为奶农质量控制认知在一定程度上支配着行为，认知能力差、专业技能低、标准不够统一和信息不对称是阻碍奶农质量控制认知与行为提高的主要原因。乌云花等[119]研究了农村消费者对乳品质量与安全的认知及其对消费的影响。

其次，学者们从加强政府安全监管的角度分析了防范奶业安全风险的措施。杨伟民等[120]认为供应链环节之间缺失监管的市场交易模式是食品安全问题的根源，建议逐渐把整个供应链纳入统一的组织中间，用"内部组织"来取代"外部市场"。李静[121]分析了奶产品生产链条上奶农、奶站和乳品企业间利益连接的脆弱性，认为忽略了食品生产链的断裂性以及地方政府利益的横向协调监管制度，不能防止重大食品安全事故的发生。郭利亚等[122]从生鲜乳质量安全监管机构、法律法规、检验检测、资质认证及许可、突发事件应对和风险预警分析等方面对我国生鲜乳质量安全监管情况与国外奶业发达国家展开对比。郑继媛等[123]研究了产业集聚与乳制品质量安全之间的关系及其作用机制。

（9）奶业竞争力研究。国内关于奶业竞争力的研究可以分成两个方面，一是对国内竞争力的研究，包括竞争力评价、基于钻石模型的竞争力分析；二是对国际竞争力的研究，主要针对乳制品贸易分析中国与其他国家的国际竞争力。

在奶业国内竞争力研究方面，首先，部分学者从全国角度对如何提高中国奶业竞争力提出了可行的对策。崔惠玲等[124]认为，促进我国奶业发展的决定性力量是乳品加工企业。王树进[125]认为奶源与消费市场是奶业竞争的焦点，提高奶业竞争力的关键是技术和服务体系。韩高举[126]在对中国奶业供给、需求及贸易进行一般均衡分析的前提下，研究了WTO框架下中国奶业发展的竞争力。张宏升等[127]以呼和浩特市奶业集聚为例，从理论和实证两方面分析了产业集聚能够提高交易效率、生产效率、竞争效率和创新效率。总之国内学者通过理论或实证分析，认为中国奶业竞争力受消费、成本、质量、价格、技术、政策、生产结构等因素的影响，如刘吉昌等[128]、史芳等[129]、张希颖[130]、李胜利[131]。其次，部分学者则关注区域竞争力研究。王世昆等[132]构建了奶业区域竞争力评价指标体系，采用因子分析法对华北地区奶业竞争力进行科学的评价。刘芳等[133]结合波特钻石理论，构建了奶业市场竞争力评价指标体系，采用主成分分析和聚类分析，对全国30个省（市、区）的奶业市场竞争力进行评价，讨论北京市奶业所处的地位。赵慧峰等[134]比较了河北省等9省奶牛养殖产业的比较优势、竞争优势和市场竞争力，并提出区域发展建议。

在奶业国际竞争力研究方面，现有文献的研究主要分为两个方向：一是通过构建评价指标对竞争力进行量化测算；二是分析奶业国际竞争力的影响因素。张文兵[135]分析了国内需求影响奶业国际竞争力的机理。陆海霞等[136]基于世界各国奶产品需求潜力、需求势头及高品质奶需求势头指标数据，说明中国奶业国内市场需求空间在各国中位居第一。宗桂琴等[137]对中国奶业的 4 个重要关联产业：饲料业、奶业机械业、包装业和物流业与典型的 12 个国家对比，认为中国奶业的关联产业、支撑产业竞争力在 12 国中居中。薛莉等[138]从商业环境宽松程度、产业促进程度和质量控制政策 3 个方面评估了 12 个奶业大国的政府行为对奶业国际竞争力的影响，认为中国的政府行为因素在亚洲国家中具有较强的国际竞争力。谢锐等[139]计算了 10 个经济体在鲜奶和奶制品方面的国际市场占有率、RCA 和贸易竞争力指数，发现中国在鲜奶产品上具有一定的竞争力。张亚伟等[140]分析了中国的奶粉贸易竞争力。班洪赟等[141]从生产规模、成本、单产和单位产值等方面比较中国与世界其他奶业大国的差异。刘长全等[142]认为，中国奶业国际竞争力不足既有资源禀赋原因，也与偏低的技术进步贡献、过快的规模化过程及不利的贸易条件和国内外农业政策相关。姜冰等[143]认为，中国奶牛养殖业增速放缓，贸易逆差加大，不同奶制品市场竞争力综合水平偏低。还有很多学者利用迈克尔·波特的"钻石"模型理论，从国内需求、生产要素、企业策略、结构与竞争对手、相关与辅助产业、政府的政策行为和机遇等方面分析奶业竞争力的影响因素，例如张文兵[144]、蒲佐毅等[145]、马子红等[146]。

综上所述，目前学术界对奶业的研究主要集中在养殖环节和如何协调养殖与加工环节的利益，另外对奶业消费市场、质量安全、乳品贸易、奶业竞争力问题的研究也比较多。国内学者对奶业的研究呈以下特点：在研究区域上，对中国奶业的研究较多，对省域间的比较研究较少；在研究对象上，对整个奶业链的研究较少，专门研究某一环节的较多；在研究方法上，定量研究不断增多，在竞争力研究方面较多学者借鉴了波特钻石模型的分析思路。

1.2.3　研究评述

以上有关奶业的研究文献表明，国内外学者已经积累了大量的产业发展研究成果。从研究内容看，包括发展现状及政策研究、牧场生产研究、生产组织模式及利益联结机制研究、乳制品贸易研究、国外经验借鉴研究、奶业区域布局研究、消费市场研究、质量安全研究、奶业竞争力研究等。从研究方法来看，既有定性的逻辑推理研究，也有定量的模型、指标测算。前人的研究成果为开展奶业研究奠定了良好的基础，但是具体到竞争力提升目标下奶业发展研究，已有的研究仍存在以下不足。

（1）在理论上对奶业和竞争力的内涵研究待深化。目前国内外众多学者分别从自己的研究视角对奶业给出了定义，还没有形成被普遍接受的观点。这导致在奶业研究领域，很多研究只是停留在表面，泛泛而谈奶业，或者回避了对奶业内涵的界定，或者把奶牛养殖、乳品加工的某一个方面等同于奶业。由于对奶业界定不清，因此对奶业竞争力的内涵缺乏深入思考。故需要对奶业和竞争力进行科学合理的定义，这样不但能够规范奶业研究，而且便于学者们今后在这个框架下进行更系统深入的研究。

（2）对奶业发展的系统研究较少。从研究范围看，现有文献对奶业的研究，多是进行局部的环节研究，或国际层面的比较，或国内某个区域的整体研究。总之，从产业层面上对中国奶业发展进行系统研究的成果十分匮乏。在市场经济条件下，各级政府对经济的影响和干预主要是针对产业层面展开的。因此，需要从整体的观点和系统的思想出发，推进奶业领域的深入研究。

（3）奶业发展水平度量和评价指标体系待完善。由于奶业发展的多维性和动态性，造成准确衡量奶业发展水平很难，衡量指标难以统一。现有研究基于钻石模型理论对奶业发展水平的度量、评价进行了探索，但是和奶业的特性结合不紧密，其科学性、适用性、系统性还值得商榷。因此，结合奶业的特性，需要继续完善对奶业发展水平的度量和评价研究，使评价指标体系更为系统、完善。

（4）奶业测度因子的作用效果研究缺乏实证支持。学者们在奶业研究中大部分是从理论层面展开，不能很好地描述各因子对奶业发展的作用效果，尤其忽略了内部作用路径的研究。因此，有必要建立有效的分析模型，对其作用效果进行实证研究。

（5）提升奶业发展水平的建议研究有待深入。由于对奶业发展缺少系统性的深入分析，现有文献在如何提高奶业发展水平的建议研究方面，往往根据现状、问题、经验进行笼统阐述，从而导致部分建议实际操作性不强。因此，本书将基于系统的定性和定量分析之后，对提高奶业发展水平的战略、布局、对策进行更有说服力的论述。

1.3　研究目的

本书的写作目标是提出中国奶业发展战略、优化区域布局，为提高奶业发展水平建言献策。立足于我国奶业发展水平已有较大提高，但是与发达国家尚有差距的现状，界定奶业的内涵，分析中国奶业的发展现状，奶业发展的影响因素，构建奶业发展影响因素测度系统，分析其作用效果，评价奶业发展水平，结合上述研究结论，有针对性地提出我国奶业发展战略、区域布局、发展对策。

1.4　研究方法

科学的分析方法有助于透过奶业的新现象、辨析新问题，提出新观点，揭示奶业发展的内在规律。目前，学者们对我国奶业发展的系统研究还不深入，本书在借鉴前人研究的基础上，主要采用了以下几种分析方法。

（1）比较分析法。首先，为了探究中国奶业与国际强国之间的差距，在中国奶业发展现状部分采用该方法与国外进行对比。其次，为了分析区域奶业发展的优势因子，在奶业发展水平评价部分，结合评价结果，不但对同区域的奶业发展水平进行时间轴的纵向比较，而且对同年份的各区域开展区域间的横向比较。

（2）探索性因子分析法。为了构建奶业发展影响因素测度系统，采用探索性因子分析对多维变量进行降维，将具有错综复杂关系的变量综合为少数几个核心因子（公共因子），形成测度因子系统，为后续研究打下基础。

（3）结构方程模型分析法。为了探究奶业发展影响因素测度系统内部的复杂关系，采用结构方程模型，综合运用路径分析、验证性因素分析、多元回归及方差分析等统计方法，对各因子之间的作用路径、作用效果进行分析。

（4）全局主成分分析法。为了对中国奶业发展水平做全面的评价，采用全局主成分分析法，计算各项评价指标的权重和各个评价单元不同年度的得分，方便后续对同一区域进行时间轴的比较、对同一时间点进行区域间的比较。

本书以中国奶业为研究对象，以提升奶业竞争力为目标，以相关经济理论为基础，界定奶业的内涵，分析中国奶业的发展现状和影响因素；然后以定量研究法构建奶业发展影响因素测度系统，分析其作用效果，评价奶业发展水平；最后在上述分析基础上提出我国奶业的发展战略、区域布局、发展对策。整体研究逻辑按照先现象后本质，从外在环境到内部作用机理，从数据观测到经验概括到理论验证的论证思维来组织。

1.5 创新性总结

本书在借鉴与应用现有理论与方法的基础上，在内容上从以下几个方面进行了创新性研究，对奶业发展理论进行了补充和完善。

（1）构建了奶业发展影响因素测度系统。将奶业发展分析维度确定为：发展环境、竞争实力、竞争绩效三方面，为今后学者开展研究提供了一种新的思路；在发展实力部分，将牧场经营能力作为一个重要考察因子，弥补了以往研究中忽略该因子的不足；最终形成5个公因子和18个度量指标的测度系统。

（2）测度了奶业发展影响因素的作用效果。使用国家统计数据对发展环境、生鲜乳生产能力、牧场经营能力、乳企经营能力、竞争绩效的影响路径进行验证，并测度了各因子的作用效果；研究结论丰富了奶业发展理论，证实发展环境、乳企经营能力、生鲜乳生产能力对竞争绩效有直接的正向影响；发展环境分别对生鲜乳生产能力、牧场经营能力、乳企经营能力、竞争绩效有直接的正向影响；牧场经营能力受发展环境和乳企经营能力的直接正向影响。

（3）评价27省14年的奶业发展水平。构建奶业发展水平评价指标体系，测算发展环境、生鲜乳生产能力、牧场经营能力、乳企经营能力、竞争绩效、综合评价得分，找出区域优势因素，结合聚类分析确定区域奶业发展定位，优化奶业发展布局。

2 概念界定与理论基础

界定奶业和竞争力的概念，结合奶业的特点，灵活运用相关经济学理论，将绝对优势理论和比较优势理论、要素禀赋理论、内生比较优势理论、竞争优势理论、可持续发展理论、区域经济理论转化为奶业研究的理论基础。

2.1 概念界定

2.1.1 奶业

新中国成立以来，随着经济社会快速发展，人民生活水平不断提高，对乳品消费需求激增，中国奶业发展迅速。奶牛存栏量由1949年的12万头发展到2018年的1 037.7万头；牛奶总产量由1978年的88.3万t，增长到2018年的3 074.6万t；乳制品产量由1952年的624 t增长到2018年的2 687.10万t。

2002年中国加入WTO后第一年，为了在国内形成可以与国外大乳企竞争的民族奶业集团，农业部启动了"奶业行动计划"，奶业作为一个产业开始在中国发展，学术界对奶业的研究出现井喷。2007年国务院印发《国务院关于促进奶业持续健康发展的意见》，此后奶业法规不断完善，因此中国奶业作为一个产业已经形成。

奶从广义上讲，除了牛奶还包括羊奶、马奶、驴奶、骆驼奶等，但是在中国，牛奶的产量占奶类总产量的比例从1979年以来一直保持在80%以上，2000年以后高达90%以上，2018年达到97%，所以本书所指的奶，其含义为牛奶。

奶业产业链较长，从饲料、兽药、育种，到奶牛养殖、乳品加工、销售。奶的易腐性使生产和加工的关系更加密切。世界上一些国家将奶的生产和加工视为一个整体，称其为奶业，区别于肉业、蛋业。亚洲地区习惯将奶的生产列为畜牧业，将奶的加工列入食品工业。本书为研究需要，将奶业定义为：奶业是一个涉及牧场、乳企两大生产主体，以奶牛为生产基础，以生鲜乳为原料，以液态奶及干乳制品（如奶粉、黄油和奶酪等）为主要产品，跨越畜牧业和食品制造业的综合性产业。这种定义与迈克尔·波特的产业定义也相契合，在本书中牛奶、原料奶和生乳都是指生鲜乳。

2.1.2 奶业竞争力

（1）国际竞争力。学者对竞争力的研究是从国家竞争力研究开始，逐步扩展到国际竞争力研究，其中美国总统产业竞争力委员会在1985年提出的国际竞争力概念最具代表意义。世界经济论坛（WEF）和瑞士洛桑国际管理发展学院（IMD）是评价国际竞争力最权威的两大机构。随着竞争力理论的发展，WEF与IMD对竞争力的研究不断深入，对国际竞争力的定义进行了多次修改。关于国际竞争力的典型概念如表2-1所示。

表2-1 国际竞争力概念汇总

作者	年度	主要观点
美国总统产业竞争力委员会	1985	国际竞争力体现为一国在国际上提供良好的产品和服务，在国内增加公民的实际收入，提高公民的生活水平[147]
世界经济论坛	1985	国际竞争力体现为一国能够提供比竞争对手质量更高、成本更低的产品和服务
国际管理发展学院和世界经济论坛	1994	国际竞争力主要体现在生产力上，具体表现为，在国际市场上，一国或者一公司能够生产出比竞争对手更多的财富
国际管理发展学院	1996	国际竞争力体现为一国为企业创造良好的经营环境，提高经营业绩，积累国民财富的能力[148]
世界经济论坛	2006	国际竞争力体现为一国经济的持续发展能力，因此是对一国生产力水平和经济发展产生影响的政策、投资、科技等要素的集合

综合各家观点，国际竞争力一般是指一个国家的生产力水平和获利能力高低。

（2）产业竞争力。在《国家竞争优势》一书中，迈克尔·波特将竞争力研究转向产业领域，开启了从产业视角分析国际竞争力的新时代，对国际竞争力的概念界定日益深化。产业竞争力包含了比较、区域、动态的含义，也就是比较不同地域间的产业竞争优势，分析其形成、保持、增强、衰退等动态特征。中国学者对竞争力的研究更多是对产业竞争力的研究，因此形成了不同的概念，于文波、郭京福、赵儒煜、雷仲敏等的观点具体如表2-2所示。

表2-2 产业竞争力概念汇总

作者	年度	主要观点
迈克尔·波特	1996	产业国际竞争力是指，在国际自由贸易环境中，一国的特定产业较竞争对手能够向国际市场提供更多的满足消费者需求的产品，获得更多的利润，具有更高的生产力
于文波[149]	2001	产业国际竞争力是指，一国特定产业在自由的国际市场环境中，提供货物或服务，获得经济效益的整体实力

(续)

作者	年度	主要观点
郭京福[150]	2004	产业国际竞争力是指，特定产业高效配置利用生产要素，生产出更多财富，在市场竞争中，在产品价格、品牌、服务、质量、成本和差异化等方面比竞争对手更强
赵儒煜等[151]	2009	产业国际竞争力是指，在不完全竞争市场条件下，一国特定产业在国际市场上能够占有、利用更多的生产资料，产出更多的产品，提高社会福利水平的能力
雷仲敏等[152]	2012	产业国际竞争力是指，一国或一地区的特定产业在满足市场需求、生产率、盈利等方面较竞争对手更强，具体可以通过对获取资源、生产管理、产出、市场占有率、产业价值链的核心能力及未来发展潜力等的比较体现

多数学者认同产业竞争力是一国或一地区的特定产业在满足市场需求、生产效率、获利等方面体现出的比竞争对手更强的可持续发展能力。

（3）农业竞争力。对竞争力的研究由于视角不同，定义侧重点也有较大的差异。在对不同产业竞争力的研究过程中，关于农业竞争力的研究也有很大进展。由于农业不同于工业，农产品是基本消费品，生产周期固定，其市场需求数量、生产资源是相对刚性的，因此农产品具有首先满足国内需求的特征。关于农业竞争力的代表性观点如表2-3所示。

表2-3 农业竞争力概念汇总

作者	年度	主要观点
《中国国际竞争力发展报告》[153]	1996	农业竞争力体现为特定区域的农业综合生产能力
翁鸣等[154]	2003	农业竞争力是指，一个国家或地区提供的农产品开拓市场，获得利润的能力。价格和质量直接影响农业的市场竞争力，在开放的贸易环境下，农业不但要具有市场拓展能力，还要具备对抗进口农产品冲击的能力
刘飞翔等[155]	2009	农业竞争力是一个综合性概念，主要包括配置农业资源、科技创新、提高发展水平、拓展市场、实现可持续发展等能力，综合反映了一个国家或地区的农业发展基础和能力
赵树宽等[156]	2013	农业竞争力是一国农业在国际市场上更多地利用生产资源，实现产品价值，提高该国现在及将来社会福利总体水平，保障农业经济安全的能力

综合各方观点，农业竞争力是一种包含发展基础、生产能力、盈利能力、国内外市场占有能力等方面的综合性竞争能力。

（4）奶业竞争力。奶业竞争力的概念是逐步从产业竞争力、农业竞争力延伸而来的。生鲜乳属于农产品，奶牛养殖环节属于农业。奶业跨越畜牧业和制造业，两者又密不可分，近年来发展成一个独立的产业，因此奶业竞争力属于产业竞争力范畴。乳制品是由初级农产品加工而成的食品，是以满足人民饮食需求为目的的生活快消品，应当首先满足国内需求。因此认为，奶业竞争力是一个国家或地区通过与其他国家或地区的角逐，在一个较长时期内，不断适应外部环境、合理运用各种生产资源、提供生鲜乳与乳制品加工过程中形成的生存与发展能力。

2.1.3 其他相关概念

本书所称的奶牛指所有乳用品种的牛。牛奶、生鲜乳、原料奶均指从奶牛乳房挤出后，未经过加工处理的生牛奶。乳制品是指使用生牛奶及其加工制品为主要原料，加入或不加入适量的维生素、矿物质和其他辅料，满足法律法规及标准规定的条件，经加工制成的各种食品，主要包括液态奶和干乳制品。牧场是指经营奶牛养殖，出售生牛奶的生产单位。乳企是指以生鲜乳及其制品为主要原料，经加工制成液态奶及固体乳制品的生产企业。

2.2 理论基础

虽然学者们在奶业研究中涉及很多非经济因素，但是最终对竞争力的解释主要是通过经济活动、经济利益来体现，在理论上主要运用经济学中的理论对竞争力进行分析研究，然后逐渐向其他学科理论拓展。因此在奶业发展研究中以下列理论为基础。

2.2.1 绝对优势理论和比较优势理论

（1）绝对优势理论。绝对优势理论是亚当·斯密首先提出的，主要是为了解释具有绝对生产成本优势的产业在国际贸易中具有国际竞争力。其主要观点是，一国相对于另一国在某种商品生产上劳动生产率高，则专门生产该产品，劳动生产率的绝对差异导致了各国之间竞争优势的不同。在当时的社会条件下，劳动是该理论唯一考虑的因素，生产成本优势来源于劳动生产率优势，劳动生产率的高低取决于劳动分工水平。具体到奶业竞争，对于保质期较长的大包粉，在产品无差异化的情况下，生产成本决定了市场的最低销售价格，例如新西兰的奶业凭借天然牧场资源丰富，采取散养为主，生产成本极低，成为奶业竞争力强国，因此降低生产成本是取得竞争优势的重要途径。

（2）比较优势理论。大卫·李嘉图扩展了贸易理论的基础，在绝对优势理论的基础上提出了比较优势理论。比较优势理论认为，劳动生产率的绝对差别并不是国际贸易的唯一基础，由于不同的国家产品生产技术不同，也会导致产品价格和生产成本的差异，因此各国在不同产品上具有比较优势。在生鲜乳生产上，中国不具备充裕的天然牧场资源，但是拥有饲料资源丰富的农区，因此发展规模化奶牛养殖，充分利用本土饲料，提高饲料转化率，也可以降低生产成本，取得比较优势。在乳制品生产上，研发贴近中国消费者口味、营养需求的产品，探究生产工艺上的相对差别形成生产成本上的相对差别，取得比较优势。

综上所述，二者都将劳动视为唯一的生产要素，劳动生产率决定了优势程度，强调了成本竞争力，但是不同的区域除了劳动之外还存在多种要素，致使该理论的解释能力产生局限性。比较优势是国际分工与区域分工的重要基础，奶业是一个区域特性极强的产业，奶业发展研究可以将比较优势理论作为重要的分析工具。但是也应当看到，奶业所面临的纷纭复杂的现实，抽象而简约的比较优势理论难以独立解释和指导奶业所面临的问题[157]。

2.2.2 要素禀赋理论

在比较优势理论基础上，瑞典经济学家赫克歇尔和俄林于20世纪30年代初提出了要素禀赋理论解释国际贸易发生的原因。该理论将产品分为两类：劳动密集型产品、资本密集型产品。假设不同区域的生产要素禀赋存在差别，同一区域生产不同产品所使用的技术不同，生产同一产品的生产函数相同，生产不同产品需要不同的生产要素比例。因此一个国家充分利用其较充裕的生产要素生产商品，就具有了比较优势，也就是说，如果一国劳动资源丰富，在生产劳动密集型产品方面就具有比较优势。资源禀赋理论也适用于因要素禀赋差异而引起的地域分工。尤其是对奶业这样强烈依赖自然资源和自然条件的产业，区域的地理位置和自然条件不同引起的资源要素的差异性会极大地影响奶业的分工和布局。由于中国南方省份多雨，高温天较多，不利于奶牛的生长和粪污收集，因此奶业带主要分布在中国东北、西北和华北（简称"三北"）地区。虽然资源禀赋会促使区域竞争优势的形成和发挥，但在科技进步的影响下，该种竞争优势一般难以持久，因此在奶业发展研究中还要考虑其他因素的影响。

资源禀赋理论没有考虑国际贸易中的其他成本，第二次世界大战后"里昂惕夫难题"推动了人们对该理论的修正。为了探讨产业国际竞争优势的源泉，经济学者不断探索新的理论，具有代表性的理论成果包括：1961年波斯纳提出的技术差距理论；1966年雷蒙德·弗农提出的产品生命周期理论；1981年伯拉沙提出的外贸优势转移假说等新贸易理论。这些理论从不同角度解释产业国际竞争力现象，反映了产业国际竞争优势的来源[158]。

2.2.3 内生比较优势理论

保罗·克鲁格曼1989年提出规模优势理论，认为一国某种产业形成专业化生产，就可以获得规模报酬递增带来的优势。也就是说，规模经济是国际贸易产生的原因，产业国际竞争力是来自人为培育并具有内在自我增强能力的规模经济。中国牛奶的供给经历了从主要依靠奶牛散养户，发展到主要依靠100头以上的规模化养殖场的过程，乳品加工企业的生产加工能力不断提升，产业集中度不断增强，给中国奶业带来规模经济的同时，提高了自身的竞争力。

20世纪80年代以罗默和卢卡斯等为代表的内生增长理论认为，技术创新、专业化人力资本的积累是经济增长的源泉。杨小凯等[159]2001年提出分工与交易成本理论，以个人专业化水平的决策以及均衡分工水平的演进为基础发展成内生比较优势理论。内生比较优势理论分析了产业国际竞争力更多来源于内生的、自我创造、自我加强的因素，例如规模经济、技术进步、专业化分工与交易成本、人力资本、知识积累与外溢等。奶业发展中由于区域技术创新、专业知识积累、人力资本素质不同，竞争力也在不断地变化，因此研究奶业不能简单地只考虑单方面的因素，应该多方面的考虑竞争力的来源。

2.2.4 竞争优势理论

美国学者迈克尔·波特将其在企业竞争力领域的研究心得扩展到产业和国家层面，1990年在《国家竞争优势》一书中，通过考察许多国家特定产业发展和参与国际竞争的历史，提出了"国家竞争优势"理论，即"波特钻石理论"。该理论一般用于分析在国际上，一国特定产业有较强竞争力的原因。其主要观点为，有4个关键因素（生产要素，需求条件，相关支持产业，企业的战略、结构和竞争对手的表现）和2个辅助因素（机会，政府行为）影响一个国家某种产业竞争力的大小，除了机会因素，其他因素之间存在相互影响关系，也就是，当某个因素强化或者削弱，其他因素会相应地发生变化。奶业竞争是由多个主体参与的群体竞争。奶业竞争力来源于产业内各种影响因素的竞争优势能否有效地匹配起来，形成效力最大的合力。"波特钻石理论"提出的竞争力影响因素系统，在分析奶业竞争优势过程中，可以较全面地展现各个难以用数量计量的影响因素，是一个非常有用的分析工具。

2.2.5 可持续发展理论

可持续发展理论最基本的内涵是在经济发展中处理好人与自然的关系和人与人的关系。在经济发展中，只有科学合理地利用资源，保持可再生资源的永续利用、重视保护生态环境和生物多样性，才能使发展具有可持续的基础。奶业对自然资源和生态环境依赖极强，奶牛养殖环节排放的粪污对环境有巨大的影响，如果处理不好二者的关系，就会影响土地资源、水资源的可持续利用，甚至危及居民生活；在乳品加工环节，降低能源消耗，加强污水处理，坚持绿色发展，会增加乳企与环境的亲和力，降低碳排放。2017年国务院办公厅首次将加快推进畜禽养殖废弃物资源化利用作为一项制度提出；2018年《中华人民共和国环境保护税法》实施，对畜禽养殖征收环保税。因此奶业的发展必须走可持续的道路，把可持续发展理论作为基本指导原则。

2.2.6 区域经济理论

区域经济理论侧重于从地区层面研究区域发展实力，中国是由一个个省级区域构成的，随着奶业的不断发展和梯度转移，在不同的区域逐渐形成并拥有了相同的产业，因此对中国奶业发展的分析也需要立足于各个区域之上。德国经济学家杜能创立了农业区位论，较早地提出产业区位理论的学者是韦伯，马歇尔、克鲁格曼继续研究了产业聚集现象，认为产业集群是地区竞争的独特优势和源泉。巴顿认为企业群落有利于创新，创新对区域产业国际竞争力有重要作用。中国的奶业生产带初步形成，生鲜乳的生产聚集度、乳制品的生产聚集度、乳企利润的聚集度提高都是产业聚集的表现，产业聚集推动了地区奶业的发展壮大。

缪尔达尔提出了循环累积因果原理，认为效率工资、生产率增长和要素流入等在循环累积的过程中，对形成区域产业竞争优势，提高国际竞争力具有重要作用。诺斯提出了输出基础理论，认为输出产业的竞争力大小决定了该产业的国际竞争力，而自然资源禀赋、区位优势、交通便利条件决定了输出产业的竞争力。总之，一个区域的产业发展水平和它的交通条件、地理位置、产业集中程度、生产率、创新能力、知识聚集程度、人力资本状况等都是相关的。在奶业研究过程中，也需要综合考虑这些因素发挥的作用。

2.3 本章小结

本章界定了奶业和竞争力等相关概念，梳理了相关经济理论，得出以下结论。

（1）奶业是涉及牧场、乳企两大生产主体，跨越畜牧业和食品制造业的综合性产业；奶业竞争力是一个国家或地区合理运用各种生产资源、提供生鲜乳与乳制品过程中形成的生存与发展能力。

（2）奶业发展研究需要以绝对优势理论和比较优势理论、要素禀赋理论、内生比较优势理论、竞争优势理论、可持续发展理论、区域经济理论为基础。

3 中国奶业发展现状

汇通古今，方能开创未来，对中国奶业发展的研究，必须以史为鉴，立足当前的奶业发展现状，才能为未来提升奶业发展水平指明方向。

3.1 中国奶业的发展历程

中国奶业有十分悠久的发展历史，但是除了少数游牧民族地区外，其他大多数地区居民缺乏消费乳制品的习惯。长期以来我国专门用于牛奶生产的奶牛品种处于空白，直到西方殖民主义者的入侵带进了奶牛。新中国成立前，牛只发展缓慢，牲畜缺草少料，饲养管理极其粗放，靠天养畜，虽有养牛者出售生鲜乳，但数量很少，且集中在上海、北京郊区，因此我国奶业是在1949年新中国成立后真正起步的。

3.1.1 奶牛饲养历史

新中国成立后的奶牛饲养伴随着体制的变革、模式的转变，分为三个发展阶段：一是曲折发展期（1949—1978年）；二是快速扩张时期（1979—2007年）；三是规范发展时期（2008年至今）。

（1）曲折发展期（1949—1978年）。这一时期奶牛养殖业经历了恢复性发展，发展过程十分曲折。

中国的奶牛养殖业在新中国成立初期得到快速恢复与发展。1949—1952年，中国进入"三年国民经济恢复时期"。1949年新中国成立时全国奶牛存栏只有12万头，牛奶产量20万t，政府制定了保护现有牲畜，奖励繁殖，发展畜牧业，防治兽疫和防重于治的方针，为了迅速恢复和发展养牛业，采取了以下措施：建立国有农牧场、良种站，改善饲养管理，提高畜产品价格等。国家对奶、肉、蛋市场实施自由贸易政策，鼓励和扶持个体私营奶牛养殖户发展，全国特别是大中城市郊区奶牛饲养场（户）数、奶牛存栏数和牛奶产量得到快速提升。这一时期奶牛养殖主要集中在城市，以私营为主。

1953—1958年是社会主义改造时期，集体、国营的奶牛场比重逐步上升。1953年中国开始实行第一个国民经济建设五年计划，以生产资料私有制为基础的个体奶牛饲养主体，逐步改造为生产资料公有制为基础的集体、国有奶牛饲养主体。具体过程包括：

1953 年根据《关于农业生产互助合作的决议》，各地私人养牛户联合建立了各种规模、各种类型的互助组。1954 年根据《关于发展农业生产合作社的决议》，私人养牛户通过参加农业生产合作社和自行组织奶牛生产合作社两种途径展开了社会主义改造运动。根据《公私合营工业企业暂行条例》，中国对规模较大、资金较多、有劳资关系的奶牛场实行公私合营。另外，这一时期除了国家投资兴建国营奶牛场外，还通过对革命根据地、国民党政府管辖区、敌伪特区遗留的部分奶牛场通过转制接管，组建了较早的国营奶牛场。

随着国民经济的恢复和人口数量的增长，对牛奶的需求增加。中国大、中城市的牛奶供应在一段时间（20 世纪 50 年代后期到"三年困难时期"）十分紧张。1956 年 9 月，国家提出在城市和工矿区附近增产蔬菜等各种副食品，满足城市和工矿区的需要。全国各地结合自身的实际情况制定了扶持奶牛养殖业的政策，一批国营、集体奶牛场相继建立。各地政府相继制订了包括畜牧场奶牛饲养管理、防疫、兽医、配种等奶牛养殖业管理制度和办法，北京做得最完善，针对不同牛群（种公牛、成奶牛、产奶牛、犊牛）分别制定不同的饲养管理规则。

1958 年是我国国民经济发展第二个五年计划开始之年，奶牛养殖业系统完成了社会主义改造，国家具备了对全国奶牛养殖业进行计划管理的基础和条件，颁布了城乡分离的户籍制度，发生了"大跃进"、大炼钢铁等经济事件，全国各地的奶牛场进行了"离城迁郊"大转移，国营奶牛场基本遍布了全国的大中城市。人民公社化以后，随着越来越多的女性外出劳动，儿童需要入托儿所，部分地区乳制品供应不足，影响了下一代的健康成长。中央鉴于人民群众反映的买奶难问题，开始将发展奶业生产作为一项政治任务来抓，为了增加乳制品供应，对部分孕育期的奶牛进行挤奶，增加产出。

1959—1978 年奶牛养殖业在挫折中发展，私人养牛再次放开。1959—1961 年的"三年困难时期"，中国遭遇自然灾害，粮荒呈现，奶牛存栏量大幅下降。1961 年黄牛（含奶牛）存栏由 1957 年的 5 032.5 万头下降至 4 358.8 万头。从 1960 年开始，在以国营、集体为主发展畜牧业的基础上，允许发展个体私有畜牧业，采取了调整大牲畜的产销政策（1962 年 11 月 22 日，中共中央、国务院发布《关于发展大牲畜的几项规定》）；调整牧区生产政策；调整畜产品价格；整顿畜牧兽医站，使中国畜牧业有了较大恢复。黄牛（含奶牛）存栏由 1961 年的 4 358.8 万头，增加至 1965 年的 5 357.3 万头，增加了 998.5 万头。1966 年 5 月至 1976 年 10 月的"文化大革命"再次阻碍了畜牧业的发展。到 1978 年，中国"允许私人养牛"，奶牛存栏和牛奶产量分别为 47.50 万头和 88.30 万 t，分别比 1957 年 15.98 万头和 25.34 万 t 增加 2.0 倍和 2.5 倍。

总之，这一阶段中国奶牛养殖业是从"以私营为主"起步，发展成"以国营为主，集体为辅"的城郊型奶业。养殖条件有很大转变，新中国成立初奶牛场养殖基础差、饲养条件简陋、管理粗放；20 世纪 70 年代国营奶牛场参考国外标准建设牛舍，制定了奶牛饲养管理制度和办法，奶牛饲养水平普遍提升。1978 年的奶牛存栏、单产水平、牛奶产量较 1949 年分别增长了 300.00%、11.54%、340.00%，1949—1978 年奶牛养殖业发展情况如表 3-1 所示。

表 3-1 1949—1978 年奶牛养殖业发展情况

年份	奶牛存栏（万头）	奶牛单产（kg）	牛奶产量（万 t）
1949	12	2 564	20
1957	16	—	25
1959	19	—	27
1969	27	—	51
1973	37	3 374	81
1974	36	3 640	89
1975	41	3 369	89
1976	43	3 204	89
1977	45	3 018	88
1978	48	2 860	88

注：数据来源于历年《中国畜牧统计资料》和《中国奶业年鉴》。

（2）快速扩张时期（1979—2007 年）。1979—2007 年伴随着改革开放、经济发展、人民生活水平提高，牛奶总产量年均增长率 13.31%，其间奶牛养殖业经历了两个快速发展阶段和一个调整期。

1979—1991 年是奶牛养殖业快速发展的第一个黄金期，牛奶总产量年均增长率 13.06%。第一，1979 年奶牛养殖业领域的单一公有制被打破，个体饲养户逐步成为养牛的主体。根据《中共中央关于加快农业发展若干问题的决定》，农、牧民拥有了决定饲养畜、禽种类、数量的自主权。在这一政策的鼓舞下，农村家庭奶牛饲养发展很快。1981 年，根据《关于积极发展农村多种经营的报告》，农村组织形式开始多样化，出现了专业组、专业队、专业工、专业户。随后，在中国农村出现了很多奶牛饲养专业户，奶牛饲养的规模、水平都有较大提高。1978 年底，农村家庭奶牛饲养数量占奶牛总存栏量的 5.0%，1982 年底增长至 52.0%，1990 年全国奶牛存栏中个体户占 68.10%。第二，由于"菜篮子工程"的实施，各地加强了奶牛养殖业建设。1988 年"菜篮子工程"开始实施，明确提出"大、中城市实现牛奶自给 70%，建立 10 片奶牛基地"的要求，各地加大投入，促进了奶业发展。

1992—1997 年是奶牛养殖业发展的调整期，是计划经济体制向市场经济体制的转轨期，牛奶总产量年均增长率 3.62%，较 1979—1991 年下降 9.44 个百分点。第一，政策调整。20 世纪 80 年代中后期，中国各地相继取消了长期以奶换料的饲料供给模式，精料由国家平价供给逐步转变为市场议价供给。市场议价下的饲料粮价格有一定程度的上涨，奶牛饲养成本上升。但牛奶收购价格仍由国家控制，仅有小幅缓慢上涨。受此影响，奶牛养殖效益下滑，因此 1992 年奶牛存栏量 294 万头，比 1991 年下降了约 1 万头。1992 年，中国放开了牛奶收购价格，促进了奶牛存栏的恢复增长。截至 1997 年，全国有奶牛442万头，大的基地如黑龙江、内蒙古、山西、河北、甘肃、新疆、吉林，个体饲养奶牛数量占存栏牛总数的七成，但是规模小，平均每户7.4头。第二，机械化水平提高。90年代中期前，除了农垦系统等国有奶牛牧场外，各地奶牛饲养户基本上都是手工挤奶，原料奶的卫生指标很难保证。1997年内蒙古伊利实业集团股份有限公司投资建设了中国第一家奶牛养殖专业村挤奶站，为全国散养奶牛实现机械挤奶探索了新办法。1999年下半年起，全国许多乳品企业开始学习推广"分散饲养、集中挤奶"的经验，机械挤奶得以推广，原料奶质量明显好转。第三，奶牛养殖小区萌芽。1997年天津市曹子里乡华明畜牧场创建奶牛养殖小区，奶农集中在养殖小区分户饲养，但是实现了集中建设、集中挤奶，统一管理、统一服务。奶牛养殖小区凭借其"多个统一"的优势，在全国逐步蓬勃发展起来。

1998—2007年是奶牛养殖第二个高速发展期，由于消费增长的拉动，牛奶总产量年均增长率20.40%，奶牛养殖向现代化迈进。第一，推进奶牛饲养的规模化。2004年第一届中国奶牛发展大会提出，提高规模化举措有两个：发展奶牛养殖小区和规模奶牛场。2007年9月，国务院出台《国务院关于促进奶业持续健康发展的意见》，指出解决奶牛养殖"小、散、低"的问题，应加快发展规模养殖场（小区）建设，推进奶牛养殖的规模化、集约化、标准化。农业部制定了《奶牛规模化场（小区）养殖标准和规范》，并会同国家发展改革委员会、财政部实施了系列规模化补贴。规模化奶牛场保持着良好的发展态势，规模化奶牛场包括：延续下来的国营奶牛场、国营奶牛场的改制、乳品企业、个体、外资等投资兴建奶牛场、小区改组、合作社改组等。第二，推进奶牛养殖集约化。2006年第二届中国奶牛发展大会提出，良种良法配套、调整牛群结构、提高从业人员素质，利用规模化牛场为载体，开展集约化经营。奶牛养殖场集约化程度高，便于技术推广应用，便于高效管理，牛群结构适宜，生产性能越高。第三，推进奶牛饲养标准化。2006年成立了全国畜牧业标准化技术委员会，负责标准的制定、修订、审定和宣传等工作，制定了《奶牛场卫生规范》《奶牛场HACCP饲养管理规范》《良好农业规范》。

总之，从1979—2007年由于实施鼓励和扶持奶牛养殖政策，奶牛养殖主体出现多种所有制形式共存，个体奶牛养殖户增长迅速。牛奶产量和奶牛存栏量快速增长。2007年中国奶牛存栏、牛奶产量分别达到了1 213万头和2 947万t，分别比1978年增加约25倍和33倍。1979—1997年奶牛单产水平在波动，但下降的趋势没有变，1979年单产2 942 kg，1997年只有2 090 kg，这一时期的牛奶产量增长主要源于奶牛数量的增长；1998年之后，奶牛单产稳步提高，说明奶牛养殖管理水平开始不断提升。这一时期奶牛饲养科技进步显著，推广全混合日粮、开展奶牛生产性能测定、倡导散栏饲养工艺、建立数字化管理系统。原来"产加销一体化"的利益格局被打破，各地乳企采取"轻资产"发展策略，将牧场剥离出去，养殖场与加工企业彻底分离。1979—2007年奶牛养殖业发展情况如表3-2所示。

表 3-2 1979—2007 年奶牛养殖业发展情况

年份	奶牛存栏（万头）	奶牛单产（kg）	牛奶产量（万 t）
1979	56	2 942	107
1980	64	2 739	114
1981	70	2 845	129
1982	82	3 047	162
1983	95	2 985	185
1984	134	2 517	219
1985	163	2 363	250
1986	185	2 416	290
1987	216	2 347	330
1988	222	2 534	366
1989	253	2 322	381
1990	269	2 377	416
1991	295	2 426	465
1992	294	2 631	503
1993	345	2 223	499
1994	384	2 117	529
1995	417	2 126	576
1996	447	2 166	629
1997	442	2 090	601
1998	427	2 391	663
1999	424	2 491	718
2000	489	2 605	827
2001	566	2 786	1 026
2002	688	2 909	1 300
2003	893	3 008	1 746
2004	1 108	3 437	2 261
2005	1 216	3 891	2 753
2006	1 069	3 903	2 945
2007	1 213	4 140	2 947

注：数据来源于历年《中国奶业年鉴》。

（3）规范发展时期（2008年至今）。2008年至今，是奶牛养殖的规范发展期。2008年"三聚氰胺"事件不但击碎了消费者对牛奶的消费信心，导致石家庄三鹿集团股份有限公司破产,也使大量的奶牛养殖户所产的原料奶无处销售,使中国奶业陷入深重的信任危机,在国际上也带来了极大的负面影响。牛奶质量安全管理上升到前所未有的高度,奶牛养殖业积极开展整顿,生产监管加强,进入规范发展期。

2008—2013年是奶牛养殖的整顿发展期,国家通过加大扶持、整顿、出台法规标准,帮助奶牛养殖业走出危局。"三聚氰胺"事件的主要原因是奶农的小规模饲养方式和奶站缺少监管。国家和各级地方政府纷纷采取措施进行干预,整顿奶业,促进发展。第一,为了整顿奶站,政府关停不合格奶站,留下的奶站交农业部门严格监管。乳品企业采取对奶站派驻监督员、安装摄像头、对运输车安装GPS等方式,使奶站、运奶车处于全方位监管之下。第二,政府通过推进奶牛养殖的规模化、标准化加强监管。首先,通过政策诱导奶农进行规模养殖。2008年国务院颁布了《乳品质量安全监督管理条例》规范奶牛饲养的生产和监管。同年11月《奶业整顿和振兴规划纲要》发布,在奶牛主产区中央加大预算内投资支持力度,加快养殖场(小区)的标准化建设和改造。其次,从政策上鼓励规模化养殖场建立。为保证乳制品的质量安全,要求乳企建立自有奶源基地,大型乳企全产业链发展速度加快;对大规模养殖企业进行土地、税收、资金方面优惠和支持。2011年和2012年,国家发展改革委、农业部相继出台《关于申报奶牛标准化规模养殖小区(场)建设项目投资计划的通知》及《奶牛标准化规模养殖小区(场)建设项目2012年中央预算内投资计划》,对符合标准的养殖小区、园区、牧场全面进行补贴和财税优惠。上述政策的实施迅速提高了全国的奶牛养殖规模和技术水平,一批大规模甚至超大规模的现代化养殖企业成立,如现代牧业、西部牧业。第三,强化奶农培训,提高科学养殖水平。在全国举办大量的培训班,培训奶农有关奶牛繁育、日粮制备、卫生防疫等养殖技术,以及提高生鲜乳质量安全水平的关键技术。

2014年至今,是奶牛养殖的转型升级期。第一,2014年原料奶价格开始下跌,国际大包粉到岸价低于国内原料奶价格,加之乳企自有奶源基地的建设,乳企对国内奶牛养殖场的依赖度降低,以乳企为主导的奶牛养殖业升级拉开序幕。规模化养殖场增多,乳品加工企业通过价格调控对不同养殖户实行价格歧视,对于规模化养殖场实行价格优惠,倒逼养殖户转型成规模牧场。养殖水平明显提高,乳品企业主导生鲜乳价格,要求供奶户的牛奶质量达到乳企要求标准、牧场设施达到整改要求,否则终止合作,这一措施极大推动了牧场硬件设施的升级。中小养殖户大量退出养殖业,对于缺乏资金升级牧场的部分中小养殖户,面对养殖成本上升、缺乏规模效益,只能退出养殖业。第二,由于原料奶价格持续低迷,部分大规模的现代化养殖企业也出现经营业绩不佳,寻求向产业链下游发展。部分乳企加快国际合作,到澳大利亚、新西兰建设海外牧场[160]。第三,注重饲草料建设。2012年农业部和财政部启动实施"振兴奶业苜蓿发展行动",2015年实施"粮改饲"试点,开发饲草料资源,优化奶牛日粮结构。第四,重视科学养牛。为帮助奶农进一步提高奶牛的生产性能,2015年12月农业部制定了《奶牛生产性能测定工作办法(试行)》,以加强奶牛生产性能测定工作,更好地为奶牛群体遗传改良和饲养管理服务。第五,加强环境保护,鼓励种养结合。2015年国务院发布《水污染防治行动计划》,要求科学划定畜禽养殖禁养区,2017年底前依法关闭、搬迁禁养区内养殖场;同年农业部发布了《化肥使用量零增长行动方案》,推进种养加紧密结合,畜禽粪污资源化利用；2016年通过《中华人民共和国环境保护税法》，对排放不达标的存栏大于50头牛的牧场2018年开征环保税。

总之在这一阶段，奶牛养殖业在恢复中发展，牛奶产量增速下降，2008—2018年牛奶产量从3 011万t先升后降，下降到3 075万t，年均增长率只有0.21%，较1979—2007年年均增长率13.31%，下降了13.10个百分点。奶牛养殖规模化速度加快，2008年100头以上奶牛存栏比重达到19.54%，2018年达到61.40%，增长41.86个百分点，大批万头牧场、千头牧场在各地兴建。奶牛场标准化水平有了大幅提升，全混合日粮及配套设备在牧场广泛应用，规模牧场机械化挤奶率达100%，由传统牧场向现代牧场转变。养殖管理向精细化转变，信息化、智能化的管理系统也在牧场广泛应用，由求量向求质、求效益转变。奶源质量显著提高，中小规模奶牛养殖户在生存压力下，部分选择退出，部分转型升级。2008—2018年奶牛养殖业发展情况如表3-3所示。

表3-3　2008—2018年奶牛养殖业发展情况

年份	奶牛存栏（万头）	奶牛单产（kg）	牛奶产量（万t）
2008	1 231	4 575	3 011
2009	1 221	4 800	2 995
2010	1 211	4 760	3 039
2011	1 178	5 400	3 110
2012	1 179	5 500	3 175
2013	1 123	5 500	3 001
2014	1 128	5 500	3 160
2015	1 099	6 000	3 180
2016	1 037	6 400	3 064
2017	1 080	7 000	3 039
2018	1 038	7 400	3 075

注：数据来源于《中国奶业年鉴2019》。

3.1.2　乳制品加工历史

1920年左右，外商在上海、哈尔滨等地建立了几座巴氏杀菌奶加工厂，1926年吴伯亨先生在浙江省建立了瑞安百好乳品厂，这是中国较早建立的乳品加工企业。新中国成立后的乳制品加工业伴随着体制的变革、经济的发展、居民消费水平的提高而发展，分为五个阶段：一是乳品业的萌芽期（1949—1957年）；二是乳品业的困顿期（1958—1978年）；三是改革开放初期（1979—1990年）；四是向现代化迈进期（1991—2007年）；五是行业规范发展期（2008年至今）。

（1）乳品业的萌芽期（1949—1957年）。这一时期随着一批乳品厂的恢复、建设，乳品加工业得以恢复和发展。新中国成立初期，在浙江省和黑龙江省、广州市、上海市有零星乳品厂。国家为了解决民生问题，1949—1952年实施国民经济恢复建设，旧厂复工、新厂开办，全国乳制品生产得以恢复，乳制品开始供应市场。截至1952年，全国乳制品总产量达到624 t。1953—1957年，中国实施发展国民经济第一个五年计划，乳制品工业是轻工业建设的重点之一。各地投资新建与扩建了一批专业乳品厂和牛奶公司。截至1957年，全国乳制品产量达到12 700 t，比1952年增长了19倍多。1952—1957年全国乳制品产量[161]具体如表3-4所示。

表3-4　1952—1957年中国乳制品产量　　　　　　　　　　　单位：t

年份	乳制品产量
1952	624
1953	837
1954	1 855
1955	5 820
1956	8 188
1957	12 700

注：乳制品指干乳制品，如乳粉、奶油、干酪、干酪素，不包括液态奶。

这一时期，乳品业完成社会主义改造，乳企技术装备简单；乳制品产品结构单一，主要为乳粉、炼乳和少量奶油，鲜销乳仅局限于部分城市，干酪素、乳糖仅为工业用，不参与社会商品流通；乳制品的供应量远远不能满足群众生活需求，研制了乳制品的替代品弥补需求缺口。

（2）乳品业的困顿期（1958—1978年）。在乳品业的困顿期，由于受到许多人为因素或者自然灾害的影响，乳品业呈现出大起大落的局面。截至1958年，乳品厂的建设初见成效，仅黑龙江省的乳品厂就已经达到了55家。1959—1961年，由于"左"倾错误与自然灾害的双重影响，致使乳制品生产跌入低谷，1960年党中央提出"调整、巩固、充实、提高"的八字方针，开始对经济进行调整，1961年全国乳制品产量为0.65万t。1962年乳制品生产出现复苏，1966年乳制品产量增长至2.35万t。1966—1976年，整个国民经济基本处于停滞、徘徊和十分困难的境地。乳品生产再次受到一定程度影响，到1976年，全国乳制品产量仅有3.67万t。这十年中乳制品增长只有56%，大大低于"一五"计划时期的发展水平。1976年10月之后，经济得到一定程度的恢复，1978年全国乳制品产量达到4.65万t。1958—1978年全国乳制品产量[161]具体如表3-5所示。

表 3-5　1958—1978 年中国乳制品产量　　　　　　　　　　　单位：万 t

年份	乳制品产量	年份	乳制品产量
1958	1.97	1970	2.96
1959	1.84	1971	3.03
1960	2.00	1972	3.40
1961	0.65	1973	3.49
1962	0.76	1974	3.55
1963	1.33	1975	3.66
1964	1.77	1976	3.67
1965	2.12	1977	3.92
1966	2.35	1978	4.65

注：乳制品指干乳制品，如乳粉、奶油、干酪、干酪素，不包括液态奶。

在这一发展阶段，虽然乳制品加工业经历了许多磨难，但仍取得了许多成绩：如乳企设备改造、重视乳品科学技术教育；乳品企业和科研人员取得了许多生产技术成果：速溶技术进步、完善炼乳工艺、研制婴幼儿乳粉；乳品机械业开始兴起，技术、装备、材料和系列配套设备等有了巨大发展，基本满足同时期乳品加工生产需要。

（3）改革开放初期（1979—1990 年）。改革开放以后，伴随奶源生产的快速发展，乳制品产量、品种、质量、技术、装备等方面转变很快。1979 年全国乳制品总产量达到 5.36 万 t；到 1990 年，全国乳制品总产量达到了 31.37 万 t，较 1979 年增长了约 4.85 倍。全国共有乳制品加工企业 756 家，乳制品产量较多的省份是：黑龙江、浙江、内蒙古、陕西、山西。1979—1990 年全国乳制品产量具体如表 3-6 所示。

表 3-6　1979—1990 年中国乳制品产量　　　　　　　　　　　单位：万 t

年份	乳制品产量	年份	乳制品产量
1979	5.36	1985	16.37
1980	6.32	1986	22.58
1981	7.91	1987	27.22
1982	9.97	1988	29.53
1983	11.22	1989	26.68
1984	13.02	1990	31.37

注：乳制品指干乳制品，如乳粉、奶油、干酪、干酪素，不包括液态奶。

在产品结构上，20 世纪 80 年代以前，以生产消毒奶为主，其他品种为辅。80 年代，由于乳粉、炼乳易于保存和运输，便于实施国内统一调拨与调剂，乳粉、炼乳成为主导产品；同时酸奶得到较快发展，在大中城市产量增长迅猛。

在技术装备上，到 1990 年，中国已经拥有一小批以乳品机械为主业的骨干厂。大部分新建乳品工厂使用的是全套国产乳品设备。少量新建乳品厂通过进口或援建项目引进了国外先进的技术设备。但是总体来看，乳企的设备技术平均水平有了很大进步。

在行业管理上，1980年中国首次开展了乳制品国家级、部级优质产品评比活动，鼓励乳品企业提高产品质量。1984年7月乳制品工业被列入《1991—2000年全国食品工业发展纲要》，成为主要行业发展方向和重点。1989年，轻工业部制订了全脂乳粉、全脂加糖乳粉、婴幼儿配方乳粉Ⅰ号、Ⅱ号产品质量分级规定，对产品质量进行经常性的监督，用数据判定产品质量的优劣。在这一时期，中国发布了一批乳制品产品标准，增补了重要的行业或地方乳品标准相关要求；积极探索生奶收购计价方法，自1986年起，各地陆续选点、选厂开始探索新的以质论价的计价方法，维护奶农合理利益，提高收奶质量。

在外资引进上，1986年第一家外资企业"雀巢"进入中国，在黑龙江省建造合资乳品厂，之后一些知名奶业公司相继在中国建厂，生产婴幼儿配方乳粉等产品。这些企业带来了资金、技术、管理经验，为中国乳品业注入活力。

这个时期中国计划经济仍占主导地位，市场化进程刚刚开始。分散的乳制品企业规模都不大，国有为主，计划配给为主。绝大多数企业在经济转型过程中，依然是以生产为导向，忽视消费市场研究。

（4）向现代化迈进期（1991—2007年）。1991—1995年国内消费需求得到释放，乳品加工业稳定发展。中国干乳制品总产量由1991年的37.66万t，增加到1995年的52.57万t，增长了约40%。在干乳制品产量中，前6名依次是：黑龙江11.81万t，浙江6.81万t，陕西5.88万t，河北3.39万t，山东3.29万t，内蒙古3.03万t。为了确保乳制品质量，20世纪90年代，轻工系统组织修订了几个重要标准：1992年发布《乳酸菌饮料》（QB/T 1554—1992）；1995年发布《母乳代用品销售管理办法》。乳制品结构有了调整，乳粉比例有明显下降，灭菌乳有较快发展。一批质量稳定、产量大的大型乳制品企业出现，如石家庄三鹿集团股份有限公司利用冀中平原的大面积玉米、青贮饲料，实行"奶牛下乡、牛奶进城、城乡联合、发展奶源"的战略，开发高质量的新产品赢得市场，1990年乳制品产量只有3 390 t，1995年达到13 454 t，成为全国乳制品行业产销量第一名。从1995年起，中国乳制品行业对外合作、合资较快发展，雀巢、卡夫、达能、帕玛拉特等著名的国际公司进军中国，带来了资金、技术和管理经验，生产自动化程度显著提高。

1996—2000年，大量的中小乳品企业涌入市场，在竞争激烈下行业进入整合阶段。1999年国家轻工业局对乳制品标准进行修订、增订，将"消毒牛奶"更名为"巴氏杀菌乳"，增加《灭菌乳》（GB 5408.2—1999）标准；将全脂乳粉、脱脂乳粉、全脂加糖乳粉相关标准合并为一个标准，并增加"调味乳粉"品种；将全脂无糖炼乳、全脂加糖乳粉相关标准合并成一个标准《全脂无糖炼乳和全脂加糖炼乳》（GB 5417—1999）。国家质量监督检验检疫总局2001年发布《关于婴幼儿配方乳粉生产许可证工作有关问题的通知》，开始实施许可制度，促进乳企的技术装备水平、管理水平的提高，不具备生产条件的企业将退出。1999年农业部明确提出要重点发展乳品生产，同时随着居民收入水平的提高，对牛奶营养的大量宣传，居民对乳制品的需求不断增强，大型企业集团的乳制品市场占有率进一步提高。据中国乳制品工业协会统计，2000年销售收入前5位的乳品企业有：上海光明乳业股份有限公司、石家庄三鹿集团股份有限公司、内蒙古伊利实业集团股份有限公司、北京三元食品股份有限公司、黑龙江完达山乳业有限公司。20世纪末至21世纪初，中国乳制品新技术得到了较快发展，产业化研究与示范不断进步。

2001—2007年，中国乳品企业继续快速发展，国内市场企业之间的竞争更趋激烈。早期在华登陆的国际乳业巨头一时处于竞争下风，纷纷从生产环节撤出，寻求其他形式的合作，帕马拉特是其中最具代表性的例子。随着中国加入WTO步伐的加快，互联网技术的快速发展和应用，居民消费方式的改变，健康意识与日俱增。2002年中国加入WTO的第一年，面对乳制品进口关税的减让，全国乳制品产量大幅增加，经济效益提高。乳制品工业受到各级政府和社会各界的重视，资本市场以极大的兴趣关注着乳制品行业。乳制品加工业继续快速发展，乳制品企业通过资产重组，集中度和规模不断扩大，加工产能快速提升，不断引进设备技术，行业整体装备和技术水平大幅提高。

在行业监管方面，2001年国家质量监督检验检疫总局发布《关于婴幼儿配方乳粉生产许可证工作有关问题的通知》，发布《婴幼儿配方乳粉产品生产许可证实施细则》，对婴幼儿配方乳粉实施许可管理。2003年，国家质量监督检验检疫总局宣布对乳制品等10类食品实施市场准入制度，发布了《乳制品生产许可证审查细则》，改变了此前由卫生部门核发食品企业卫生许可证的做法。2005年国务院办公厅印发了《国务院办公厅关于加强液态奶生产经营管理的通知》，扭转乳企争抢原料奶、哄抬奶价、质量下降、液态奶销售市场价格战、低水平恶性竞争的混乱状态。2006年，国家质量监督检验检疫总局发布《复原乳专项监管工作规范》，加强对复原乳的使用管理。

截至2007年，全国有规模以上企业（即全部国有和年主营业务收入500万元及以上非国有工业企业）736家，全行业干乳制品产量346.45万t，较1991年37.66万t增长了8.2倍，液态奶1 441.02万t。乳制品产品结构仍然单一，以液态奶和乳粉为主。行业集中度继续提高，2007年销售收入前10位的企业占全国规模以上企业总销售收入的66.4%，1991—2007年全国乳制品产量如表3-7所示。

表3-7 1991—2007年中国乳制品产量　　　　　　　　　　单位：万t

年度	乳制品产量	液态奶产量	干乳制品产量
1991	37.66	—	37.66
1992	41.29	—	41.29
1993	41.73	—	41.73
1994	42.46	—	42.46
1995	104.97	52.40	52.57
1996	102.35	51.94	50.41
1997	114.28	57.80	56.48
1998	122.86	68.00	54.86
1999	164.10	95.00	69.1

(续)

年度	乳制品产量	液态奶产量	干乳制品产量
2000	207.49	124.57	82.92
2001	264.27	189.98	74.29
2002	446.93	353.70	93.23
2003	723.35	582.90	140.45
2004	949.17	806.73	142.44
2005	1 310.43	1 145.80	164.63
2006	1 459.57	1 244.04	215.53
2007	1 787.47	1 441.02	346.45

注：数据来源于《中国奶业年鉴》。

这一阶段，中国乳品业生产能力、规模处于高速发展态势，处在从单纯的数量扩张向整体优化、全面提高产业素质和竞争力转变的重要时期。而乳企间的无序竞争、养殖业与加工业的分离式发展、市场秩序不规范、质量保障体系不健全等深层次问题逐步显现。2007 年 9 月，《国务院关于促进奶业持续健康发展的意见》充分肯定了奶业的地位，对奶业存在的问题进行深入分析，采取综合措施保障奶业健康发展。为了落实该意见，2008 年国家发展和改革委员会发布《乳制品加工业行业准入条件》《乳制品工业产业政策》。

（5）行业规范发展期（2008 年至今）。由于前期乳品加工业发展迅猛，忽视奶源建设，质量监控薄弱，最终积聚成行业灾难。2008 年"三聚氰胺事件"爆发，使全国乳品加工业遭遇重创，中国奶粉销售陷入萧条，石家庄三鹿集团股份有限公司破产。"三聚氰胺事件"虽然客观上使居民奶类消费急剧下降，乳品企业产品严重积压，外资奶粉品牌获得了市场的发言权，价格一路攀升。但是也推动了乳品加工业的转型，加快了奶业法规、标准出台的进程，提高了奶牛养殖者、乳品企业和消费者的乳品质量安全意识。

在乳制品安全监管方面，2008 年 10 月 6 日根据国务院的《乳品质量安全监督管理条例》，明确了各监管部门的职责分工。同月农业部和国家工商行政管理总局要求购销生鲜乳需采用《生鲜乳购销合同（示范文本）》，规定了合同主要条款。11 月农业部依据《生鲜乳生产收购管理办法》对生鲜乳运输车辆和收购站实施许可证管理。2009 年 3 月农业部依据《生鲜乳生产技术规程》《生鲜乳收购站标准化管理技术规范》对全国奶站进行清理整顿。6 月 1 日《中华人民共和国食品安全法》实施，提出组建食品安全委员会，在食品添加剂和食品生产经营方面实行许可制度，实施食品安全风险监测和评估制度，对食品不再实施免检等。

在乳品企业设立门槛方面，2009 年 6 月 26 日工业和信息化部、国家发展和改革委员会重新修订并联合公布《乳制品工业产业政策》（2009 年修订），对乳制品企业的奶源供给、基础设施、生产设备、检测能力等提出了更高的要求，支持乳企通过自建、参股建设规模化奶牛场、奶牛养殖小区扩大自有奶源基地。2010年国家质检总局组织修订了《企业生产婴幼儿配方乳粉许可条件审查细则（2010版）》和《企业生产乳制品许可条件审查细则（2010版）》，对原有的全国1 176家生产企业实施生产许可重审，提升了企业的整体素质和管理水平，保障乳品质量安全。2013年6月《关于进一步加强婴幼儿配方乳粉质量安全工作的意见》发布，要求乳企在自控奶源、原料乳粉和乳清粉检验，原辅料进货，乳粉生产、销售，问题产品召回、电子信息记录等方面严格把关，确保质量安全。在《婴幼儿配方乳粉生产许可审查细则》（2013版）中进一步严格婴幼儿配方乳粉的生产许可条件，提升乳粉质量。2014年为了提高乳粉行业集中度，自主品牌竞争力，《推动婴幼儿配方乳粉行业企业兼并重组工作方案》发布。2016年为了严格乳粉产品配方注册管理，《婴幼儿配方乳粉产品配方注册管理办法》发布。

在乳制品生产标准方面，2009年起，卫生部牵头对中国乳品安全标准进行了制定和修订，形成了66个标准，其中产品标准14项、生产规范2项、检测方法标准49项、原料标准1项，并于2010年正式颁布。加大了奶站、生鲜乳和乳制品的质量安全监管，实现了监测区域、指标的全覆盖。由于2014年后国际市场原料奶价格大大低于国内，乳企进口乳粉大幅增加，利用复原乳生产液态奶，挤占了国内生鲜乳的市场，奶农倒奶再起。2016年《巴氏杀菌乳和UHT灭菌乳中复原乳的鉴定》被修订，为监管违规添加复原乳提供了依据。

在企业诚信建设方面，2009年12月工信部等10个部门联合发布《食品工业企业诚信体系建设工作指导意见》，率先开展了以乳制品等行业为代表的食品企业诚信体系建设，发布了《食品工业企业诚信管理体系（CMS）建立及实施通用要求》《食品工业企业诚信评价准则》，编发《乳制品生产企业—诚信管理体系建立及实施指南》，要求乳品企业依法生产经营，承担社会责任，保障乳品质量安全。

2018年与2008年比较，乳制品产量2687.10万t，增长了48.41%；液态奶产量2 505.59万t，增长了64.28%；干乳制品产量181.51万t，减少了36.39%。2014年干乳制品产量较低，主要原因是乳粉新规实施，部分乳企没有获得新版乳粉生产许可证，导致停产。2016—2018年受进口乳制品替代的影响，干乳制品产量再次降低。2008—2018年全国乳制品产量具体如表3-8所示。

表3-8 2008—2018年中国乳制品产量　　　　　　　　　　单位：万t

年度	乳制品产量	液态奶产量	干乳制品产量
2008	1 810.56	1 525.23	285.33
2009	1 935.12	1 641.65	293.47
2010	2 159.60	1 845.80	313.80
2011	2 387.50	2 060.80	326.70
2012	2 545.19	2 146.57	398.62
2013	2 698.03	2 335.97	362.06
2014	2 651.80	2 400.10	251.70

（续）

年度	乳制品产量	液态奶产量	干乳制品产量
2015	2 782.53	2 521.00	261.53
2016	2 993.23	2 737.17	256.06
2017	2 935.04	2 691.66	243.38
2018	2 687.10	2 505.59	181.51

注：数据来源于《中国奶业年鉴》。

在这一阶段，乳业在"三聚氰胺"事件后发生了重大转变，国家密集出台了关于安全监管、乳业标准、产业政策、婴幼儿配方乳粉注册配方等方面的新政策；提高了乳企的设立门槛，促进市场的公平竞争，提高行业集中度，加强品牌建设；乳品加工业开始向合理布局、优化结构、提质增效的发展方式转变；产业经营方式由松散的买卖关系向紧密的一体化方向转变；乳品销售渠道发生变革，乳企开始纷纷涉足电商。

3.2 牛奶生产现状分析

牛奶是指奶牛产出的生鲜乳，是乳制品生产的原料。由于在统计资料里一般使用牛奶，因此对牛奶生产现状进行分析。奶牛是牛奶生产的基础，牛奶产量和人均占有量是供给能力的体现，牛奶的区域生产集中度是专业化的体现，牛奶的品质直接影响着国产乳制品的质量[162]，决定着国产乳制品的竞争力。

3.2.1 牛奶总产量高

（1）牛奶产量位居全球第四。2003—2018年全球牛奶总产量呈增长趋势，2003年全球牛奶总产量5.18亿t，2018年增长为7.04亿t，年复合增长率2.06%；2018年中国牛奶产量3 176.8万t，约占全球产量的4.51%，较2003年增长了1.15个百分点，2009年占比最高达到6.38%，近几年由于欧盟28国、美国、印度牛奶产量的大幅增长，占比略有下降。欧盟、美国、印度、中国、俄罗斯依次是全球牛奶五大主产区，中国位居第四。

（2）牛奶产量稳定在3 000万t以上。中国牛奶产量大幅增长，奶牛养殖成为农业现代化的标志性产业。由图3-1可以看出，1978—2007年我国牛奶总产量不断上升，2010年开始稳定在3 000万t以上，2008年以来产量波动加大，产量增速降低。牛奶总产量由1978年的88.30万t上升到2018年的3 074.6万t，增加了近34倍，特别是2000—2007年，由于牛奶消费增长带动了奶牛养殖量加大，牛奶产量增长速度极快，平均每年增幅264.96万t；2008年之后，受消费增速放慢和进口原料奶增多的影响，只有2014年牛奶产量增幅超过100万t；2009年、2013年、2016年、2017年牛奶产量增幅为负值，主要原因是：2009 年由于受"三聚氰胺"事件影响，生鲜乳价格下降；2013 年受奶牛疫病、转型过程中小散户退出、牛肉价格上涨诱发的屠宰增多等因素影响；2016 年和 2017 年由于生鲜乳价格持续低迷，一些长期亏损的养殖场退出。

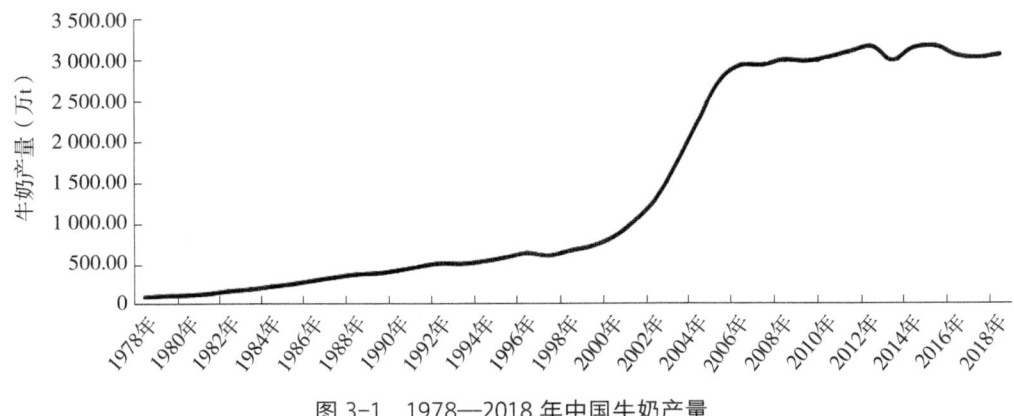

图 3-1　1978—2018 年中国牛奶产量

（3）牛奶人均占有量大幅提高。1978 年以来牛奶人均占有量不断上升，由 1978 年的 0.92 kg/人上升到 2018 年的 22.13 kg/人，增加了约 23 倍。2006 年牛奶的人均占有量首次达到 22 kg 以上，之后趋于稳定，2006—2018 年牛奶人均占有量平均值是 22.63 kg，居民的饮奶需求得到了满足。2000—2006 年，受牛奶总产量增长迅速的影响，牛奶人均占有量也快速上涨。

3.2.2　牛奶专业化生产带形成

牛奶生产专业化程度提高，形成"三北"奶业带。奶牛养殖受自然条件影响较大，乳品企业也需要接近奶源地便于加工。恒天然国际牧场业务副总裁皮特·摩尔（Peter Moore）说，能否方便地获得饲料和水源是牧场选址最为重要的因素。因此牧场的选址需要考虑气候适宜、饲料充足、水源充足。奶牛自身的生物特性及中国区域自然资源禀赋和气候条件不同，决定了牛奶生产的区域分布具有明显的不平衡性。

（1）"三北"地区自然条件优良。"三北"地区气候优良，牧草和玉米饲料丰富，不但有利于奶牛生活，也利于奶牛养殖的种养结合。气候条件决定了当地环境是否适合牧草生长，奶牛生活。纬度是气候条件最重要的决定因素。奶牛耐寒怕热，生长的适宜温度是 8～16℃，超过 25℃就有明显的应激，采食量减少，产奶量下降。所以南北纬 40°～50° 是国际公认的奶牛优质饲养带，中国东北、西北和华北处于这个饲养带，有优良草场、饲料资源丰富的农区和较少的高温天，目前也是我国的奶源主产区。

（2）"三北"地区牛奶产量高。2018 年内蒙古、黑龙江、河北、山东、河南、新疆、宁夏、辽宁、陕西、山西牛奶产量位居全国前 10 名，10 省牛奶产量 2 519.90 万 t，占全国总产量的 81.96%，成为中国牛奶产业专业化生产带。

从区域角度划分，华北是中国牛奶产量最大的地区。2018 年华北的牛奶总产量为 1 110.6 万 t，占全国总产量的 36.12%；其次是东北地区，牛奶总产量为 626.5 万 t，占全国总产量的 20.38%；再次是西北地区，牛奶总产量为 545.97 万 t，占全国总产量的 17.76%%；西南地区的产量份额最小，只有 168.3 万 t，占全国总产量 5.47% 左右。

3.2.3 牛奶质量水平高

随着我国奶牛规模化程度、养殖水平和监管水平的提高，生鲜乳的品质逐渐提高。通常决定生乳标准的参数有：乳脂、乳蛋白、菌落总数、体细胞数。乳脂肪与乳蛋白与牛乳的风味有密切关系；菌落总数指标反应奶牛健康状况、牧场卫生状况、冷链运输质量控制状况；体细胞数反应奶牛乳房健康状况，影响乳品品质。据《中国奶业质量报告（2019）》统计，2018 年生鲜乳抽检合格率 99.9%，说明我国牛奶质量水平很高。

（1）生鲜乳的平均品质高于国标要求。由于我国幅员辽阔，各地生乳品质差异较大，因此 2010 年的《食品安全国家标准生乳》各项指标要求低于国际标准，给消费者以质量差的印象。但是据 2011—2015 年农业部对全国范围内 4 740 批次生鲜乳质量进行监测，生鲜乳的各项指标均已经远远高于国标要求：乳蛋白平均值为 3.14～3.16 g/100 g（国标 2.8 g/100 g）；乳脂肪平均值为 3.59～3.69 g/100 g（国标 3.1 g/100 g）；菌落总数从 2013 年 64.6 万 CFU/mL 降到 2015 年的 46.7 万 CFU/mL（国标 200 万 CFU/mL）；体细胞数从 2011 年的 43.5 万个 /mL 降低到 2015 年的 33.3 万个 /mL（国标无要求）。

（2）示范规模牛场生鲜乳品质比肩欧美。根据国家奶牛产业技术体系的 220 家示范规模牛场监测数据显示，我国示范规模牧场乳脂率、乳蛋白率呈逐年提高的特征，同时体细胞数和菌落总数逐年下降，生鲜乳质量水平已经达到欧美标准。2018 年示范牛场的平均乳脂达到 3.89 g/100 g，比欧美的乳脂标准高。美国一般在乳脂含量 3.5 g/100 g 的标准上对生乳价格报价；法国一般每月测试乳脂 3 次，要求乳脂平均含量达到 3.8 g/100 g。2018 年示范牛场的乳蛋白是 3.20 g/100 g，发达国家一般标准为 3.0 g 以上，因此该项指标高于欧美一般标准。2018 年示范牛场的菌落总数 7.18 万 CFU/mL，达到了欧美标准，美国要求单个奶户的生乳菌落总数不得超过 10^5 CFU/mL，荷兰等国家要求生乳的菌落总数在 10^5 CFU/mL 以下[163]。2018 年示范牛场的体细胞数为 22.11 万个 /mL，远高于欧美标准，欧盟生乳收购的最低标准为体细胞数≤40 万个 /mL，美国为≤75 万个 /mL。

（3）国产商品原料奶具备进口品质。生鲜乳需要达到乳企的标准才能进入加工环节，成为商品原料奶。各乳企均制定了企业生鲜乳收购标准，保证乳制品的原料质量。企业标准在营养和菌落数等指标上比国标更加严格，基本与国际接轨。大部分省份生鲜乳企业标准为：乳蛋白 3.0 g/100 g，乳脂肪 3.5 g/100 g，菌落总数 10 万～30 万 CFU/mL；体细胞数≤40 万个 /mL。此外，企业标准还检测原料奶冰点、酒精阳性指标、热稳定性、解抗剂、黄曲霉毒素、掺假等指标。

3.2.4 奶牛存栏量高

（1）中国奶牛存栏位居全球第七。2018年全球奶牛存栏约27 572.8万头，中国奶牛存栏1 037.7万头，约占全球总量的3.76%，全球奶牛存栏量前7名依次是：印度、欧盟28国、巴西、美国、俄罗斯、墨西哥、中国。2009年以来，印度、巴西、中国奶牛存栏量增长迅速。另外，中国牧场在逐步走出中国，例如宁波牛奶、鹏欣、大地乳业、新希望等已经在澳大利亚、新西兰设立养殖场，充分利用当地的优良自然资源，降低原料奶的生产成本。

（2）中国奶牛存栏量稳中有降。1978年以来中国奶牛存栏数量呈先升后降态势，2008年达到最大值1 230.50万头，2009—2016年出现下降态势。1978—1999年奶牛存栏年均增加约11万头；1999年到2007年奶牛存栏快速增长，年均增加约88万头；2008年到2018年奶牛存栏减少，年均减少约17万头。2018年奶牛存栏1 037.70万头，同比下降3.90%，相比1978年47.50万头，增加了约21倍。2008年"三聚氰胺"事件后严格规范奶牛养殖，导致部分牧场退出，奶牛数量下降；2014年下半年乳制品产能出现过剩，生鲜乳价格下跌，上游牧场开始主动淘汰低产奶牛，提高奶牛单产，部分生产率较低的牧场退出，导致2015—2016年奶牛数量大幅下降，具体如图3-2所示。

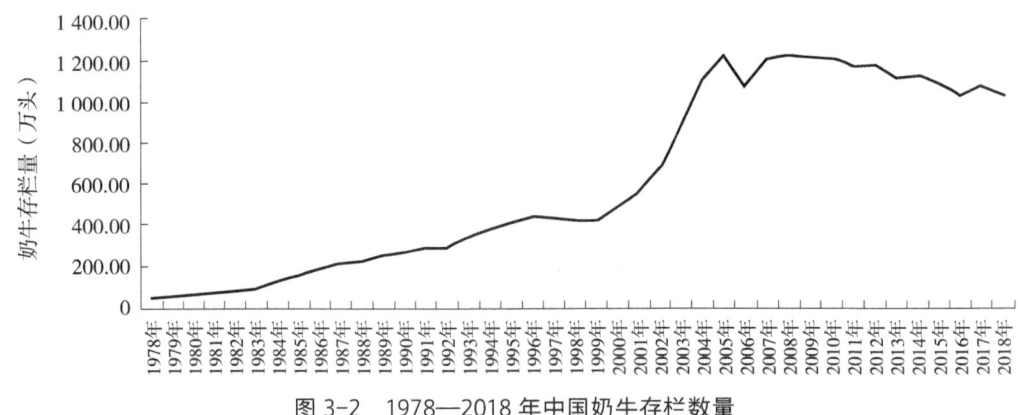

图3-2　1978—2018年中国奶牛存栏数量

从地域分布来看，2018年奶牛存栏最高的省份是新疆，其次分别是内蒙古、河北、黑龙江、山东、四川、宁夏、西藏、河南、山西。10省区奶牛存栏共806.4万头，占全国奶牛存栏量的77.71%左右。

3.2.5 奶牛年平均单产提高

中国奶牛单产水平在逐步提高。2003年中国荷斯坦奶牛平均单产水平首次稳定突破3 000 kg/年，而后13年时间，随着遗传育种水平提高、优质饲料的使用，单产水平翻了一番，2015年达到6 000 kg/年。2018年中国荷斯坦奶牛平均单产为7 400 kg/年，较1978年单产2 860 kg/年，39年增长了1倍多，该数据体现了奶牛饲养管理水平的巨大提高。

和发达国家相比，奶牛单产仍有增长空间。2018年中国奶牛单产7 400 kg/头，较2011年增长了2 000 kg/头，已经超过了澳大利亚和新西兰。但是和圈养规模化养殖代表国家美国相比，2018年单产水平还相差3 100 kg/头，和欧盟内的荷兰相比还差1 542 kg/头；和德国相比还差523 kg/头，具体如表3-9所示。未来随着中国养殖管理水平的提高，奶牛单产水平还有很大的增长潜力。

表3-9 主要国家奶牛单产水平　　　　　　　　　　　　　单位：kg/（头·年）

国家	2011年	2013年	2014年	2015年	2016年	2017年	2018年
美国	9 593	9 898	10 097	10 157	10 330	10 406	10 500
新西兰	3 952	4 052	4 347	4 347	4 296	4 372	4 261
澳大利亚	5 800	5 672	5 882	5 882	5 819	5 973	6 231
德国	7 240	7 477	7 352	7 883	7 581	7 606	7 923
荷兰	8 075	8 300	8 300	8 337	8 300	8 587	8 942
中国	5 400	5 500	5 500	6 000	6 500	7 000	7 400

注：数据来源于《中国奶业统计资料2019》。

3.3 乳制品生产现状分析

3.3.1 乳制品总产量高

随着居民生活水平的提高，乳品消费需求得到释放，中国乳制品产量增长较快。乳制品分为液态奶和干乳制品，由于中国居民的生活习惯是饮用液态奶，乳制品种类以液态奶产品为主。2000年乳制品产量207.49万t，2018年乳制品产量2 687.1万t，2000—2018年复合增长率15.29%，其中液态奶增长迅速，干乳制品增长缓慢。

2000年液态奶产量134.10万t，由于消费需求增长，2018年液态奶产量是2 505.59万t，增长了19倍多。2014年受原料奶价格上涨影响，增速放缓，2016年液态奶产量同比增长8.6%，达到顶峰2 737.17万t，2018年产量明显下降。

2000年干乳制品产量82.92万t，2018年干乳制品产量181.51万t，增长了1倍多。受"三聚氰胺"事件影响，2008年干乳制品产量明显下降，经过几年恢复，2012年达到顶峰398.62万t；受国际市场进口干乳制品较低价格的冲击和乳粉生产新许可证审核的影响，2013—2014年干乳制品产量出现负增长，2015年干乳制品产量回升到261.53万t，2016—2018年受进口乳制品影响再次下降，2018年同比下降25.42%，其中乳粉产量96.80万t，同比下降19.81%，具体如图3-3所示。

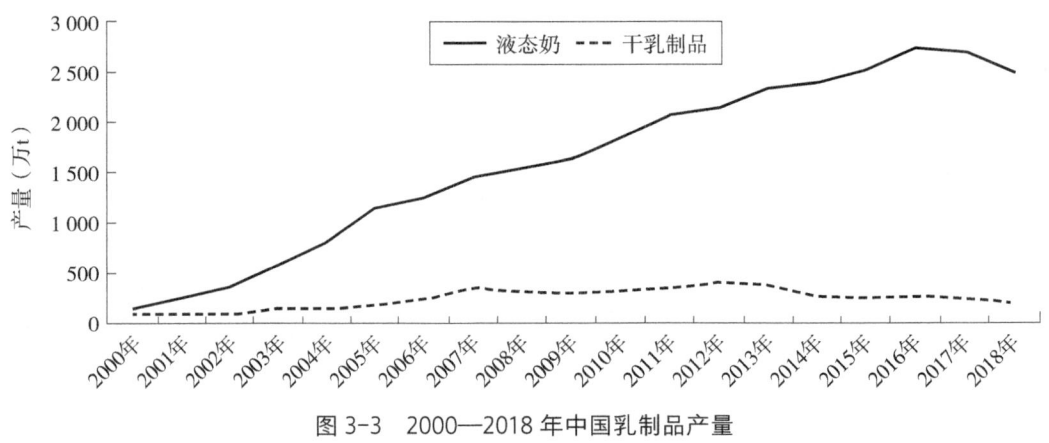

图 3-3　2000—2018 年中国乳制品产量

3.3.2　乳制品专业化生产带形成

（1）乳制品产量前 4 位的省份稳定。乳制品产量前 4 位的省份稳定在内蒙古、河南、山东、河北，成为乳制品生产专业带。2018 年液态奶产量前 10 位是：河北、河南、内蒙古、山东、江苏、黑龙江、宁夏、安徽、湖北、四川，10 省区合计产量约 1 737 万 t，占全国总产量的 69.32%。2018 年干乳制品产量前 10 位是：黑龙江、广东、陕西、内蒙古、四川、河北、宁夏、天津、山东、安徽，10 省区合计产量约 152 万 t，占全国总产量的 83.70%。

（2）乳制品生产的空间聚集度降低。单位乳企加工能力提高，乳制品生产的空间聚集度降低。受养殖历史、气候环境的影响，我国奶牛养殖的主要区域集中在东北、华北、西北地区，总产奶量占到全国的 80% 以上，所以这些地区也是乳制品的主要产区。我国乳制品加工 D20（中国奶业 20 强）企业有 2/3 以上布局于这些区域。从乳制品生产的空间聚集程度看，1998 年 CR_4（乳制品销售收入前 4 位的省份占全国的比值）是 53.91%，区域聚集度较高，单位乳企加工能力较小。2009 年根据《乳制品工业产业政策》为实现乳制品工业规模经济的目标，对相邻乳企的设立做了距离限制（北方地区要求新建乳企与周围已有乳企距离在 100 km 以上，南方地区 60 km 以上），并对日处理生鲜乳能力做了规模要求。因此 2015 年 CR_4 是 48.26%，下降了 5.65 个百分点，实现乳制品加工企业适度分散，向消费地、生鲜乳生产地靠近，单位乳企加工能力提高。

3.3.3　乳制品质量达到国际水准

近几年乳制品抽检合格率均在 99% 以上，没有系统性风险。2018 年乳制品抽检合格率达 99.6%，婴幼儿配方乳粉抽检合格率 99.9%，在食品中保持领先水平。抽检不合格产品主要原因是标签不合格，或者是偶发性的质量问题，没有普遍性风险。2014 年君乐宝乳业集团有限公司生产的婴幼儿配方奶粉获得全球食品安全标准（BRC）首家 A+ 顶级认证，该认证被业界誉为"奥运金牌"；2016 年蒙牛集团获得"第十届全球乳制品代表大会最佳乳制品奖"和"最佳乳品包装奖";2017年现代牧业的常温纯牛奶,飞鹤乳业的婴幼儿奶粉获得世界食品品质评鉴大会金奖,旗帜乳业的奶粉分别获得中老年奶粉金奖、婴幼儿特别金奖。

3.4 牧场和乳企发展现状分析

3.4.1 牧场养殖规模扩大

(1)养殖规模向百头以上集中。奶牛养殖户数先增后减。2002年奶牛养殖场(户)数136.86万户,2007年增加到266.87万户之后逐步减少,2018年减少到65.58万户。由于2008年的"三聚氰胺"事件,政府加大对行业整顿,养殖场向规模经营转变,散养户退出,奶牛养殖场(户)数经历了2002—2007年的上涨期之后逐步减少。

百头以上奶牛规模化养殖比率不断提高。由图3-4可见,2007—2018年存栏1～99头的养殖户数在大幅下降;存栏100～499头的养殖户数先呈上升趋势,2014年后出现明显下降,主要原因是2014年后生鲜乳价格持续低迷,500头以下的养殖规模不具有竞争优势;存栏500～999头的养殖户数呈缓慢上升趋势,2013年后开始下降;存栏1 000头以上的养殖户数由2007年的339户增加到2016年的1 479户,随后转为下降趋势。可见,随着奶业机械的使用,生产率的提高,500头以上的养殖规模更受青睐。2018年存栏100头以上的养殖场奶牛存栏数占比为61.4%,相比2002年的19.5%,增幅达41.9个百分点。

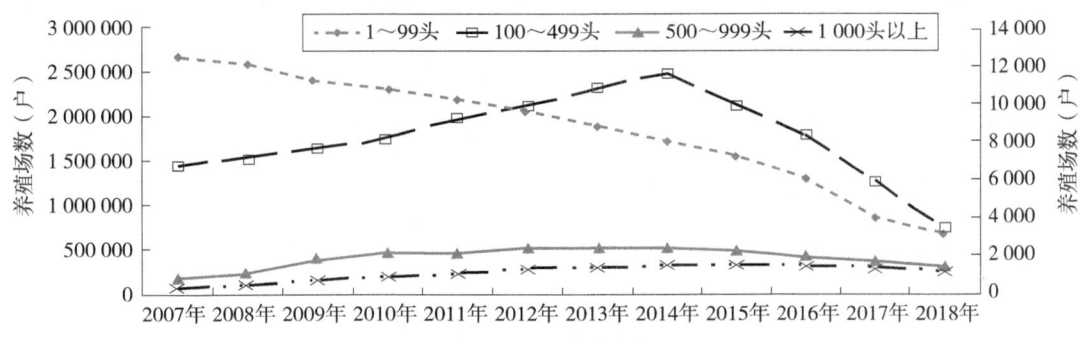

图3-4 中国奶牛养殖场数量

注:1～99头养殖户数使用主坐标轴,其他养殖户数使用次坐标轴。

总之,奶牛养殖规模的扩大促进了现代生产要素的投入和使用、对于产品成本的降低、奶业经营主体驾驭市场的能力都产生了积极影响,提高了奶业竞争力[164]。

(2)中国奶牛养殖规模接近日本、韩国。中国奶牛养殖主要是以圈养为主。全球乳畜业主要有三种养殖模式:放牧养殖、圈养养殖和散养合作社。放牧规模化养殖模式代表国家是新西兰和西欧。圈养规模化养殖代表国家是美、日、韩。散养合作社模式代表国家是印度。圈养规模化相较于放牧和散养模式的最大优点是经营效率高,单产量高;

缺点是生产成本高。

中国奶牛养殖平均规模逐渐上升，但是和美国、新西兰、澳大利亚相比还有很大的差距。规模小不利于新科技的应用，导致生产效率低下。中国奶牛牧场数 2018 年 661 760 个，平均规模 13 头，较 2015 年减少牧场 892 868 个，平均规模增加 3 头。具体如表 3-10 所示。

表 3-10　主要国家牧场养殖规模情况

国家	2015 年		2016 年		2018 年	
	牧场数（个）	规模（头）	牧场数（个）	规模（头）	牧场数（个）	规模（头）
美国	43 534	214	41 809	223	37 468	251
新西兰	11 970	419	11 918	419	11 590	431
澳大利亚	6 128	282	6 102	273	5 699	273
德国	73 255	58	69 174	61	62 813	65
荷兰	18 265	94	17 870	98	16 500	94
韩国	5 498	75	5 354	76	6 451	63
日本	17 700	78	17 000	79	15 700	54
中国	1 554 628	10	1 301 896	11	661 760	13

注：中国规模数据来源于中国奶协公布的数据，其他数据来源于《中国奶业统计资料 2019》。

同美国比较，2015 年中国 100 头以上奶牛存栏比例为 48%，美国超过 80%，美国 1 000 头以上奶牛存栏比例接近 50%，中国约 20%，还有一定的差距。结合中国人多地少的国情，奶牛规模不能简单地向美国看齐。在环境承载能力限度内，随着中国对畜禽粪污资源化利用管理的加强，目前的规模状况将会由于部分奶牛场的退出而上升，100 头以上的规模奶牛场已经是商品牛奶的生产主力。

3.4.2　牧场利润空间小

（1）原料奶生产成本较高。与奶业发达国家相比，我国奶牛养殖的单产水平低、饲料利用效率低、奶牛利用年限短和劳动生产率低等因素，造成原料奶生产成本比新西兰、美国高。中国 2010 年原料奶生产成本是 2.82 元/kg，远远低于日本、韩国、德国，略高于新西兰、美国，生产成本具有竞争力。同 2010 年相比，2016 年中国、美国、韩国原料奶生产成本呈现不同程度的增长，日本、新西兰、德国生产成本出现不同程度的下降。2018 年中国原料奶生产成本为 3.31 元/kg，低于日本、韩国、德国，高于新西兰约 28.31%。中国原料奶生产成本从 2014 年以来，呈下降趋势，具体如表 3-11 所示。

表 3-11 原料奶生产成本对比　　　　　　　　　　　单位：元/kg

国家（地区）	2010 年	2015 年	2016 年	2018 年
新西兰	2.73	2.43	2.26	2.58
德国	3.72	3.08	3.09	3.53
美国	2.77	3.31	3.44	2.71
日本	6.15	4.03	4.69	4.76
韩国	3.94	4.33	4.64	4.03
中国	2.82	3.64	3.48	3.31

注：根据《中国奶业统计资料2019》数据整理计算。

（2）原料奶价格高于国际奶价。2014年以来，国内奶价高于国际奶价。2013年之前，由于国内原料奶价格有时低于进口大包粉价格，所以乳企在生产中主要使用国内原料奶，国内原料奶价格很大程度上体现了供给和需求关系。2014年进口大包粉价格剧烈下降，4月起国内原料奶价格高于进口大包粉价格，随着价格差距不断加大，国内企业大量使用进口大包粉，导致国内原料奶价格下跌。从表3-12可知，中国原料奶价格2014年最高，达到4.05元/kg，2015年同比下降了15%，只有3.45元/kg，2016—2017年略有回升，2018年达到3.46元/kg，价格走势和国际牧场联盟（IFCN）国际奶价相同，但是2017年奶价增长率0.25%，低于IFCN国际奶价增长率33.61个百分点。2018年中国原料奶价格明显低于日本，但是和其他国家相比，中国奶价约是新西兰、美国、IFCN国际奶价的1.5倍。

表 3-12 原料奶价格对比　　　　　　　　　　　单位：元/kg

国家（地区）	2014 年	2015 年	2016 年	2017 年	2018 年
新西兰	2.68	1.63	1.87	2.51	2.36
欧盟	3.04	2.13	2.09	2.66	2.65
美国	3.25	2.35	2.38	2.63	2.36
巴西	2.77	1.92	2.06	2.69	2.51
阿根廷	2.27	2.03	1.74	2.24	1.73
日本	5.54	5.13	6.25	6.17	6.17
中国	4.05	3.45	3.47	3.48	3.46
IFCN 国际奶价	2.69	1.83	1.85	2.47	2.26

注：数据来源于《中国奶业统计资料2019》。

虽然其他国家出口乳制品到中国，还需要考虑运费、关税和增值税，但是以2015年中国原料奶价格3.45元/kg为例，新西兰原料奶喷粉加工成全脂奶粉运往中国后还原为原料奶，折算期间费用后价格约为2.3元/kg，再考虑运费、关税和增值税（分别为5%、2.5%、17%）以及其他费用之后，价格为2.8～3元/kg，较中国仍然具有价格优势。虽然 2016 年 10 月第 4 周中国原料奶收购价格低于进口大包粉的到岸价格，但是多数时间进口大包粉的价格仍然在国内原料奶价格之下徘徊，进口大包粉的到岸价成为国内原料奶的价格天花板。

（3）原料奶价格在相对低位运行。国内原料奶价格向平均成本线逼近。国内原料奶的价格和奶业发达国家相比虽然不具有竞争优势，但是已经稳定在了较低水平。2014 年原料奶价格冲高回落，2016 年均价 3.47 元 /kg，2017 年均价 3.48 元 /kg，2018 年均价 3.46 元 /kg。2017 年生鲜乳平均生产成本为 3.39 元 /kg，2018 年成本为 3.31 元 /kg，可见原料奶价格向平均成本线逼近。由图 3-5 可见，近年生鲜乳价格虽然小有波动，但大体稳定在较低水平，奶牛养殖业在进口大包粉价格的倒逼下，降成本压力加大，生存压力将促使奶牛养殖业从单产水平、饲料利用效率、奶牛利用年限和劳动生产率等方面奋起直追，提高奶业竞争力。

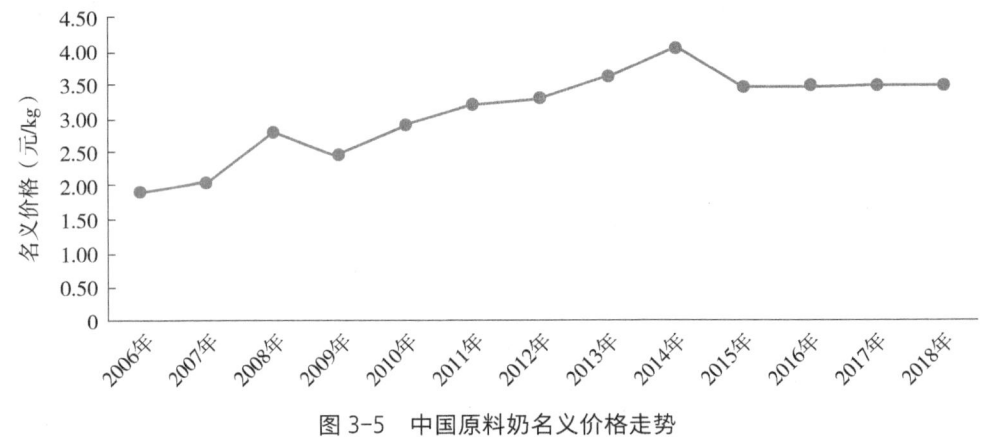

图 3-5　中国原料奶名义价格走势

综上所述，由于国内生鲜乳价格在平均成本线之上低位运行，因此近年牧场公斤奶利润空间很小。国家奶牛产业技术体系的 220 家示范规模牧场监测数据显示，2010—2014 年，中国规模奶牛场公斤奶利润空间呈逐渐上升的走势，利润空间从 0.48 元 /kg 上升到 0.73 元 /kg；2015—2016 年则急剧下降，2016 年规模奶牛场生鲜乳价格和成本分别是 3.72 元 /kg、3.48 元 /kg，公斤奶利润空间只有 0.24 元 /kg，是 2010 年以来的最低水平。

3.4.3　乳企总资产和盈利能力提高

随着乳企规模的扩大，乳品加工企业数量在减少，2018 年全国规模以上乳制品加工企业 587 家，较 2008 年减少了 237 家。2018 年全国乳品加工企业销售总额达到 3 398.91 亿元，利润总额达到 230.40 亿元，资产总额达到 3 145.84 亿元，较 1999 年分别增长了 21.86 倍，62.65 倍，18.61 倍，说明中国乳企的物质装备和资金实力不断提高。

乳企盈利能力有很大提高，1999 年销售利润率只有 2.43%；随着消费量的提升，2001—2007 年销售利润率稳定在 5%～7%；2008 年受"三聚氰胺"事件影响出现大幅下降，回落到 2.82%，随着国内消费能力的恢复，2010 年销售利润率达到极大值 9.12%；由于生鲜乳价格普遍上涨，2011—2013 年销售利润率再次大幅下降；随着对低价大包粉的使用，生鲜乳价格的回落，2014—2018 年销售利润率稳定在 6%～8%。中国乳企销售利润率如图 3-6 所示。

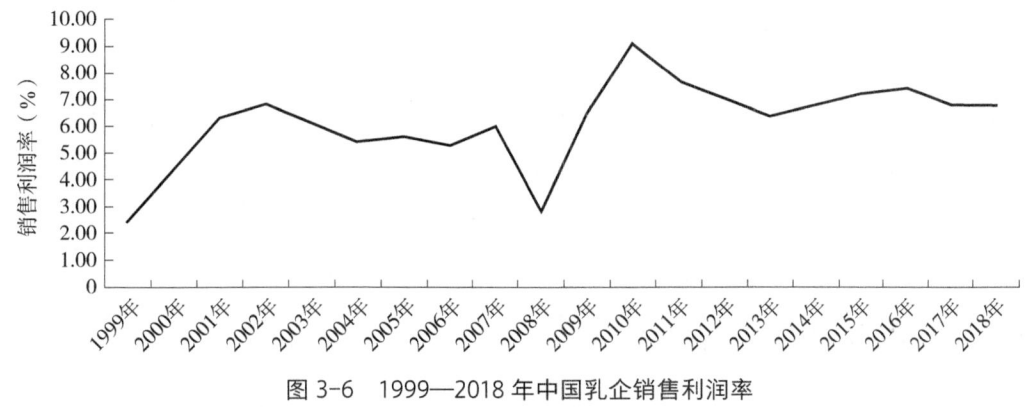

图 3-6　1999—2018 年中国乳企销售利润率

3.4.4　乳企技术和投资实力增强

以 D20 为代表的中国乳品企业，不断增加设备投资、提高生产技术，使主要乳品加工装备和技术水平达到国际先进水平，在技术创新、新产品开发等方面不断投入科研力量，研发的新产品屡获国际大奖，市场占有率达到 50% 以上，乳制品的质量可以与国外知名品牌媲美。国内乳企还纷纷加大海外投资，2010 年光明乳业收购新西兰乳企新莱特 51% 股权，接下来蒙牛、伊利、新希望、飞鹤、贝因美乳业也积极在新西兰、澳大利亚等国布局奶源、投资建设工厂以及研发中心，借鉴国际奶业强国的先进技术和管理经验，完善自身产业链建设。到 2017 年已经陆续有澳优、伊利、蒙牛、光明、圣元、贝因美、雅士利、飞鹤等乳品企业在境外合资、并购、设厂，其产品主要集中在婴幼儿配方乳粉。

3.4.5　乳企市场集中度提高

乳企市场份额集中度提高，品牌发展稳定。伊利、蒙牛领跑一线乳品市场，光明紧随其后，三家乳业公司 2018 年营收占全国乳品企业总营收的 49.7%，是国内的龙头乳品企业。2018 年全国市场份额前 10 名乳企分别是：伊利、蒙牛、光明、君乐宝、飞鹤、三元、新希望、完达山、百跃、中垦，其中伊利市场份额占 23.2%，蒙牛占 20.3%，光明占 6.2%，其他 7 家乳企均在 0.7%～3.8%。

伊利和蒙牛进入全球乳业十强。从全球奶业企业销售额看，全球乳业 20 强中，中国有 2 家。2018 年荷兰合作银行发布"全球乳业 20 强"榜单，以乳品企业销售额作为排位的主要依据，雀巢（243 亿美元）仍然位居首位，伊利（112 亿美元）、蒙牛（103 亿美元)分别是第9、第10位,意味着中国乳企进入全球乳业的第一阵营,拥有了全球乳业影响力和话语权。从全球乳企收奶能力看,2017年伊利收奶量720万t,位居全球第13位,蒙牛收奶量640万t,位居全球第15位。

3.5 乳制品贸易现状分析

全球乳制品贸易品种主要有:脱脂奶粉和黄油、奶酪、全脂奶粉。根据2018年统计数据,乳制品供应国和地区主要有:新西兰、欧盟、美国、白俄罗斯、澳大利亚;乳制品需求国主要有:中国、俄罗斯、墨西哥、沙特阿拉伯、阿尔及利亚、印度尼西亚、菲律宾。

3.5.1 中国乳制品进口量大

(1)中国是世界最大的乳制品进口国。中国是世界最大的乳制品贸易需求国,2018年进口量占全球的19.50%,全脂奶粉进口量占全球26%,脱脂奶粉进口量占全球12%,中国乳制品的进口来源地主要是大洋洲、美洲、欧洲的奶业发达国家。

中国进口乳制品的品种主要有:液态奶(鲜奶、酸奶)和干乳制品(奶粉、炼乳、乳清、奶油、奶酪)。中国液态奶2008年进口量8 319.96 t,2018年增长为704 112.82 t,是2008年的84.34倍;2008年干乳制品进口量342 747.33 t,2018年增长为1 607 763.13 t,是2008年的4.69倍。

进口乳制品中奶粉和乳清一直占比较大,2008年以来奶粉、乳清进口量增长剧烈。由于运输便利化,消费者的信任,跨境电商的发展,国外鲜奶凭借低价战略,2012年开始迅速增长。由于居民饮食向西餐的靠拢,对奶酪、奶油的消费量增加,这些品种是国外厂商的强项,因此进口量增加明显;酸奶、炼乳进口量平稳中略有上升。

液态奶中主要进口品种是鲜奶,酸奶进口量很少。进口来源地前5名有:新西兰、德国、澳大利亚、法国、波兰。干乳制品中主要进口品种是奶粉、乳清,奶酪、奶油、炼乳进口量较少;进口来源地前5名有:新西兰、美国、法国、澳大利亚、荷兰,其中从新西兰进口量占总进口量的46%左右。

(2)乳制品的进口依存度较高。乳制品的进口依存度是指乳制品的进口量折合成生鲜乳总量,占国内生鲜乳生产量和进口量之和的比重。在乳制品折算生鲜乳过程中,按照奶粉(1∶8.5)、乳清粉(1∶8.8)、黄油(1∶7.55)、奶酪(1∶6.14),其余干乳制品按照1∶7,液态奶按照1∶1折算[165]。2008年进口依存度只有7.63%,受2008年三聚氰胺事件、国际乳制品价格走低和跨境电商发展的影响,2009—2014年进口依存度不断上升,2014年进口依存度达到25.60%,2015年受消化库存影响,进口依存度略有下降,2016—2018年进口依存度回升,2018年达到31.49%,总体上2013年以来进口依存度始终保持在20%以上。

3.5.2 中国乳制品出口规模小

中国乳制品出口量极微，出口目的地集中在亚洲周边国家。中国出口乳制品的品种主要有：液态奶（鲜奶、酸奶）、干乳制品（奶粉、炼乳、乳清、奶油、干酪）。2018 年出口液态奶 3.00 万 t，占国内产量的 0.12%，出口干乳制品 0.88 万 t，占国内产量的 0.48% 左右。2007 年干乳制品出口量达 8.73 万 t，液态奶达 4.72 万 t，2008 年受"三聚氰胺"事件影响，乳制品出口量大幅下降，2009 年干乳制品出口量仅有 1.59 万 t，液态奶仅有 2.09 万 t，近几年的出口量虽有波动，但是干乳制品出口量在 1 万 t 左右，液态奶在 2 万～3 万 t。2018 年出口量较 2007 年相比，液态奶仍下跌 36.47%，干乳制品下跌 89.92%。

液态奶中主要出口品种是液态奶，出口目的地主要有：中国香港、中国澳门、新加坡、巴哈马。干乳制品中主要出口品种是奶粉、炼乳和黄油，出口目的地主要有：中国香港、朝鲜、菲律宾、马来西亚、美国、新加坡。可见香港地区是中国内地最大、最主要的乳制品出口市场。

3.5.3 中国乳制品贸易竞争力较弱

国际市场占有率、显示性比较优势指数、贸易竞争指数能够较全面地测算中国与世界主要乳制品贸易国的乳制品贸易国际竞争力。数据来源于 FAO 数据库，乳制品包括：黄油、脱脂乳、奶酪、奶（凝缩＋干制＋新鲜）、酸奶。2018 年全球奶产量 20 强的部分国家：新西兰、美国、澳大利亚、德国、法国、荷兰、西班牙、英国、巴西、印度被选取作为比较对象；另外，日本奶业是在政府的强力推行下得以快速发展的，其消费习惯与中国具有可比性，所以增加同处亚洲的日本也作为研究对象。

（1）中国国际市场占有率不足 0.5%。国际市场占有率（International Market Share，IMS）是衡量一国某种产品贸易竞争力的基本指标之一，表示为一国某种产品的出口额占该产品世界出口总额的比重。2018 年各国 IMS 如图 3-7 所示。

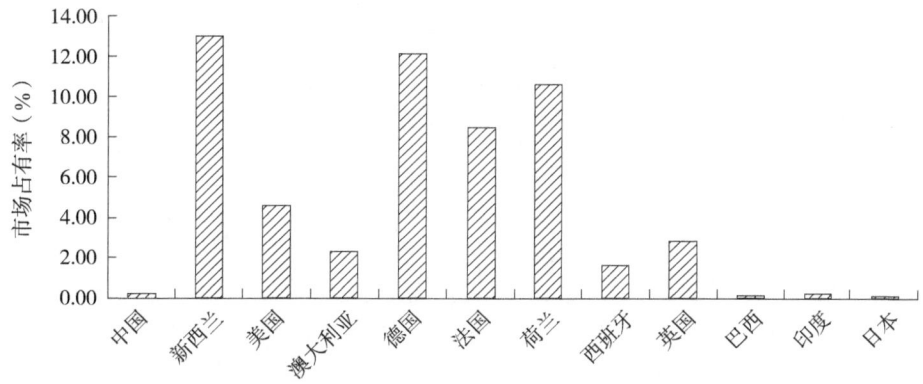

图 3-7　2018 年国际市场占有率

计算结果显示，新西兰 2012 年以来成为全球最大的乳制品出口国，IMS 在 13% 左右；德国、法国、荷兰是传统的乳制品出口大国，37 年来平均国际市场占有率分别为 16.05%、13.08%、14.28%，随着新西兰、美国等的崛起，市场份额略有下降，基本保持在 10% 左右，说明其具有极强的乳制品贸易竞争力；美国、澳大利亚、西班牙、英国乳制品贸易竞争力较强，IMS 为 1%～6%；中国、巴西、印度、日本国际市场占有率均不足 1%，乳制品贸易竞争力较弱，中国 IMS<0.5%，巴西 IMS<0.9%，印度 IMS<0.7%，日本 IMS<0.09%，2018 年 12 国中，中国 IMS 仅高于日本、巴西。

中国 IMS 从 1982 年至 2003 年在波动中上升，1982 年 IMS 是 0.04%，2003 年达到 0.15%，这得益于中国乳品企业的快速发展，乳品产量的提高。2004—2008 年 IMS 剧烈上涨，在 2008 年达到顶峰 0.49%，受"三聚氰胺"事件影响，IMS 随后急转直下，2010 年降为 0.07%，随后进入恢复性阶段，2018 年达到 0.07%，总体来看，37 年来中国乳制品国际市场占有率始终没有突破 0.5%，竞争力较弱。

（2）中国显示性比较优势指数小于 0.2。显示性比较优势（Revealed Comparative Advantage，RCA）指数是通过一个国家某产业在该国出口中所占的份额与世界贸易中该产业占世界贸易总额的份额之比来表示，它剔除了国家总量出口额波动和世界总量波动的影响，较好地反映了该产品的相对优势。巴拉萨（Balassa，1965）首次使用 RCA 作为分析工具，计算公式为（3-1）。

$$RCA_{ij} = (X_{ij}/X_{tj}) \div (X_{iw}/X_{tw}) \qquad (3\text{-}1)$$

公式（3-1）中，RCA_{ij} 表示 j 经济体 i 产业的显示性比较优势，X_{tj} 表示国家 j 的总出口值，X_{ij} 表示国家 j 出口产品 i 的出口值，X_{tw} 表示世界总出口值，X_{iw} 表示世界出口产品 i 的出口值。

由于不同国家工业化程度不同，以全部商品出口额为分母计算的 RCA 很难显示其比较优势。以作物和牲畜产品出口额为分母计算 RCA 更能显示其比较优势。2018 年各国 RCA 指数如图 3-8 所示。

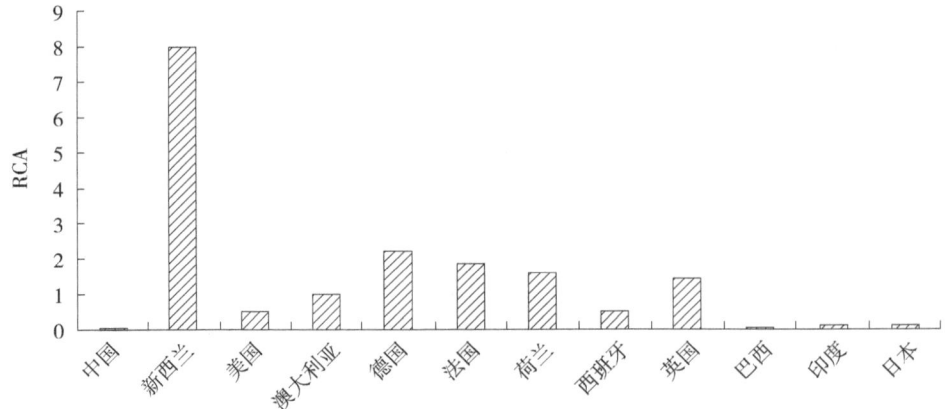

图 3-8　2018 年 RCA 指数

RCA 指数取值范围为 [0,+∞]。一般认为，如果 RCA<1，说明一国某产业国际竞争力相对较弱；如果 RCA>1，说明具有比较优势，数值越大，说明该产业国际竞争力越大。

根据计算结果，新西兰的乳制品 RCA 指数最高，且增长迅速，从 1982 年 4.45 增长到 2018 年的 8.00，具有极强的比较优势；其次是德国、法国、荷兰 RCA 指数比较平稳（1<RCA<4），具有较强的比较优势；英国、澳大利亚的 RCA 指数在 1 左右，具有比较优势；美国、西班牙多数时间 0.1<RCA<1，不具有比较优势；中国、巴西、印度、日本 RCA<0.3，其中，中国 RCA<0.20，巴西 RCA<0.15，印度 RCA<0.26，日本 RCA<0.29，国际竞争力相对较弱；2014—2018 年 12 国中，中国 RCA 指数最低。

中国的 RCA 指数较低。1982—2002 年 RCA 指数在波动中提高，1982 年 RCA 指数 0.02，2002 年 RCA 指数 0.08，说明奶业发展较快；2003—2008 年 RCA 指数大幅度增长，2008 年 RCA 指数达到最大值 0.19，受"三聚氰胺"事件影响，随后出现断崖式下跌，2010 年只有 0.02，此后在恢复中波动，2018 年达到 0.02，37 年来 RCA 指数没有突破 0.2，说明中国的乳制品显示性比较优势较弱。

（3）中国贸易竞争力指数小于零。贸易竞争力指数（Trade Competition Index, TCI）是分析行业国际竞争力的有效工具之一，它不但综合考虑了进口和出口因素，而且剔除了各国通货膨胀的影响和因国家大小不同带来的数据不可比问题，计算公式见（3-2）。

$$\text{TCI}_{ij} = (X_{ij} - M_{ij}) \div (X_{ij} + M_{ij}) \quad (3-2)$$

公式（3-2）中 TCI_{ij} 介于 [-1,1]，X_{ij} 和 M_{ij} 分别代表 j 国 i 产品的出口额和进口额。当 TCI<0，说明一国在国际竞争中处于劣势，该产品的出口小于进口；如果 TCI>0，说明一国在国际竞争中处于优势，该产品生产效率高于国际水平，TCI 越接近于 1，表示优势越大。2018 年各国 TCI 如图 3-9 所示。

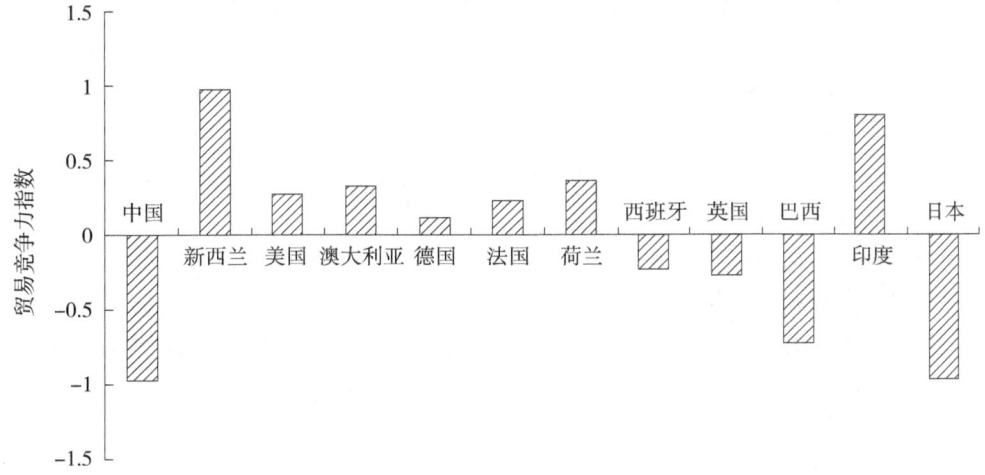

图 3-9　2018 年贸易竞争力指数

经计算得知，新西兰 TCI 十分稳定接近于 1，竞争优势极为显著；澳大利亚、德国、法国、荷兰的乳制品 TCI 大于零，处于较强竞争优势；2012—2016 年印度的 TCI 大于零，有较强竞争优势；美国 2007 年之后，TCI 大于零，上升显著，有较强竞争优势；2009—2018 年中国、西班牙、英国、巴西、日本的 TCI 小于零，处于竞争劣势；2013—2018 年中国和日本的 TCI 接近 -1，处于严重的竞争劣势。

中国乳制品 TCI 从 1982 年至 1997 年在波动中上升，1982 年 TCI 是 -0.76，1997 年 TCI 达到最大值 0.23，说明这一时期乳制品出口量增长超过进口量增长。1997—2018 年由于乳制品进口量的加大，TCI 在波动中下降，2004—2007 年乳制品出口量大增，TCI 曾剧烈回升，由于"三聚氰胺"事件，2008 年后 TCI 再次急剧下降，2009—2018 年 TCI 稳定在 -0.9 左右，2013 年达到最低值 -0.98，2018 年 TCI 是 -0.98，较 1982 年低 0.22，由于国际市场原料奶价格低，乳制品进口量大，中国乳制品尚未赢得更大的周边国家市场，出口量很小，导致中国乳制品贸易竞争力较弱。

综上所述，通过 IMS、RCA、TCI 3 个指数的分析发现，中国奶业在国际上竞争力较弱。在 2008 年"三聚氰胺"事件爆发后，竞争力急剧下降，2010 年后随着世界市场格局变化，竞争力缓慢上升。新西兰乳制品竞争力极强，凭借其丰富的牧草资源、低廉的生产成本及逐步开放的国际市场等因素，国际市场占有率、显示性比较优势指数、贸易竞争力指数均处于遥遥领先地位。德国、法国、荷兰、澳大利亚、美国、西班牙、英国竞争力较强，在国际上保有一定的竞争地位。中国、巴西、印度、日本竞争力较弱，而且与新西兰、德国、法国、荷兰、澳大利亚、美国、西班牙、英国相比差距很大。

3.6　本章小结

本章介绍了中国奶业的发展历程和发展现状，得出奶业发展已经取得了巨大的进步，但是还有提升空间。

（1）中国奶业已经成为一个具有较高发展水平的、独立的产业。尽管它的产业链长，养殖和加工两个环节牵涉多个利益主体，起步基础薄弱。但是新中国成立以来，奶牛数量、牛奶产量、奶牛的单产、养殖技术、养殖规模、管理水平都实现了质的飞跃；乳品加工企业不断革新生产技术和生产设备、产品类型，在生产、管理、技术上实现了现代化。尤其在 2008 年之后，随着质量监管体系的完善，牛奶质量达到历史最高水平，这是奶业发展的最好时代。

（2）中国奶业和国际强国相比还有很大的差距。中国奶业在奶牛单产、原料奶生产成本、乳品企业盈利能力等方面还有提升空间。中国奶业已经融入了世界奶业市场，但是乳制品贸易竞争力较弱。随着开放步伐的加大，中国奶业不但要同世界奶业强国竞争国内市场，而且还要进一步角逐国际市场，进入全新的竞争时代。

4 中国奶业发展影响因素钻石模型分析

中国奶业的发展目标是提升竞争力，基于波特的钻石模型分析理论对奶业发展影响因素进行分析，可以从生产要素、需求条件、相关辅助产业、奶业规模和结构、机遇和政府（奶业发展政策环境）五个方面展开，归纳发展态势，为第8章奶业发展战略分析提供基础。

4.1 生产要素分析

4.1.1 劳动力素质较高

中国劳动力资源丰富，为养殖和乳品加工领域提供人力支持。根据《中国统计年鉴（1991—2019）》数据，1982年15～64岁人口有62 517万人，占总人口的61.5%，2013年达到峰值100 582万人，2018年人口数量虽有下降，但仍有99 357万人，占总人口的71.20%，劳动力资源充足。

（1）全国平均人力资源素质较高。全国平均人力资源素质较高，促进了奶业领域的技术、设备更新。1990年每10万人拥有的大专及以上人口占比只有1.42%；随着大学教育放宽录取率，2011年6岁及以上人口中，大专及以上人口占比首次突破10%，达到10.06%；2018年大专及以上人口占比14.01%，较1990年提高了12.59个百分点，人力资源素质的提高有利于新技术的推广。

区域人力资源素质差距较大。从各省来看，2018年人力资源素质较2002年都有较大提高。北京、天津、上海人力资源素质超强，2018年大专及以上人口占比超过25%；广西、贵州、西藏、云南、江西、河南人力资源素质较弱，大专及以上人口占比不足10%。奶业生产大省中河北、黑龙江、山东、河南的人力资源素质水平在全国平均水平以下；陕西、山西、内蒙古、辽宁、新疆的人力资源素质水平在全国平均水平以上。区域大专及以上人口占比具体如表4-1所示。

表 4-1 区域大专及以上人口占比　　　　　单位：%

区域	2002 年	2018 年
全国	4.71	14.01
北京	20.49	48.65
天津	10.57	28.29
河北	4.69	11.20
山西	4.63	15.54
内蒙古	5.64	19.33
辽宁	5.52	16.65
吉林	6.50	13.58
黑龙江	4.87	13.89
上海	15.07	31.70
江苏	3.83	14.92
浙江	5.77	15.89
安徽	2.64	12.27
福建	4.20	13.34
江西	2.91	9.91
山东	5.67	12.80
河南	4.30	9.37
湖北	3.86	15.56
湖南	4.35	11.88
广东	5.15	12.41
广西	3.48	7.07
海南	3.59	16.65
重庆	3.35	15.19
四川	3.75	12.92
贵州	3.52	9.30
云南	1.99	9.94
西藏	0.79	8.00
陕西	3.95	17.42
甘肃	3.05	12.59
青海	3.15	14.42
宁夏	5.66	13.16
新疆	9.88	17.23

注：数据来源于《中国统计年鉴（2003）》和《中国统计年鉴（2019）》。

（2）乳品加工业员工素质较高。乳品加工业的从业人员受教育程度较高。中国液态奶及乳制品制造业2008年从业人员有21.24万人，2012年有24.34万人，从业人员增长迅速。从2018年上市乳品企业的员工受教育程度看，伊利、广泽股份大型乳企的员工素质最高，本科以上员工占比在20%以上；以三元、天润、燕塘、庄园牧场为代表的中小型乳企的员工素质居中，本科以上员工占比在10%～20%；科迪乳业的员工素质较低，本科以上员工占比为7.03%；但是在该类企业中，由于大专学历员工较多，因此除了科迪乳业（25.18%）外的其他乳品企业，大专以上员工占比均在30%以上。可见，乳品企业的人力资源素质一般高于当地的区域人力资源素质。

（3）牧场专业人才短缺。根据《2011年规模奶牛场从业人员状况调查报告》，我国奶牛养殖行业的从业人员分成三大类，高学历人员、技术人员、年轻人比例不高。第一类是对专业技术要求比较低的普通从业人员，主要有配料送料工、行政和后勤人员、挤奶工、粪污处理人员、饲养员，大专以下学历人员约占90%；第二类是专业技术人员，主要有兽医、配种员、营养师、质检员，50%以上的人员学历为大专以上；第三类是高级管理人员，主要指场长，需要兼具技术和管理才能，85.45%的场长拥有大专以上学历[166]。2018年实地调研中发现，养殖场主求贤若渴，我国奶业优化升级需要大批养殖、防疫等一系列专业人才，但是养殖场大多在偏僻的郊区，工作封闭、辛苦，很多畜牧兽医类专业人才不愿意从事相关工作，导致很多畜牧企业很难招聘到专业人才。乳品加工企业的从业人员素质较高。由于乳品加工企业大多分布在城镇，工作环境和福利待遇等较好，可以吸引到大量专业人才。

（4）用工成本在增长。根据《中国奶业年鉴》奶牛成本收益统计结果，2004—2015年的12年间，散养户和小、中、大规模养殖户的头均投工数量分别下降了28.61%、20.72%、33.17%、25.47%，但是投工成本去CPI后仍增加了200.45%、189.53%、117.68%、91.57%，说明不同规模牧场的投工数量在减少，但工人工资在增加，用工节约速度远小于工资增长速度。2018年修订后的《中华人民共和国社会保险法》对用人单位依法为职工缴纳社保金的行为进一步规范管理，也会增加牧场的用工成本。

4.1.2 土地资源较丰富

（1）适宜奶业发展的土地资源丰富。中国"三北"地区的牧草地广阔。2015年中国牧草地面积21 942.06万hm^2，主要集中在内蒙古、青海、新疆、四川。例如内蒙古的大草原，从东部的科尔沁草原到西部的阿拉善荒漠草原，从北部的呼伦贝尔草原到西南部的鄂尔多斯草原，牧草地4 954.75万hm^2，占全国总面积的22.58%以上；青海牧草地4 080.89万hm^2，占全国总面积的18.60%以上；新疆在天山南北地区拥有3 573.26万hm^{2}优质牧草地，占全国牧草地面积的16.28%；四川有1 095.85万hm^{2}牧草地，占全国4.99%。黑龙江、陕西、宁夏、甘肃均有100万～600万hm^{2}的牧草地；吉林、河北、云南均有10万～50万hm^{2}牧草地。

中国玉米种植区域广泛。玉米布局广泛，种植覆盖全国，但是主产区主要在北方玉米带和黄淮海玉米带。北方玉米带包括内蒙古、宁夏、辽宁、黑龙江、吉林的全部，山西大部，甘肃、河北、陕西的一部分。黄淮海玉米区包括山东、河南全部、河北大部、山西中南部、陕西关中、江苏徐淮地区。奶牛养殖以种植业为基础，玉米种植为奶牛提供重要粗饲料，也需要畜牧业培肥地力，奶牛养殖业的发展，遵循畜粪肥田的途径，保证了农作物高产稳产。2018年河北、山西、内蒙古、辽宁、吉林、黑龙江、安徽、山东、河南、四川、云南、陕西、甘肃、新疆14省玉米播种面积均在100万 hm² 以上，占全国播种面积的90.31%，为当地的奶牛养殖业提供了饲料支持。牧草地和玉米播种面积及占比具体如表4-2所示。

表4-2 牧草地和玉米播种面积及占比

省份	2015年牧草地面积（万 hm²）	全国占比（%）	2018年玉米播种面积（千 hm²）	全国占比（%）
北京	0.02	0.000 1	40.1	0.10
天津	0.06	0.000 3	186.8	0.44
河北	40.17	0.183 1	3 437.7	8.16
山西	3.38	0.015 4	1 747.7	4.15
内蒙古	4 954.75	22.581 1	3 742.1	8.88
辽宁	0.32	0.001 5	2 713.0	6.44
吉林	23.72	0.108 1	4 231.5	10.04
黑龙江	109.63	0.499 6	6 317.8	15.00
上海	0.00	0.000 0	1.8	0.00
江苏	0.01	0.000 0	515.8	1.22
浙江	0.03	0.000 2	49.3	0.12
安徽	0.05	0.000 2	1 138.6	2.70
福建	0.03	0.000 1	28.8	0.07
江西	0.07	0.000 3	35.0	0.08
山东	0.58	0.002 6	3 934.7	9.34
河南	0.03	0.000 2	3 919.0	9.30
湖北	0.20	0.000 9	781.2	1.85
湖南	1.35	0.006 2	359.2	0.85
广东	0.31	0.001 4	120.1	0.29
广西	0.52	0.002 4	584.4	1.39
海南	1.80	0.008 2	—	—
重庆	4.55	0.020 7	442.3	1.05
四川	1 095.85	4.994 3	1 856.0	4.41
贵州	7.26	0.033 1	602.1	1.43

(续)

省份	2015年牧草地面积（万hm²）	全国占比（%）	2018年玉米播种面积（千hm²）	全国占比（%）
云南	14.73	0.067 1	1 785.2	4.24
西藏	7 069.23	32.217 7	5.2	0.01
陕西	217.85	0.992 8	1 179.5	2.80
甘肃	592.06	2.698 3	1 012.7	2.40
青海	4 080.89	18.598 5	18.5	0.04
宁夏	149.40	0.680 9	310.8	0.74
新疆	3 573.26	16.285 0	1 033.3	2.45

注：数据来源于国家统计局，天津牧草地面积为2013年数据。

（2）土地使用成本增加。奶业发展最基本的生产资料是土地资源。牧场使用的土地一般是流转来的，随着种养一体化的发展，牧场需要有一定的土地，自己种植青贮玉米或者苜蓿。土地产出能力越高，价格就越贵，例如2018年河北省，坝上平均流转价格为245元/亩，丘陵为397元/亩，山区为728元/亩，平原地区为920元/亩。牧场随着流入土地的增多，用地成本会增加。

4.1.3 奶业科研体系较完备

中国已形成了由奶牛产业技术体系、大专院校、科研院所、企业等多方组成的奶业科研队伍，在育种、饲养、疫病防控、管理、乳品加工等方面取得了长足进步，为奶业发展提供了强有力的科技支撑。随着标准化、规模化牧场及现代化乳品加工企业的发展，科技对奶业的贡献越来越大。

（1）牧场育种、饲喂、管理技术科学化。在奶牛育种方面，奶牛的良种率逐步提高。2005年开始实施奶牛良种补贴政策，2008年农业部发布《中国奶牛群体遗传改良计划（2008—2020）》，完善了我国现代奶牛遗传改良技术体系和组织管理体系。科研机构通过以下工作提高奶牛的良种率：开展奶牛品种登记和良种登记；准确规范地实施个体生产性能测定，获得完整可靠的记录；经过科学严谨的遗传评估，选育出优秀种公牛；将优秀种公牛的优良遗传物质推广扩散到整个牛群。2015年农业部建立了我国自主的奶牛基因组选择技术平台，为了规范奶牛DHI数据的收集和分析，完善、升级了奶牛生产性能测定系统软件。全国畜牧总站在统一制备标准样、定期统一进行校准、指标的盲样比对测定方面给予技术指导，保证了各DHI性能检测中心的数据质量。另外，牧场不断进口奶牛和跨国育种企业的验证种公牛冻精，加速了我国奶牛良种化进程。

在奶牛饲喂方面，TMR技术在牧场广泛应用。TMR是全混合日粮的简称，是根据奶牛在不同阶段的营养需求进行科学的配方，对饲草料进行切割、搅拌、揉搓、混合和饲喂的先进饲养工艺。TMR技术的应用是我国奶业发展史的一次技术革命，不但有效保证了奶牛瘤胃 pH 值的稳定，而且减少了消化系统疾病，提高了饲料利用率和养殖效益。奶业发达国家饲料转化效率平均在 1.5 左右，中国 2016 年为 1.29，虽然仍有差距，但是较 2010 年的 1.0 提高了 0.29[167]。青贮玉米的推广应用、苜蓿干草的使用保证了奶牛营养需要。近年来，我国苜蓿干草进口逐年增加，2012 年开始实施"振兴奶业苜蓿发展行动"计划，增加国产苜蓿的产量；2015 年开始实施"粮改饲"试点，青贮玉米种植大幅增加，供应规模牧场。这些措施使生鲜乳的产量和质量大幅提高。

在牧场管理方面，科技提高了管理效率。TMR 技术的使用促进了牛场管理，实现了奶牛的科学分群、饲料科学配比，使大型机械的使用、生产数据的分析等变得可行，牛场管理更加精细化。由于牛奶是非常容易吸收外界不良气味的物质，从而影响牛奶的纯正风味与口感，2016 年规模牧场全部实现机械化挤奶，避免串味。另外现代化牛场设计提高了奶牛的舒适度，牧场管理软件的应用提高了管理水平，牧场奶牛免疫、预防意识增强，传染病在一定程度上已经被控制。

（2）乳企进行全产业链的技术创新。在生鲜乳运输阶段，乳企针对不同地区的气候条件和产业发展水平，开展生鲜乳产地初加工技术的研究，根据生鲜乳初始细菌数对其进行预杀菌及降温冷藏处理，开发节能奶槽车，减少运输过程中的温度变化。在生鲜乳检测阶段，乳企采用现代乳品质量监控及检验技术对生鲜乳中可能存在的有害物质（兽药残留、农药残留、霉菌毒素污染、微生物污染、重金属污染和人为添加剂）及生鲜乳质量（乳成分、体细胞、细菌总数）进行检测，保证乳品质量和安全。在乳品加工阶段，乳企积极研发先进机械。乳品预处理生产线所需配套设备目前我国均可生产，产品相对成熟。配料装置和杀菌设备也达到一定水平，部分接近国外先进水平。但是大型成套设备的技术经济指标与国外知名企业的产品相比，还有一定差距，某些关键技术和设备还需进口。乳品包装机械与国外差距较大，一般液态奶的包装设备，如立式塑料袋灌装机、回转式灌装机、直线式灌装机、多联杯成型、灌装、封切机等国内均可以生产，产品国产化率达到 90% 以上，且有一定数量出口，但是伊利、蒙牛等乳企使用的无菌纸盒包装大多是利乐进口包装。奶粉生产线的浓缩、干燥设备是奶粉生产的关键设备。我国从 20 世纪 70 年代开始参照国外技术开发自己的浓缩、干燥设备，目前我国奶粉设备制造企业紧跟世界发展趋势，开发出了一些新产品，如上排风压力干燥塔、上排风喷雾干燥塔等，打破了国外公司在该领域的垄断。

在乳品加工技术上，乳企不断创新。现阶段我国乳品杀菌技术主要采用超高温杀菌和巴氏杀菌技术，冷杀菌技术、膜技术是近年来研究热点，开始在乳品加工中试用。乳企尝试通过生物技术改变乳的加工特性、保健和营养功能，开发新产品。选择优良高效的乳酸菌发酵剂是发酵乳生产的核心问题之一，目前国内发酵剂制备技术逐渐成熟，制备产业快速发展，部分自主研发的直投式发酵剂产品已开始在乳品加工企业应用。乳企通过配方奶粉、配料奶粉加工技术研究，保证奶粉的安全性、营养均衡性、针对性，提高国产奶粉的品质。

4.1.4 奶业投资增长迅速

（1）畜牧业投资有较大增长。畜牧业固定资产投资完成额增幅巨大，2015年以来增长率降低，利用外资增加。2003年农、林、牧、渔业固定资产投资完成额是534.76亿元，2017年达到24 638.30亿元，增长了约45倍；2011年畜牧业固定资产投资完成额1 750.59亿元，2017年达到5 631.60亿元，较2011年增长了约2倍。

将2011—2017年农林牧渔业与畜牧业固定资产投资完成额进行对比，2011年畜牧业固定资产投资完成额占全国农、林、牧、渔业固定资产投资完成额的25.67%，2017年占比达到22.86%，占比略有下降；2012—2014年畜牧业固定资产投资增幅高于农、林、牧、渔业固定资产投资，2015—2017年增幅明显低于农、林、牧、渔业固定资产投资，说明畜牧业投资热度降低。2011—2017年农林牧渔业与畜牧业固定资产投资完成额对比情况如图4-1所示，同比增长率越高，固定资产投资完成额增加越多。

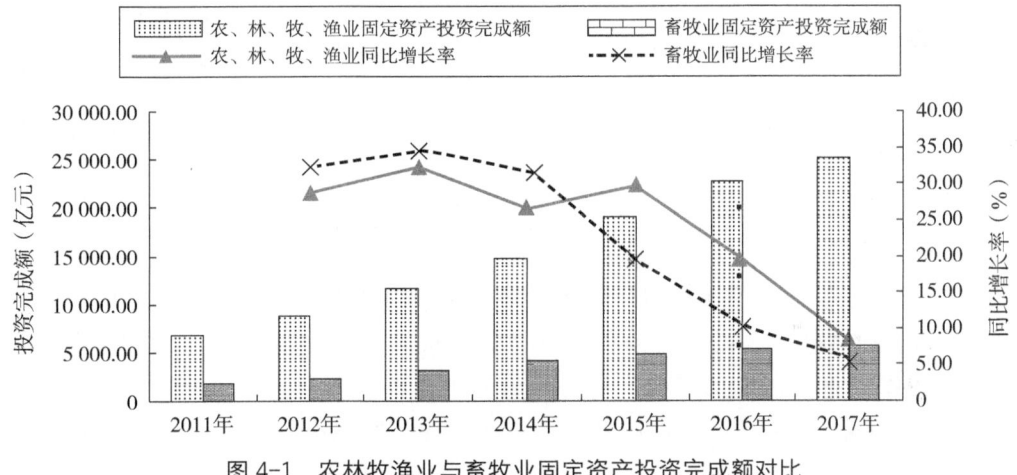

图4-1　农林牧渔业与畜牧业固定资产投资完成额对比

从利用外资角度看，外商投资畜牧业固定资产投资完成额2004年只有3.47亿元，2017年达到27.63亿元，较上年同期增加7.59亿元，较2004年增长了约7倍。

（2）乳制品制造业投资增加显著。食品制造业固定资产投资完成额2003年是292.99亿元，2017年达到5 842.82亿元，增长了18.94倍；乳制品制造业固定资产投资完成额2003年是88.18亿元，2017年达到313.88亿元，增长了2.56倍。

将2003—2017年食品制造业与乳制品制造业固定资产投资完成额进行对比，2003年乳制品制造业固定资产投资完成额占食品制造业固定资产投资完成额的30.10%，2017年占比降低到5.37%；在2008年之前，由于乳制品消费需求的暴发性增长，带动了乳制品制造业投资增长，"三聚氰胺"事件之后，国家规范乳品行业的无序竞争，加大对新建乳品企业的设立限制，所以2003—2008年乳制品制造业投资在食品制造业投资中占10%以上；2009—2017年占比较小，在10%以下。2004—2017年乳制品制造业固定资产投资完成额增长率大都低于食品制造业固定资产投资完成额增长率，但是2010年和2015年例外，主要原因是2009年国家对原有的乳制品产业政策进行修订，

2010年重新验收登记，为提高加工能力，通过验收，乳企加大固定资产投资；2015年奶业市场的竞争更为激烈，为了调整乳品生产结构，乳企加大了投资，造成乳制品制造业固定资产投资完成额增长率大幅高于食品制造业固定资产投资完成额增长率。食品制造业与乳制品制造业固定资产投资完成额对比情况具体如图4-2所示，同比增长率越高，固定资产投资完成额增加幅度越大。

从利用外资角度看，外商投资食品制造业固定资产投资完成额2004年只有34.50亿元，2013—2015年趋于减少，2016—2017年呈增长态势，2017年是214.13亿元，较2004年增长了约5.2倍。

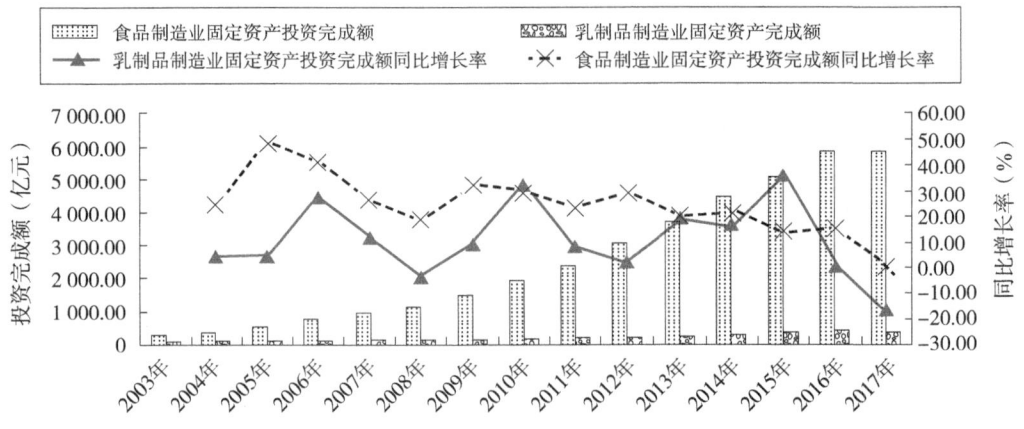

图4-2 食品制造业与乳制品制造业固定资产投资完成额对比

（3）乳企资产规模大幅提高。乳品加工企业的资产情况最能体现该领域的投资状况，总体来看乳企资产稳步上升。1999—2018年乳企资产总额逐步上升，1999年乳企资产总额是160.43亿元，2018年达到3 145.84亿元。2008年受"三聚氰氨"事件的影响，政府加大对乳制品企业清理，部分中小乳企退出市场，乳企资产总额略有下降，比2007年降低了20.05亿元；1999—2018年乳企资产年均复合增长率为16.96%，2013年以来同比增长率呈下降趋势，2018年仅有5.83%，乳品加工企业的资产情况如图4-3所示，同比增长率越高，总资产增加幅度越大。

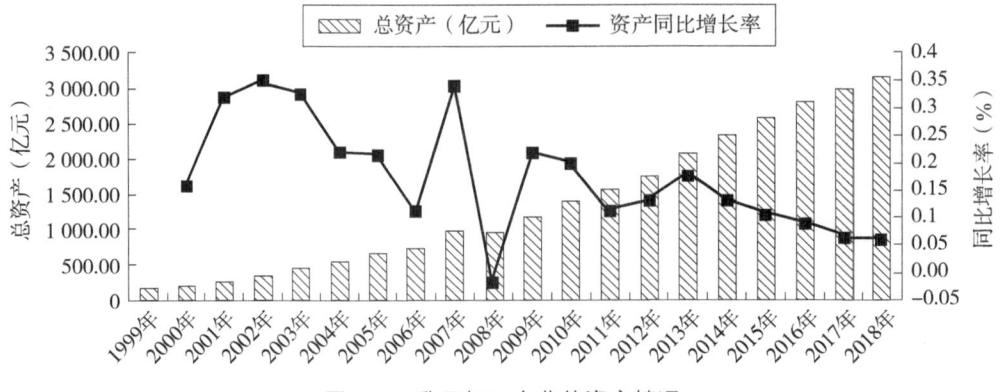

图4-3 乳品加工企业的资产情况

乳企平均资产逐步上升，1999 年只有 0.42 亿元，2018 年达到 5.36 亿元，增长了 11.63 倍，说明乳企的加工设备、加工能力有了很大提升。

（4）牧场融资困难。牧场投资需求大、融资难。牧场的发展需要大量资金，当前环境规制日益严格，牧场需要追加粪污处理设备；牧场智能化建设也需要增加投资；牧场租赁的土地租金不断上涨；土地租赁到期或者环境整顿可能带来牧场搬迁。牧场主进行投资时希望获得金融支持，但是，基于目前的土地制度，租赁的土地一般在 30 年以内，不具有处分权。金融机构认为牧场缺乏抵押物，收益小、风险大。最终很难得到充足的金融资金支持，调研中很多牧场的投资主要来源于个人储蓄或者民间借贷，融资困难是普遍存在的问题。

4.1.5　企业家组织能力强

在牧场管理方面，牧场主的经营管理能力有巨大提高。2014 年以来由于生鲜乳价格一直维持在较低的水平，对牧场主的经营管理能力提出了严峻的挑战。部分经营管理能力较差的牧场主由于亏损严重，退出奶牛养殖领域；部分牧场主通过提高繁殖、保健、防暑降温、质量、营养等五个方面的技术和管理水平，实现盈利；部分牧场主采用委托管理方式将牧场交给专业管理团队经营，实现经营能力的快速提升。总之，经过这一轮的筛选，能够继续保留在这个行业的牧场主，都具备了科学管理，有效利用多种资源的能力。

乳品企业的经营管理实力增强。2008 年"三聚氰胺"事件后，乳企管理人员都加强了质量管理，通过设备更新，加强乳品检测，提高产品质量。为了在国内竞争中获胜，乳企管理人员加大了新产品的研发投入，新产品上市加快。在国际市场开拓上，乳企管理人员选择在海外建立生产基地，并尝试和境外乳企合作开发东南亚市场。在提升乳品美誉度上，乳企管理人员注重自家产品的国际质量认证、评比，赢得良好口碑。为了获得更多的发展资金，乳企管理人员积极推动乳企上市，2017 年已经有 13 家上市乳品企业。乳企管理人员在激烈的竞争中不断寻求自身的差异化定位，例如，区域型乳企在兼顾自身巴氏乳特色的基础上，更加注重新产品的研发，希望通过网红产品（例如科迪乳业的小白奶，天润乳业的"冰淇淋化了"系列产品）实现市场的扩张，走向全国。还有部分区域乳企发展特色乳制品，例如羊乳制品、骆驼乳制品、牦牛乳制品，取得很好的业绩。总之，当前的乳品企业在竞争中，已经培养出了一批具有国际视野、创新意识、差异化发展能力的管理团队。

4.2　需求分析

近年来，国民收入的提高、营养知识的普及和国家政策的引导带动了乳制品消费，使得国内市场需求总体上呈现出消费潜力巨大的特点。

4.2.1 食品结构中奶类消费增长最快

(1) 乳制品消费上升趋势明显。随着人民生活水平的改善，1990年以来，农村居民和城镇居民的食品消费结构发生了明显的变化。在农村居民的食品消费结构中粮食、蔬菜呈明显下降趋势，蛋及制品、奶及制品、瓜果及制品、肉禽及制品、食用植物油上升趋势明显，水产品、酒消费将趋于稳定。从1990—2012年食品消费量看，农村居民的人均蛋及制品、水产品、奶及制品、瓜果及制品消费增长率较高，其中奶及制品消费增长率最高，从1990年的1.1 kg增长到2012年的5.3 kg，增长了3.8倍；而同期蛋及制品增长了1.5倍，肉禽及制品增长了0.9倍。详见表4-3。

表4-3 农村居民人均主要食品消费量　　　　　单位：kg

指标	1990年	1995年	2000年	2005年	2010年	2011年	2012年
粮食（原粮）	262.1	256.1	250.2	208.8	181.4	170.7	164.3
蔬菜	134.0	104.6	106.7	102.3	93.3	89.4	84.7
食用植物油	3.5	4.3	5.5	4.9	5.5	6.6	6.9
肉禽及制品	12.6	13.6	18.3	22.4	22.2	23.3	23.5
蛋及制品	2.4	3.2	4.8	4.7	5.1	5.4	5.9
水产品	2.1	3.4	3.9	4.9	5.2	5.4	5.4
奶及制品	1.1	0.6	1.1	2.9	3.6	5.2	5.3
瓜果及制品	5.9	13.0	18.3	17.2	19.6	21.3	22.8
酒	6.1	6.5	7.0	9.6	9.7	10.2	10.0

注：数据整理来源于《中国统计年鉴（2015）》。

在城镇居民的食品消费结构中粮食、蔬菜、酒呈明显下降趋势，食用植物油、鲜蛋、鲜奶、水产品、鲜瓜果消费趋于稳定，肉禽消费上升趋势明显。从1990—2012年食品消费量看，城镇居民的人均鲜奶、水产品消费增长率较高，其中鲜奶消费增长率最高，从1990年的4.6 kg增长到2012年的14.0 kg，增长了2.0倍，而同期鲜蛋增长了0.4倍，肉禽增长了0.4倍。详见表4-4。

表4-4 城镇居民人均主要食品消费量　　　　　单位：kg

指标	1990年	1995年	2000年	2005年	2010年	2011年	2012年
粮食（加工粮）	130.7	97.0	82.3	77.0	81.5	80.7	78.8
鲜菜	138.7	116.5	114.7	118.6	116.1	114.6	112.3
食用植物油	6.4	7.1	8.2	9.3	8.8	9.3	9.1
肉禽	25.2	23.6	25.4	32.9	34.7	35.2	35.7
鲜蛋	7.3	9.7	11.2	10.4	10.0	10.1	10.5
水产品	7.7	9.2	11.7	12.6	15.2	14.6	15.2
鲜奶	4.6	4.6	9.9	17.9	14.0	13.7	14.0
鲜瓜果	41.1	45.0	57.5	56.7	54.2	52.0	56.1
酒	9.3	9.9	10.0	8.9	7.0	6.8	6.9

注：数据整理来源于《中国统计年鉴（2015）》。

总之,无论农村居民还是城镇居民,近年来食品消费结构中乳制品消费已经成为重要组成部分,而且是畜产品消费中增长最快的产品。

(2)居民人均奶类消费量有很大提高。城乡居民的人均奶类消费量较1990年有很大提高,2018年全国居民人均奶类消费量已达16.5 kg,城镇是乳品消费的主要市场。从1990—2018年,城镇居民人均奶类消费量从4.6 kg增长到16.5 kg;农村居民人均奶类消费量从1.1 kg增长到6.9 kg。其中1990—2000年城乡居民的奶类消费量差距逐步加大,2000年城镇居民奶类消费量是农村居民的9倍;2001—2010年消费量差距逐步缩小;2011—2018年城镇居民奶类消费量/农村居民奶类消费量保持在3倍以内,2016年城镇居民人均奶类消费量同比略有下降。详见表4-5。

表4-5 城乡居民人均奶类消费量　　　　　　　　　　　　单位:kg

奶类消费量	1990年	1995年	2000年	2005年	2010年	2011年	2013年	2015年	2016年	2017年	2018年
城镇居民	4.6	4.6	9.9	17.9	14.0	13.7	17.1	17.1	16.5	16.5	16.5
农村居民	1.1	0.6	1.1	2.9	3.6	5.2	5.7	6.3	6.6	6.9	6.9

注:数据整理来源于《中国统计年鉴(2017)》;2012年及以前数据为鲜奶、奶及奶制品;2013年、2014年数据为奶类。

4.2.2 人口结构变化促进奶类消费增加

(1)城镇人口增加。城镇人口是乳制品的主要消费人群,城镇人口的增加将促进奶类消费。2018年中国城镇化率达到59.58%,城镇常住人口达到了8.3亿人。中国的城镇化进程依然继续,城镇常住人口的增加将加大奶类消费量。根据国务院印发的《国家人口发展规划(2016—2030年)》,预测中国人口总量将在2030年前后达到峰值,14.5亿人左右,较2018年13.95亿人,还有0.55亿人的增量。因此净人口增加、城镇化将致使奶类需求增长。

(2)新生儿增加。新生儿增加促进婴幼儿奶粉的消费。从2011年中国各地全面实施双独二孩政策;2013年国家卫生计生委出台单独两孩政策;2016年中国取消执行了几十年的独生子女政策,全面放开二孩生育政策,2021年已全面开放三孩生育政策。新生儿增加会带动乳制品的需求增加,2014年根据中国卫计委的统计数据,国内0~6月龄婴儿的纯母乳喂养率为27.80%,这意味着70%以上的婴儿需使用配方奶粉喂养,这必然拉动奶粉产业的快速发展。

4.2.3 收入提高带动奶类消费量增加

我国消费者曾将牛奶视为"奢侈品",受限于收入水平,人均乳品消费量较低。然而,随着中国牛奶产量的丰富,从需求的收入弹性来看,乳制品已经成为"必需品"。需求收入弹性的大小一般用需求的收入弹性系数(E_m)来表示,其公式见4-1。

$$E_m = \left(\frac{\Delta Q}{Q} \times 100\%\right) \div \left(\frac{\Delta M}{M} \times 100\%\right) \quad (4-1)$$

公式 4-1 中 E_m 表示需求的收入弹性系数，Q 表示需求量，M 表示收入。1990—2012 年城镇居民鲜奶消费的需求收入弹性系数为 0.426 7，农村居民奶及制品的需求收入弹性系数为 0.797 4，也就是说，收入每增加 1%，城镇居民和农村居民奶类消费量就会分别增长 0.43% 和 0.80%。由于 $0<E_m<1$，说明奶类对于城乡居民来说是生活必需品，即需求量随收入的提高而增加，当收入发生相对变动时，需求量变动较小。中国 13 亿人口为乳制品提供了巨大的消费市场。因此随着城乡居民人均收入的提高，尤其是农村居民人均纯收入的增加，奶类消费量会随着提高。

4.2.4 消费偏好改变促进乳制品消费

（1）液态奶人均消费量还有增长空间。中国居民的乳制品消费偏好在向饮奶常态化转变，但主要消费品种仍是液态奶。分析 2000—2018 年世界各国的液态奶人均消费量发现，19 年间当部分发达国家低增长，如新西兰，部分发达国家甚至负增长时，如日本、美国、英国，中国增长了 20.40 倍。和饮食习惯相同的亚洲国家比较，2000 年中国液态奶人均消费量 1.0 kg，相当于日本的 2.70%，到 2018 年增长到 21.4 kg，相当于日本的 68.37%。和欧美国家相比差距更大，2018 年的人均消费量仅是美国的 31.47%，新西兰的 20.30%，也就是，即使按照亚洲邻国的液态奶消费水平，中国还有约 46% 的国内市场空间，加上人口众多，中国乳制品市场仍是全世界最具消费潜力的市场。

（2）干乳制品消费增长迅速。由于生活水平的提高，居民对深加工乳制品消费偏好增加。由于城市年轻居民对西方化饮食的接受，奶酪、黄油等干乳制品消费量快速增长。2010 年中国奶酪消费规模达 12.5 亿元，2018 年奶酪消费规模达 64.6 亿元，复合年增长率达 22.79%，说明在消费升级的大背景下，消费者对高端乳制品需求增加。由于奶酪是浓缩的牛奶，10~12 kg 生鲜乳生产 1 kg 奶酪，因此消费者增加奶酪、黄油等高端乳制品消费会大幅增加对生鲜乳的需求。

4.2.5 乳制品需求增长速度放缓

（1）乳制品消费增长率减弱。随着中国经济进入新常态，人口增速也放缓，乳制品消费增长率有减弱迹象，已步入低单位数增长时期。由于消费者对多样化产品的期望，其他乳制品、以植物为基础的创新饮料越来越多，另外反肥胖、动物福利运动的开展，消费者可以轻易找到牛奶的替代物。此外，乳企加码高价高端产品，使原本消耗大量生鲜乳的大众产品总量被缩减，部分乳企为了体现产品高端，将生产基地转向国外，实际上也导致了国内生鲜乳需求的减少。

（2）部分需求被进口替代。进入 2000 年后，我国的乳品行业不断发生质量安全事件，2004 年的安徽阜阳大头娃娃事件，2005 年雀巢公司金牌奶粉碘超标，2008 年的"三聚氰胺"事件，2011 年蒙牛乳业某批次牛奶黄曲霉素 M_1 超标，还有部分网络谣言，每一次的乳品质量安全问题都给消费者带来不同程度的冲击,消费者用拒绝消费问题乳品进行市场投票,尤其 2008 年以来,进口乳制品(奶粉、乳清)大幅增加,国外代购婴幼儿奶粉增多,液态奶 2012 年开始进口量增长迅速。与此相对应的是中国 2008 年干乳制品产量明显下降,自 2013 年以来,受国际市场进口干乳制品较低价格的冲击,干乳制品产量再次出现负增长,呈下降趋势,2018 年干乳制品产量同比下降 25.42%,其中乳粉产量 96.80 万 t,同比下降 19.81%,部分消费需求被进口乳制品取代。

4.3 相关辅助产业分析

4.3.1 饲料产量大、质量高

(1)饲料产品产量大。从 2011 年起中国的饲料总产量已经是世界第一,美国第二,2016 年二者饲料产量占全球总产量的 35% 左右。

2018 年全国商品饲料总产量 22 788 万 t,同比增长 2.8%,其中配合饲料产量为 20 529 万 t,浓缩饲料产量为 1 606 万 t,添加剂预混合饲料产量为 653 万 t,占总产量的比重分别为 90.09%、7.05%、2.87%。全国饲料工业总产值 8 872 亿元,同比增长 5.7%。2018 年中国饲料生产企业 4 354 家,辽宁、福建、江西、山东、河南、湖北、湖南、广东、广西、四川饲料产量均超过千万吨。饲料总产量虽高,但是反刍动物饲料的产量占比较低。根据《中国饲料行业年鉴》数据显示,2018 年的反刍饲料仅占总饲料产量的 4.41%,占比较高的是猪饲料和肉禽饲料。

2018 年反刍动物饲料产量 1 004 万 t,和 2001 年产量 122.99 万 t 相比,增加了 7 倍多。2001—2018 年反刍动物饲料产量呈稳步上升趋势,其中受奶价上涨的影响,2012 年增幅最大,达到 44.92%;2014 年降幅最大,达到 7.98%,可见 2014 年的奶价下降对养殖业产生了巨大的冲击;2018 年反刍动物饲料产量同比增长 8.9%。

(2)饲料产品质量高。饲料质量有了明显提升。饲料的品质决定着生鲜乳的品质,2015 年 7 月农业部的《饲料质量安全管理规范》实施,促进饲料行业加大结构调整,提升产品质量安全。2018 年饲料产品总体合格率达到 93.2%,较 2007 年的 88.97% 提高了 4.23 个百分点。2008 年之前,饲料合格率较低,不足 90%;2008—2011 年饲料合格率迅速提高;2013—2017 年,饲料合格率均在 96% 以上;2018 年采取"双随机"抽样检测,扩大了采样范围,增加了检测指标,导致饲料产品总体合格率有所降低,但质量安全状况仍处于较好水平。

4.3.2 饲草产业逐步壮大

奶牛的饲料主要包括三大类:粗饲料、混合精料和多汁饲料。粗饲料包括干草(如野干草、羊草、苜蓿干草)、农作物秸秆(如干玉米秸、花生秧、甘薯藤)、青绿饲料(如野青草、玉米青饲、青大麦)、青贮饲料(如玉米青贮、大麦青贮、苜蓿青贮)。混合精料主要由能量饲料（玉米粉、麦麸）、蛋白质补充料（饼粕类、鱼粉）、矿物质盐类及维生素、微量元素添加剂按一定比例配制而成。多汁饲料主要有块根（如胡萝卜、甘薯）和糟粕料（如啤酒糟、豆腐渣、玉米淀粉渣）。精饲料可以通过饲料生产企业购买，粗饲料需要就近供应。据国家奶牛产业技术体系对国内850个养殖场的调研，粗饲料使用最多的是全株青贮玉米，达到88.2%，其次为进口苜蓿干草、燕麦草、国产苜蓿、黄贮以及其他禾本科牧草青贮。

（1）优质粗饲料不能自给。中国已成为世界粗饲料最大的进口国。奶牛是反刍动物，采食一定长度的优质粗饲料可以刺激反刍和唾液分泌，提高产奶量，保证身体健康。以前养殖户只对羊草、玉米秸秆等进行简单加工就喂奶牛，结果是奶牛产奶能力降低。目前牧场都意识到低质量粗饲料对产奶量的制约，开始广泛使用苜蓿、青贮玉米、燕麦干草等优质粗饲料。青贮玉米可以就地取材，但是优质苜蓿、燕麦干草国内产量不能满足需求，很多规模牧场开始大量进口。

全球前5位苜蓿种植国家是美国（36%）、中国（15%）、阿根廷、俄罗斯、意大利。美国是当前最大的、最稳定的苜蓿生产者和供应商，约占全球出口的53%，亚洲是最大的买方市场，约占99%。中国2008年进口苜蓿干草总计1.76万t，自2010年进口苜蓿干草突破20万t以来，由于奶牛养殖市场对优质苜蓿干草的需求强劲，进口苜蓿干草数量连年稳步上升，2018年进口苜蓿干草总计138.34万t，同比下降了1.12%。苜蓿干草主要进口来源地是美国，占比83.77%，少量来源于蒙古（0.02%）、西班牙（12.43%）、加拿大（2.88%）等其他国家。

燕麦草被认为是优质禾本科牧草，主要用于围产期奶牛的饲喂，牧场需求强劲。自2011年以来中国进口燕麦干草数量连续上涨，中国已成为继日本之后澳洲燕麦干草第二大进口商。中国2008年进口燕麦干草0.15万t，2018年进口燕麦干草29.36万t，同比下降了4.64%，燕麦干草主要来源于澳大利亚，具体如图4-4所示。

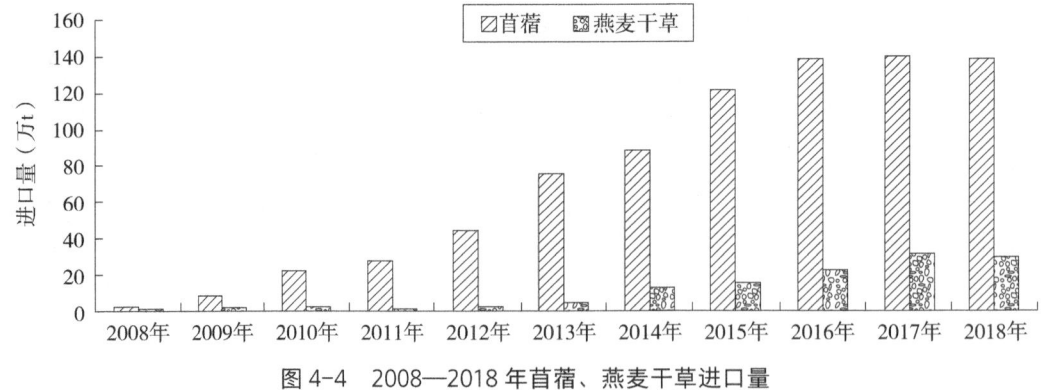

图4-4　2008—2018年苜蓿、燕麦干草进口量

拥有充足的国产优质粗饲料，不但能提高奶牛的产奶量，还能降低生产成本，提升我国奶业发展水平。因此国家2012年开展了苜蓿振兴计划，2015年实施了粮改饲，促进国产苜蓿、燕麦干草的生产。2018年中国进口苜蓿、燕麦干草总计达到167.70万t，同期国产的苜蓿干草估计在185万t左右，国产苜蓿干草与进口供应形成半壁江山的格

局。今后中国"粮改饲"政策补贴和实施范围将进一步加大,国产牧草迎来新机遇。但是由于土地流转成本较高,粗饲料种植需要专业化技术和人员等条件限制,短期内优质粗饲料依赖进口的现状还不能根本改变。

(2)草地生产力水平低。我国草地主要分布在东北、西北和青藏高原,其中质量相对较差的干旱、半干旱和高寒地区的草地约占70%以上。由于过度放牧,天然草地退化,人工草地虽具有较高的生产力,但是发展较慢。中国单位面积草地生产力水平较澳大利亚、美国仍有较大差距。

(3)饲草产业发展迅速。由于我国优质饲草进口量大,玉米生产过剩,为提振饲草业、调整种植结构,2012年实施了"振兴奶业苜蓿发展行动",2015年中央一号文件指出,为了促进粮食、经济作物、饲草料三元种植结构协调发展,支持青贮玉米和苜蓿等饲草料种植、开展粮改饲和种养结合,推动草牧业发展。此外,国家还推出了以下支持政策:如奶牛苜蓿工程、草原保护补偿奖励机制和"一带两区"全国节粮型畜牧业发展规划(2011—2020年)等。2015年国家启动粮改饲试点,实行以养定种、订单种养,种植19.07万 hm^2,收储优质饲草料995万 t,2016年试点范围进一步扩大,试点县达121个,2017年完成粮改饲面积88.93万 hm^2。上述举措提高了饲草生产积极性,为畜牧业发展提供了青贮玉米、苜蓿、燕麦、甜高粱、豆类等优质饲草料。

2016年全国保留种草面积2 056.20万 hm^2,前三位的省份是内蒙古、甘肃、四川。当年新增种草面积652.67万 hm^2,种植的主要品种为紫花苜蓿、披碱草、柠条、青贮专用玉米、多花黑麦草、燕麦草。2016年全国商品草种植面积174.48万 hm^2,总产量817.11万 t,其中羊草面积最大,104.14万 hm^2;紫花苜蓿次之,45.17万 hm^2,草产品生产集中在甘肃、黑龙江、内蒙古、宁夏等省区。

4.3.3 奶牛遗传育种业相对滞后

据世界粮农组织统计,良种对养殖产品单产增加的贡献率已经达到40%,优良品种是奶牛业发展的基础和关键。从1998年国家启动畜禽良种工程以来,奶牛良种繁育体系就是重点支持领域之一。2005年开始实施奶牛良种补贴政策,2008年农业部发布《中国奶牛群体遗传改良计划(2008—2020)》,完善了我国现代奶牛遗传改良技术体系和组织管理体系,良种场、原种场、种公牛站、生产性能测定中心的生产水平和测定能力大幅提升。2015年全国22家奶牛生产性能测定(DHI)中心补充完善中国荷斯坦奶牛品种登记数据库、生产性能测定数据库,对1302个规模牧场,79.5万头奶牛开展了生产性能测定,收集DHI数据449万条。从2008—2018年,根据DHI测定全国各地区奶牛场性能情况看,平均产奶量有明显上升,平均体细胞数有明显下降,平均乳脂肪率略有上升,平均蛋白率保持稳定。奶牛供种能力增强,生产性能明显提高,1978年荷斯坦奶牛平均单产2.86 t,2018年达到7.40 t,增长了约1.6倍。

1998—2018年我国共进口改良种用牛(包括公牛等)1 367 034头,主要进口来源地是澳大利亚、新西兰。进口牛采用自主培育冻精和北美系冻精加以改良,获得良好的生产性能和较高的乳成分。1998年进口改良种用牛1 654头,2001年发布的《国务院办公厅关于加快畜牧业发展的意见》鼓励引进种用奶牛，2004 年达到 132 438 头，但是随后几年进口量下降，2009—2014 年进口量逐年上升，仅 2013 年有小幅下调，2014 年达到最高值 215 405 头，近两年呈下降趋势，具体如图 4-5 所示。

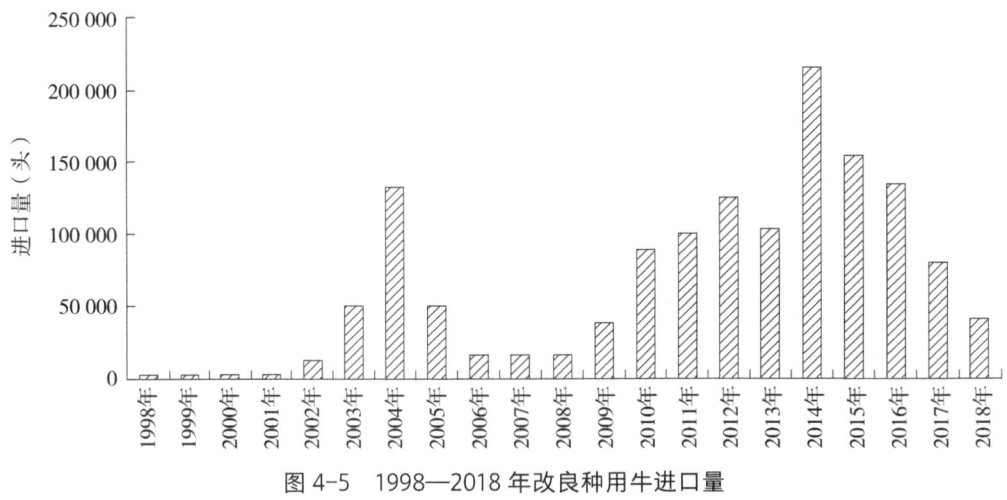

图 4-5　1998—2018 年改良种用牛进口量

总之，奶牛品种遗传素质和选种选配技术有待进一步提高，尚未形成自主培育优秀种公牛的能力，摆脱对国外种牛的依赖。改良奶牛的遗传品质必须依靠完善的科学技术体系，中国奶牛生产性能测定、品种登记、后裔测定等工作覆盖范围低，遗传评估数据的整理和分析工作滞后，同时对这些数据的挖掘利用水平低。与发达国家相比，我国在奶牛品种遗传素质和选种选配技术上还存在差距，在自主培育优秀种公牛方面的能力较差。中国荷斯坦奶牛持续选育和特色育种力度也不够，没有形成针对不同区域、不同资源条件的专门品系。从奶牛单产水平看，2018 年美国奶牛单产 10 500 kg/ 年，中国奶牛单产 7 400 kg/ 年，比中国高 41.89%，奶牛生产性能需继续提高。

4.3.4　奶业机械和包材进口较多

中国关键乳品加工机械设备和乳品包装设备、材料大量依赖进口，这既制约了我国奶业的发展，也是乳制品成本高的主要原因之一。

中国主要关键乳品加工机械设备国产化率不足 20%，国内大型乳品企业（伊利、蒙牛、光明、三元等）主要加工装备来自国际乳品机械设备公司。例如杀菌机是液态奶生产的关键设备，直接关系到成品的质量。国内杀菌机在自控水平和换热效率方面与国外存在较大差距。国外采用真空闪蒸机组，可以更好地保存牛奶的色泽、风味、营养，但是国产设备体积庞大、自动化程度不高、能耗高，达不到国外设备的生产品质[168]。由于国内关键乳品机械设备加工技术水平不高，主要是一些中小型乳品厂使用。这些乳品企业为降低设备投资，一般采用国产设备或者进口加工机械与国产机械设备组合的方式。在一些关键设备（均质机、超高温杀菌机、无菌灌装设备等）上采用进口品牌，其他的辅助加工设备选择本土品牌。

目前国内液态奶包装机主要是用于 UHT 奶（超高温顺时灭菌）的多层复合无菌纸盒包装设备和部分高档巴氏奶包装设备，如利乐包、利乐枕、康美包、新鲜屋等，这些基本被国外公司垄断，利乐公司占据约 70% 以上的市场，康美约占 10% 的市场。国际包装设备公司所提供的包装设备，只能与其自身提供的包装材料相匹配使用，因而国内大多数乳品企业包装材料亦依赖进口，如果大量使用国产包材替代国际包装设备商指定配套的国际包材，则乳品企业将面临包装设备不能得到良好的售后和维护服务的风险。山东纷美包装是无菌包装设备和包材领域唯一的本土企业，但其替代国际品牌包材的比率仍然有限。乳企大量依赖进口包装设备和材料会导致包装成本过高。

4.3.5 奶业基础设施便利度高

（1）交通便利度的提高扩大了牛奶销售半径。奶业发展需要便捷的交通条件为支撑。生鲜乳挤出后有一个抗菌期，抗菌期过后，生鲜乳中微生物迅速繁殖，极易导致腐败变质。根据《生鲜乳收购站标准化管理技术规范》（2009）规定，挤出的生鲜乳应在 2 h 之内冷却到 0～4℃保存，在贮奶罐的贮存时间不应超过 48 h。因此，奶牛养殖场对交通运输条件有极高的要求。乳品加工企业生产的高温奶、奶粉等可以长时间运输，但是低温乳制品保质期短，需要便利的运输条件，输送到消费市场。奶牛养殖场主要依靠公路运输，乳企可以选择高速公路、铁路运输。

公路和铁路密度有较大提高。1949 年中国铁路密度是 22.71 km/万 km²，2018 年达到 137.14 km/万 km²，增长了约 5 倍。2008 年中国高铁营业里程只有 671.50 km，2018 年达到 29 904.00 km，增长了近 44 倍。1985 年中国的公路里程是 976 948.00 km，2018 年达到 4 846 532 km，增长了约 4 倍。2001 年高速公路里程 19 451.00 km，2018 年达到 142 593.00 km，增长了约 6 倍。从各省看，北京、天津、上海铁路密度很高，达到 700 km/万 km² 以上，内蒙古、黑龙江、四川、贵州、云南、西藏、甘肃、青海、新疆铁路密度较低，在 200 km/万 km² 以下。上海公路密度最高，达到 20 675.19 km/万 km²，内蒙古、黑龙江、西藏、甘肃、青海、新疆公路密度较低，在 5 000 km/万 km² 以下。2018 年铁路和公路密度具体如表 4-6 所示。

表 4-6　2018 年铁路和公路密度　　　　　　单位：km/万 km²

区域	铁路密度	公路密度
北京	770.17	13 560.81
天津	967.36	13 639.57
河北	392.24	10 296.18
山西	347.23	9 146.64
内蒙古	107.45	1 705.60
辽宁	443.10	8 350.86
吉林	266.72	5 574.54

(续)

区域	铁路密度	公路密度
黑龙江	152.34	3 692.88
上海	735.13	20 675.19
江苏	296.99	15 395.34
浙江	270.03	11 582.63
安徽	310.93	15 016.22
福建	285.01	8 832.77
江西	256.27	9 700.96
山东	401.27	17 456.74
河南	323.95	16 083.17
湖北	233.38	14 786.73
湖南	239.73	11 351.00
广东	251.87	12 120.38
广西	219.25	5 287.34
海南	292.19	9 906.38
重庆	282.37	19 118.05
四川	101.84	6 822.16
贵州	202.40	11 179.25
云南	98.70	6 487.26
西藏	6.53	813.27
陕西	243.26	8 614.17
甘肃	110.47	3 386.58
青海	33.72	1 179.04
宁夏	206.78	5 332.08
新疆	36.38	1 154.27

注：由国家统计局数据整理而成。

总之，交通便利程度的提高使生鲜乳的产地不再局限于城郊，可以向广阔的农牧区延伸；北方奶业带生产的牛奶供应南方地区更容易实现。

（2）便捷的通讯促进了奶业的智能化发展。信息化技术在生鲜乳生产、质量安全监控、乳企生产方面广泛应用。奶牛养殖场采用现代计算机技术实现精细化管理，随时掌握奶牛生长、繁育、全生命周期变化，使日常经营管理更加规范化、科学化、透明化；为确保生鲜乳质量安全，各地建设了生鲜乳视频监控系统，确保生鲜乳从奶牛场到乳品加工企业全程可监控；乳企的加工管理也需要互联网和通信服务。中国互联网普及率高于世界平均水平，便于奶业的远程监控和智能化发展。2002年中国互联网普及率只有

4.1%，根据第 47 次《中国互联网络发展状况统计报告》显示，截至 2020 年 12 月，互联网普及率达 70.4%，农村地区互联网普及率为 55.9%，中国网民规模达到 9.89 亿人，占全球网民的 1/5 左右。固定互联网宽带接入用户数 2008 年只有 8 342.50 万户，2018 年达到 40 738.00 万户，增长了约 4 倍。

移动电话普及率的提高，将更多的奶业从业者链接入互联网，便于获取信息。1999 年移动电话普及率 3.50 部/百人，2018 年移动电话普及率 112.23 部/百人，增长了 31.07 倍。2008 年移动电话用户数 6.41 亿户，2018 年增长到 15.70 亿户，增长了 1.45 倍。中国移动电话用户数和普及率如图 4-6 所示。

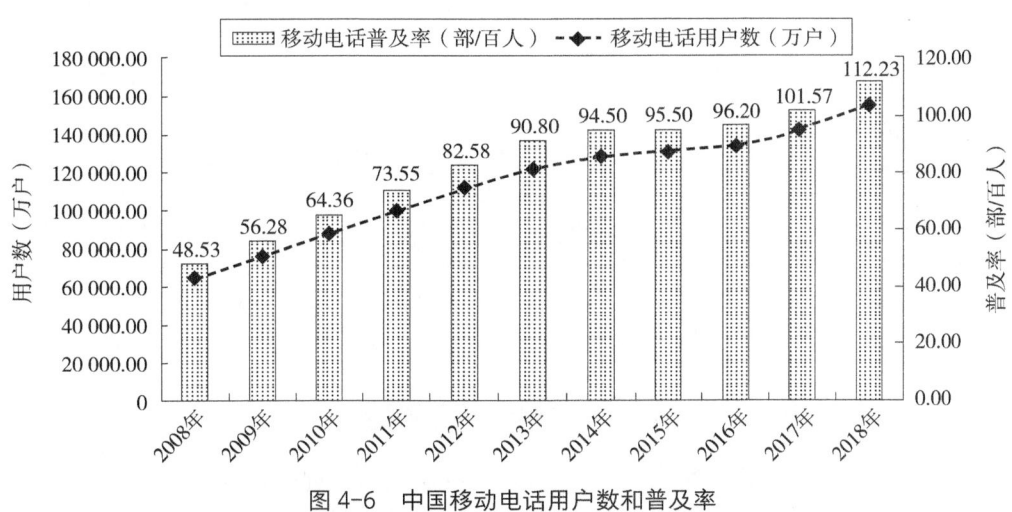

图 4-6 中国移动电话用户数和普及率

总之，中国互联网的基础设施建设已基本实现普惠，互联网基础资源保有量与互联网市场规模居世界前列，移动通讯普及率不断提高，为奶业信息化提供了物质基础，成为促进奶业升级、构建竞争新优势的重要推动力。

4.4 奶业规模与结构分析

奶业竞争力的实现与其有效的生产经营是密切相关的，而生产组织作为生产经营的主体和利润实现的载体，对奶业的发展有着重要的影响。

4.4.1 规模牧场成为养殖主流

按照规模化程度和生产组织管理划分，我国奶牛养殖模式主要有规模化牧场、养殖小区（合作社）、散养三种。2016 年来自规模化牧场的奶源占 70% 以上，规模牧场已成为奶牛养殖的主体，万头牧场、托管牧场成为奶业转型升级中难得的亮点。总之，较 2008 年以前，牧场的专业化程度和标准化建设有了质的飞跃，管理水平有了很大提高。

规模牧场是指奶牛存栏在 100 头以上，根据其年龄和生理周期分群饲养，从牛场设计规划、饲喂、挤奶、防疫、配种等统一进行科学化管理的牧场。这种模式下，牛群可能属于一个主体，也可能属于多个主体，但是通过股份制或牛群托管等方式实现了统一经营管理。

规模牧场机械化程度高，粗饲料条件优良，牛群的遗传品质较高，生鲜乳质量好，平均单产高，牛人比高。2018年标准化规模养殖比例达到61.4%，比2002年提高49.5个百分点，养殖规模近年来呈显著上升趋势（图4-7），尤其是饲养规模在500～1 000头的牧场所占比例明显上升。规模牧场模式已经成为奶牛养殖的主体和主流模式，大大提高了奶牛养殖业的饲养条件、产业素质和生产水平。

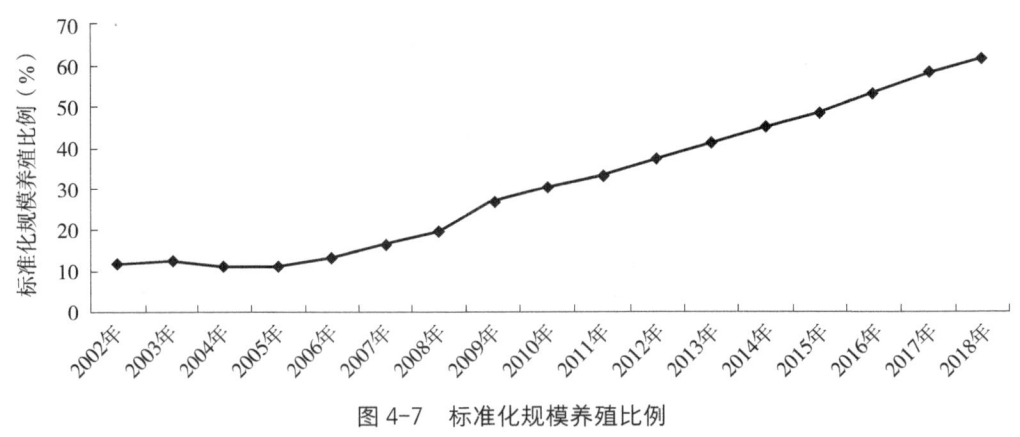

图4-7　标准化规模养殖比例

（1）万头牧场。成立于2005年9月的现代牧业，颇具前瞻性地开创了"万头牧场"的养殖模式。2008年"三聚氰胺"事件后，规模化养殖被鼓励，2011年国家积极推进乳制品工业全产业链化发展，鼓励乳品加工企业建设标准化奶源基地。以现代牧业为代表的"万头牧场"模式受到前所未有的推崇，伊利、蒙牛等国内乳业巨头纷纷效仿。当然反对、质疑的声音也有很多，例如"万头牧场"的经营风险、规模不经济，奶牛病疫情的防治，粪污处理、环境污染、饲料供应、财务压力等问题，正在等待现实检验。据行业统计，2016年我国万头牧场的数量超过60家。

（2）托管牧场。托管牧场是指由牧业公司托管中小牧场养殖的奶牛，中小牧场主放弃经营权，获得稳定租金收益的牧场。2014年以来随着原料奶价格的不断下跌，部分中小牧场经营困难，处于亏损或者微利状态。这些中小牧场多还存留着传统的养殖习惯，没有形成科学规划的统筹管理，形成了"三低三高"的发展状态：风险高、成本高、管理难度高；效益低、单产低、组织化程度低。牧业公司以此为契机，推出了"存量整合、全程托管"的独特产业模式，对经营困难的中小牧场开展托管经营，尤其青睐500头以上的牧场。其经营特点是，牧业公司与中小牧场主签订承包托管、技术托管、股权合作等不同方式的10年以上合约，通过输出技术、管理和资源优势，实行统一管理，实现利益共享和产业转型。

托管牧场的典型代表有中鼎牧业。中鼎牧业和中小牧场主签订协议后，中鼎牧业每年支付定额的租金给牧场主，牧场主将牧场托管给中鼎牧业，合同期满，中鼎牧业将等值的牛群及牧场返还牧场主。托管期间，中鼎牧业会为托管的牧场配备场长、副场长、繁育、兽医、会计、数据员6个关键岗位工作人员，对牧场日常运营进行实际上的管控，实行采购供应统一、管理标准统一、技术研发统一、疫病防疫体系统一、资金配置统一、销售统一的"六统一"管理模式。2016年5月，农业部部长韩长赋深入调研中鼎牧业的运营模式，并对其"公司+基地+农户""存量整合、全程托管"的模式给予肯定。成立于2013年的中鼎牧业，到2016年，已在全国整合牧场140多座，签约奶牛存栏数10万头，日产鲜奶1 100 t，排名中国牧业前5强，成为全国规模最大的创新型奶农合作社。根据中鼎牧业年报提供的数据显示，2016年营业收入突破10亿元，比2015年增长121%，归属于挂牌公司股东的净利润约为2 929万元，扭亏为盈，与2015年相比，增幅132%左右。

4.4.2 养殖小区和散户在减少

养殖小区模式和散养户饲养模式在特定的历史时期对奶业的发展发挥了巨大的推动作用，但是随着质量安全监管的加强，投资压力加大，奶价降低，低效模式难以为继，他们在逐渐退出奶业生产。

（1）养殖小区模式。奶牛养殖小区模式是指由政府、企业或者个人投资，提供养殖奶牛所需的场地、挤奶设备、生活设施等基础设施，吸引奶牛养殖户入驻，实施分户饲养但是在其他项目上尽量统一的养殖模式。养殖小区模式是散养向规模牧场过渡的一种形态，有的地方称为"奶牛养殖合作社"。奶牛养殖小区的牛群存栏数不一，小区主人可能拥有一定数量的奶牛，可能不拥有奶牛，主要通过集合奶牛养殖小区的生鲜乳统一卖给乳企，每千克生鲜乳单价中抽取部分奶款作为提供场所的收益。

养殖小区模式的典型代表是河北省，在2008年"三聚氰胺"事件后，河北省大力整顿奶牛养殖业，积极在奶牛养殖小区推广"四统二分"管理模式，即"统一饲料（TMR）、统一配种、统一防疫、统一消毒，分户饲养、分户核算"，使奶牛养殖"小、散、低"的现象彻底转变。这种模式在当时提高了生鲜乳的品质和产量，但是由于分户饲养，不能统一管理牛群，不按年龄和生理周期对奶牛进行分群饲养，生产方式依旧粗放，阻碍了生鲜乳质量和产量的进一步提高。

近几年，政府积极出台政策加快养殖小区的升级改造，乳品企业也通过利益激励和强制措施加快养殖小区设施和管理向规模牧场转型。根据河北省畜牧主管部门相关数据统计分析，2013年全省存栏150头以上的奶牛养殖场（户）中，奶牛养殖小区的比例高达73.48%；2015年底，奶牛养殖小区占比降低至49.55%，并且还在持续降低中。预计未来养殖小区或者升级为规模牧场，或者退出养殖行业，直至消失。

（2）散户饲养模式。为了解决奶源紧缺的矛盾，原石家庄三鹿集团股份有限公司在90年代创立了"奶牛下乡，牛奶进城"经营模式，即集体和国营的规模化牛场被分解给散户饲养。"奶牛下乡"是当时成本最小的扩产改革路径，一度非常成功，各地国有乳品企业纷纷学习三鹿集团的经营模式。在2008年之前，散户饲养模式为我国奶业的快速发展做出过重要的贡献。散户饲养主要特点是养殖规模小、不分群，把农副产品下脚料或者放牧作为饲料来源，定期给奶牛打疫苗，到附近的奶站集中机械挤奶。2014年以来由于散养户奶牛单产低，牛人比低，养殖效益下滑，散户无利可图逐渐退出养殖业。2016年由散养户提供的商品原料奶比例已经非常低，主要在偏远地区，由小型乳企收购。北京、上海、河北等地区已经没有散户的商品原料奶上市交售，散养基本消失。

4.4.3 乳制品行业集中度提高

乳品行业集中度的提高有利于提高科技创新能力，规避金融风险，防止恶性竞争，提高乳企的国际竞争力。国外奶业强国，大部分乳制品生产集中由一个或几个企业完成，便于监督管理和生产标准的制定。2008年之前，中国规模以上乳品企业数量呈不断增加态势，2008年最高达到815家，2008年之后，国家提高了乳企准入门槛，淘汰规模小、实力弱的乳品企业，乳企数量开始下降，2018年还有587家。2014年6月工信和信息化部、发展改革委和财政部食品药品监督总局制定的《推动婴幼儿配方乳粉企业兼并重组工作方案》指出，提高乳品加工企业的集中度。

行业集中度体现了市场的竞争和垄断程度，经常使用的计量指标之一是行业集中率（CR_n指数），是指某行业的相关市场内前n家最大的企业所占市场份额的总和，用来衡量企业的数目和相对规模的差异，公式如4-2所示。

$$CR_n = \frac{\sum(X_i)_n}{\sum(X_i)_N} \qquad (4-2)$$

公式4-2中CR_n为规模最大的前几家企业的行业集中度；n为产业内规模最大的前几家企业数；i表示第i家企业的销售额；N为产业内的企业总数。

2018年中国的乳品企业市场份额前10中，只有3家市场份额较大：伊利、蒙牛、光明；其他乳品企业市场份额较小且比较接近，在1%~4%。所以本书计算中国前3家乳品企业的集中度，即$n=3$。

2009—2018年行业集中度明显提高。2009年以来，伊利、蒙牛、光明成为乳制品行业的龙头企业，2009年三公司的营业收入是579.67亿元，2018年达到1 689.39亿元，增长了约1.9倍。2009年CR_3是35.71%，2018年CR_3是49.70%，增长了13.99个百分点，具体如图4-8所示。

图4-8 乳制品行业的CR_3

4.4.4 乳品企业产品结构待优化

（1）乳品企业产品品种单一。国内乳品加工企业乳品品种单一，产品同质化现象严重。由于饮食传统的差异，目前液态奶仍然是我国乳制品加工和消费的主流产品，乳企直接生产奶油、奶酪的较少。2016 年中国用于生产液态奶（包括酸奶）的原料奶比例高达 60.00% 以上，用于生产全脂奶粉的占 21.60%，而用于加工奶酪、奶油的原料奶比例估计不超过 10.00%；2016 年荷兰只有 8.00% 的原料奶加工成液态奶。这种乳品结构使我国的奶业缺乏销售弹性，抗风险能力低。保质期和货架期较短的液态奶如果销售不畅，将造成乳企减少收奶量，进而导致原料奶过剩，无法处理，发生杀牛倒奶等系列问题。但是在乳品消费市场上，2000 年以来的奶油、奶酪进口量在不断提高，乳基配料（乳清粉、乳钙等）长期依赖进口，因此形成多样化的乳制品产品结构，才能增加乳企差异化竞争能力。

（2）乳制品高端化影响价格竞争力。国内乳制品过分追求高端，降低了价格竞争力。我国大多数乳品加工企业的主打产品是高端产品，市场的销售价格在 15～26 元/L，而欧盟、美国超市巴氏奶和 UHT 奶的价格大多合人民币 7.4 元/L，这样的高价格影响了产品在三、四线城市的消费，同时也给进口乳制品留下了极大的市场空间。

（3）高附加值的乳制品竞争力低。国际市场乳制品价格走低，以及国内一些乳制品品种的结构性短缺，加上消费者对国产乳品消费信心的不足，使得国内高附加值的乳制品竞争力低。婴幼儿配方产品是高附加值的乳制品，2007 年以来国外品牌市场占有率稳步提升，2007 年国外品牌约占 35% 市场份额，2008 年"三聚氰胺"事件后进口奶粉品牌占比曾经最高达 70% 左右，随着之后奶粉行业逐渐规范，消费者信心逐渐恢复，2018 年约占 55% 市场份额。据尼尔森调查，2018 年国外品牌占有约 60% 以上的高端市场，80% 以上的超高端婴幼儿配方奶粉市场份额，国内品牌主要集中于中低端产品市场。

4.4.5 产业结构一体化程度提高

2008 年"三聚氰胺"事件后，中国奶业过度分散的深层问题暴露无遗。奶业一体化程度不足，被认为是导致"三聚氰胺"事件发生的原因之一。奶业链中奶牛养殖成本最大，但利润最小；乳品加工流通成本最小，但利润最大。由于奶业链的利益不均衡，使乳品企业和奶农之间只是松散的买卖关系。奶业一体化就是将奶牛养殖、乳品加工、市场销售等环节有机结合成为一个整体，形成风险共担、利益共享的经济联合体。奶业一体化可以减少质量风险，方便管理，增加产业链竞争力。奶业发达国家通过两种方式实现奶业一体化：一是奶业内部建立奶农合作社，合作社办乳企，乳企的利润再用于合作社内部的发展；二是政府采取宏观调控手段推进一体化，如：制定合理的收奶价格，开展第三方质量检测，签订产销合同等。由于中国合作社组织欠发达，目前一体化形式主要有两种：乳企自建或参股建设奶源基地和政府推进一体化。

(1）乳企引导的一体化。2008年《奶业整顿和振兴规划纲要》明确要求"到2011年10月底前，乳企基地自产生鲜乳与加工能力的比例要达到70%以上"。2009年颁布的《乳制品工业产业政策》指出，新建乳制品加工项目的奶源基地自产生鲜乳数量在加工能力的40%以上，改（扩）建项目在原有加工能力的75%以上。2013年根据《关于进一步加强婴幼儿配方乳粉质量安全工作的意见》和《婴幼儿配方乳粉生产许可审查细则》要求，婴幼儿配方乳粉生产企业须具备自建自控奶源；如果主要原料为生牛乳，生牛乳应全部来自企业自建自控的奶源基地，并逐步做到生牛乳来自企业全资或控股建设的养殖场。在上述产业政策指引下，乳品企业加大产业链上游布局，加快推进奶源基地建设。2017年乳企自建和参股的奶源基地比重已经达到30%以上，奶业一体化进程快速推进。

（2）政府引导的一体化。各级政府积极采取宏观调控手段从外部推进奶业一体化。首先，在生鲜乳价格制定方面，部分省份推出了生鲜乳价格协商机制。例如，上海地区自2015年开始，由行业协会牵头组织牧场代表和乳企协商确定生鲜乳价格，保障养殖者的利益；河北省通过定期召开生鲜乳收购协调会的形式，产生生鲜乳交易参考价格，并鼓励优质优价。其次，在第三方检测平台建设方面，2009年内蒙古自治区成立了全国首家生鲜乳质量安全第三方检验测试中心，开展仲裁检测；2013年黑龙江省生鲜乳第三方检测体系实现全覆盖；2016年河北省畜产品质量检验监测中心、唐山市畜牧水产品质量监测中心开展第三方检测。再次，在生鲜乳购销合同建设方面，为了提高合同履行力，维护买卖双方的合法权益，保障生鲜乳质量安全，2016年农业部、工业和信息化部、国家工商行政管理总局制定了《生鲜乳购销合同（示范文本）》。

4.5 奶业发展政策环境分析

基于奶业的特性，当前奶业基础技术重大革新、需求激增等外界机会较小，而国内生产能力、加工水平与乳品贸易政策对奶业发展影响较大。政府本身虽不能帮助奶业创造竞争优势，但是政府行为能够影响奶业环境，政府通过完善监管、政策扶持与引导，可以创造新的市场机会和发展环境，促进奶业的发展。

4.5.1 政府高度重视奶业发展

人均乳制品消费量一般被作为衡量一个国家人民生活水平的重要指标之一，政府将奶业放到十分重要的地位，认为奶业是健康中国的不可或缺产业，农业现代化的标志性产业。2005年发布了《国务院办公厅关于加强液态奶生产经营管理的通知》，加强对液态奶生产经营的管理。2007年《国务院办公厅关于促进奶业持续健康发展的意见》提出了促进奶业持续健康发展的主要任务和重点工作。2008年奶业"三聚氰胺"事件后，政府分步骤、分环节，将奶业发展作为农业现代化建设的重要一环。2008年《奶业整顿和振兴规划纲要》以整顿乳制品生产企业和奶站、规范养殖为重点，全面加强质量管理和制度建设，提升奶业质量安全和监管水平。2010年《关于进一步加强乳品质量安全工作的通知》对严格乳品质量安全监管，提升乳品质量水平做出要求。为了解决奶业优质饲草短缺的问题，2012年中央一号文件决定启动实施"振兴奶业苜蓿发展行动"。2013年为了重塑消费者对国产乳粉的信心，《关于进一步加强婴幼儿配方乳粉质量安全工作的意见》提出参照药品管理办法严格管理婴幼儿配方乳粉生产。2015年为了进一步实现种养结合，中央一号文件提出"粮改饲"，加快发展草牧业，支持青贮玉米和苜蓿等饲草料种植。2018年《关于推进奶业振兴、保障乳品质量安全的意见》提出加快构建现代奶业产业体系、生产体系、经营体系和质量安全体系。同年，《关于进一步促进奶业振兴的若干意见》提出了8项具体措施提升奶业发展质量、效益和竞争力。2019年《中共中央国务院关于坚持农业农村优先发展做好"三农"工作的若干意见》提出实施奶业振兴行动。

总之，政府一直重视奶业的发展，尤其从2008年以来，更是将其作为食品安全的代表性产业，农业供给侧改革的突破口，一二三产业协调发展的战略性产业来发展。在政府的重视引领下，奶业不断降本增效，技术设备革新，极大提升了国产乳制品的产能和质量。

4.5.2 政府服务能力增强

（1）积极组织奶农培训。奶农培训促进科学养殖水平大幅提高。目前已经开展的针对奶农的培训项目有：奶牛科技入户工程、DHI培训、奶牛金钥匙技术示范现场会、奶农培训计划等项目，通过在全国举办培训班，聘请中国农业科学院、中国奶业协会、国家奶牛产业技术体系、全国畜牧总站、农业部专家讲解日粮制备、奶牛繁育、卫生防疫等实用技术，培训提高生鲜乳质量安全水平的关键技术。这些辅导不但提高了奶农的科学养殖水平，还加强了质量安全意识。

（2）监测执法不断强化。2008年的"三聚氰胺"事件后，国家多次开展生鲜乳专项治理、规范生鲜乳生产收购运输市场秩序，保障生鲜乳质量安全。农业部门在生鲜乳质量安全监测过程中，以奶站和运输车为重点，采用飞行抽检、专项监测、隐患排查、异地抽检等方法，不断提高抽检频次，扩大抽检范围，打击各种违法添加行为。大力推进奶站标准化建设和管理，生鲜乳监测计划覆盖了全国所有奶站和国家公布的所有违禁添加物，实现奶站监管和生鲜乳监测全覆盖。另外，政府加强应急管理，积极澄清各类网络谣言、处置突发事件，促进奶业平稳发展。

（3）政策法规逐步完善。政策法规逐步完善是奶业发展的重要外在条件，促进奶业提质增效。2000年以来国家颁布了20多项规章制度和66项乳品质量安全标准，构建了覆盖全产业链的政策法规体系，扶持和引导奶业的健康稳定发展。2000年以来的国家奶业政策法规具体如表4-7所示。

梳理2000年以来的政策法规，发现2007年之前关于奶业的政策法规散见在畜牧业、食品业等其他文件中。2000年《关于实施国家"学生饮用奶计划"的通知》在全国中小学校实施学生营养改善专项计划，带动了奶业的发展。2002年《全国优势农产品区域布局规划》确定了七大奶业优势产区，推动了奶业专业化生产。2005年《中华人民共和国畜牧法》颁布，规范了畜牧业生产经营行为。2006年《中华人民共和国农产品质量安全法》颁布，对农产品安全生产提出要求。

2008年的"三聚氰胺"事件打断了中国奶业稳步发展的步伐，拉开了奶业的整顿规范序幕，国家密集出台多项措施，主要在以下几方面做了规定：①加强乳品质量安全监督管理，规范乳品生产经营活动，保证乳品质量安全。例如《乳品质量安全监督管理条例》《中华人民共和国食品安全法》及其实施条例《生鲜乳专项整治行动实施方案》《乳制品生产企业落实质量安全主体责任监督检查规定》《企业生产婴幼儿配方乳粉许可条件审查细则（2010版）》《企业生产乳制品许可条件审查细则（2010版）》《生鲜乳生产收购记录和进货查验制度》《生鲜乳质量安全异地抽检制度》《全国奶畜养殖和生鲜乳收购运输监督抽检方案》《奶畜养殖和生鲜乳收购运输环节违法行为依法从重处罚的规定》《生鲜乳收购站质量安全"黑名单"制度》《婴幼儿配方乳粉产品配方注册管理办法》《婴幼儿配方乳粉生产许可审查细则2013版》等。②积极制定发展规划、产业政策。《全国奶牛优势区域布局规划（2008—2015）》《中国奶牛群体遗传改良计划（2008—2020）》《全国奶业发展规划（2009—2013年）》《乳制品工业产业政策》《全国奶业发展规划（2016—2020年）》《推动婴幼儿配方乳粉行业企业兼并重组工作方案》《粮改饲工作实施方案》《乳制品质量安全提升行动方案》《奶业品牌提升实施方案》《"十四五"奶业竞争力提升行动方案》等。③完善了标准体系，例如《生鲜乳收购站标准化管理技术规范》《食品安全国家标准 生乳》等66项标准、《畜禽标准化示范场管理办法》等。④加强了环境治理。通过《畜禽规模养殖污染防治条例》《中华人民共和国环境保护税法》对资源化利用废弃物提出了要求。⑤统一了管理机构。2013年国家食品药品监督管理总局组建，随后启动《食品安全法》的修订工作，2015年修订后的《中华人民共和国食品安全法》实施，进一步理顺了食品安全管理体制，将生产、流通、消费环节的分段监管改为国家食品药品监督管理总局统一监管，提升监管效率。

表4-7 中国奶业发展政策法规简表

发布时间	政策法规	主要内容
2000年	《关于实施国家"学生饮用奶计划"的通知》	推出国家"学生饮用奶计划"
2002年	《全国优势农产品区域布局规划》	确定了七大奶业优势产区
2005年	《国务院办公厅关于加强液态奶生产经营管理的通知》	针对使用复原乳生产加工液态奶的问题，加强对液态奶生产经营的管理
2005年	《中华人民共和国畜牧法》	规范畜牧业生产经营行为，保障畜禽产品质量安全，保护和合理利用畜禽遗传资源，维护畜牧业生产经营者的合法权益
2006年	《中华人民共和国农产品质量安全法》	保障农产品质量安全，维护公众健康，促进农业和农村经济发展

（续）

发布时间	政策法规	主要内容
2007年	《关于促进奶业持续健康发展的意见》	提出了促进奶业持续健康发展的主要任务和重点工作
2008年	《乳品质量安全监督管理条例》	加强乳品质量安全监督管理，保证乳品质量安全
	《奶业整顿和振兴规划纲要》	为做好婴幼儿奶粉事件处置工作，解决奶业面临的困难和深层次问题，促进奶业稳定健康发展
	《全国奶牛优势区域布局规划（2008—2015）》	更好发挥全国奶牛优势区域的带动作用，为奶业宏观发展谋篇布局
	《中国奶牛群体遗传改良计划（2008—2020）》	稳步推进奶牛遗传改良工作
2009年	《乳制品工业产业政策》	全面构建竞争有序、发展协调、增长持续、循环节约的现代乳制品工业，支持乳企自有奶源基地建设
	《中华人民共和国食品安全法》及其实施条例	理顺了食品安全管理体制
	《生鲜乳收购站标准化管理技术规范》	加强奶牛生鲜乳收购站管理
	《生鲜乳专项整治行动实施方案》	规范乳品生产经营活动
	《乳制品生产企业落实质量安全主体责任监督检查规定》	督促乳制品生产企业落实质量安全主体责任，规范乳制品生产企业质量安全监督检查工作
2010年	《食品安全国家标准 生乳》等66项标准	完善了乳品质量标准体系
	《关于进一步加强乳品质量安全工作的通知》	严把生产经营许可关、强化检验检测和监测评估、完善乳品追溯制度、强化婴幼儿配方乳粉监管
	《全国奶业发展规划（2009—2013年）》	保障奶业持续健康发展的指导思想、基本目标和措施
	《企业生产婴幼儿配方乳粉许可条件审查细则（2010版）》	规定乳企自建牧场的配置标准
	《企业生产乳制品许可条件审查细则（2010版）》	严格许可条件，淘汰不合格乳品企业
2011年	《生鲜乳生产收购记录和进货查验制度》《生鲜乳质量安全异地抽检制度》《全国奶畜养殖和生鲜乳收购运输监督抽检方案》《奶畜养殖和生鲜乳收购运输环节违法行为依法从重处罚的规定》《生鲜乳收购站质量安全"黑名单"制度》	加强生鲜乳质量安全监管
	《畜禽标准化示范场管理办法》	提升畜牧业标准化规模生产水平

（续）

发布时间	政策法规	主要内容
2012年	中央一号文件决定启动实施"振兴奶业苜蓿发展行动"、《高产优质苜蓿示范建设项目实施指导意见》	中央财政支持高产优质苜蓿示范片区建设，重点用于推行苜蓿良种化、应用标准化生产技术、改善生产条件、加强苜蓿质量管理等方面
2013年	《关于进一步加强婴幼儿配方乳粉质量安全工作的意见》	加强婴幼儿配方乳粉质量安全
	《婴幼儿配方乳粉生产许可审查细则2013版》	进一步严格婴幼儿配方乳粉行业准入标准、良好生产规范及生产许可条件
2014年	《畜禽规模养殖污染防治条例》	防治畜禽养殖污染，推进畜禽养殖废弃物的综合利用和无害化处理
	《推动婴幼儿配方乳粉行业企业兼并重组工作方案》	规范市场秩序，推动企业兼并重组，优化产业结构，提升质量效益，促进婴幼儿配方乳粉产业健康发展
2015年	2015年中央一号文件《关于加大改革创新力度加快农业现代化建设的若干意见》	要加快发展草牧业，支持青贮玉米和苜蓿等饲草料种植，开展粮改饲和种养结合模式试点，促进粮食、经济作物、饲草料三元种植结构协调发展
2016年	《全国奶业发展规划（2016—2020年）》	将发展奶业、提升奶业、振兴奶业，定为推进农业供给侧结构性改革的重大任务
	《婴幼儿配方乳粉产品配方注册管理办法》	婴幼儿配方乳粉的产品配方必须通过相关部门注册后才能生产销售，未取得注册的品牌，不得在境内销售
2017年	《粮改饲工作实施方案》	依靠市场机制拉动种植结构向粮经饲统筹方向转变，构建种养结合、粮草兼顾的新型农牧业结构
2018年	《中华人民共和国环境保护税法》	对规模化养殖场的起征税标准定义为存栏规模大于50头牛的养殖场
	《关于推进奶业振兴保障乳品质量安全的意见》	构建现代奶业产业体系、生产体系、经营体系和质量安全体系，不断提高奶业发展质量效益和竞争力，大力推进奶业现代化
	《关于进一步促进奶业振兴的若干意见》	要以实现奶业全面振兴为目标，优化奶业生产布局，创新奶业发展方式，建立完善以奶农规模化养殖为基础的生产经营体系，密切产业链各环节利益联结，提振乳制品消费信心
2019年	《国产婴幼儿配方乳粉提升行动方案》	实施国产婴幼儿配方乳粉"品质提升、产业升级、品牌培育"行动计划，力争婴幼儿配方乳粉自给水平稳定在60%以上

（续）

发布时间	政策法规	主要内容
2019年	《奶业品牌提升实施方案》	将奶业品牌建设与奶业振兴发展紧密结合，形成创品牌、推品牌、护品牌的品牌发展机制，培育出一批具有影响力的产品品牌、企业品牌和区域公用品牌，使国产奶业品牌深入人心
2020年	《乳制品质量安全提升行动方案》	到2023年，乳制品质量安全监管法规标准体系更加完善，乳制品质量安全监管能力大幅提升，监督检查发现问题整改率达到100%，乳制品监督抽检合格率保持在99%以上
2021年	《中华人民共和国国民经济和社会发展第十四个五年规划和2035年远景目标纲要》	大力发展现代奶业，推动种养结合发展，加快发展智慧奶业，推进国家级畜禽核心育种场建设，加强动物防疫，推进畜禽粪污资源化利用，加强冷链物流设施建设，保障乳制品供给安全，推动奶业消费，严格乳制品安全监管，促进民营乳企高质量发展
2022年	《"十四五"奶业竞争力提升行动方案》	奶业生产能力提升整县推进，奶农养加一体化试点，生鲜乳质量检验检测第三方试点，乳品多样化、本土化消费提升

（4）生鲜乳国家质量标准亟待修改。中国奶业市场已经是一个开放的市场，但是生鲜乳质量标准还没有和国际接轨，低于发达国家的质量要求。中外生鲜乳质量标准对比情况如表4-8所示。

表4-8 中外生鲜乳质量标准对比表

质量指标	国标	欧美
乳蛋白	2.8 g/100 g 以上	新西兰≥3.8 g/100 g；欧美≥3.2 g/100 g
乳脂肪	3.1 g/100 g 以上	法国≥3.8 g/100 g；美国≥3.5 g/100 g
菌落总数	200万 CFU/mL 以下	美国≤10^5 CFU/mL；荷兰≤10^5 CFU/mL
体细胞数	国标无要求	欧盟≤40万/mL；美国≤75万/mL

现行的生乳标准是2010年制定的，当时考虑到我国生乳的普遍水平，因此质量标准较低。随着规范化养殖场的增多，优质奶的价值应该通过国标体现出来。因此生乳分级标准的呼声越来越高，希望将优质奶和一般奶区别开，优质奶标准和国际接轨，不但可以实现优质优价，而且可以将国产乳和进口乳放在同一起跑线上。

4.5.3 奶业支持政策逐步完善

行业主管部门多年来出台多项扶持政策。奶业投资大、收效慢，生鲜乳易腐，价格波动易引起养殖环节的大起大落，为了促进奶业竞争力的提高，世界各国都建立了配套的支持政策，构建本国奶业可持续发展的安全网。我国已经采取的配套政策主要有：奶牛养殖标准化示范创建、奶牛标准化规模养殖小区（场）建设、奶牛生产性能测定补贴、奶牛良种补贴、后备母牛补贴制度、奶牛疫病防控、机械设备购置补贴、振兴奶业苜蓿发展行动、政策性奶牛保险、奶牛重大疫病防治和扑杀政策、粮改饲补贴、乳品企业的金融、税收、财政支持政策、对新建的乳品加工项目取消备案制、奶牛养殖农户信贷支持、奶牛养殖种养结合整县推进等；另外还有一些支持政策融合在农业普惠性政策中。

但是这些政策独立性较强，侧重于养殖环节，还没有形成涉及流通、生产和贸易三个环节的奶业政策支持体系。尤为突出的问题就是，生鲜乳的价格不能随乳品的市场价值合理调整，养殖环节的牧场无法分享加工环节的利润，收益没有保障，使奶业链处于一个不稳定的发展环境中，其结果就是无法从产业链的角度降低乳品价格，应对进口乳制品的冲击。

4.5.4 整体奶业贸易环境向好

（1）国际交流快速提高了奶业生产水平。中国奶业起步较晚，虽然近几年发展迅速，但是国外奶业强国的先进技术和管理经验值得学习，国际交流搭建了学习借鉴的桥梁，提高了奶业生产水平。

从合作交流看，中国不断加深与奶业发达国家政府间、科研院所间和奶业协会间的合作，学习先进技术、管理理念，提升奶业竞争力。中国与新西兰、阿根廷等国签订了奶业合作备忘录，定期与新西兰、澳大利亚举办奶业对话交流。中国与加拿大、瑞典、荷兰等国共同举办奶业技术培训班，成立"奶业国际联合研究中心""中荷奶业发展中心""中爱奶业科技中心""中新奶业发展中心""中澳乳业（现代农业）交流合作中心""中以现代奶业技术合作中心"，整合国内外奶业领域的高新技术研究和产业化生产的优势力量，建立奶业科技发展交流与共享机制。中国农业大学与荷兰瓦赫宁根大学进行战略合作，不但推进了全球奶业的发展与合作，而且加速了奶业科技的互联互通。

从引进方面看，奶牛养殖领域引进了良种奶牛、苜蓿、挤奶和TMR机械设备、管理人才等生产要素，乳品企业引进了国外的检测设备和自动化加工设备、质量管理体系，提升了奶业生产水平。

（2）低关税利于培育大型奶业跨国公司。低关税政策促进乳企统筹国内外优势资源，培育大型奶业跨国公司。近年来中国自贸区建设取得显著进展，我国已经和世界两大奶业贸易出口国签订了自由贸易协定，说明中国奶业市场是一个开放的市场。2008年中国与奶业出口大国新西兰签订了《中华人民共和国政府与新西兰政府自由贸易协定》，约定在2017年前对来自新西兰的液体牛奶、黄油和乳酪等乳制品逐步免征关税，从2019年开始奶粉将享受零关税，2008—2023年如果进口的乳制品超过触发数量将实施特殊保障措施。2015年中国签订了《中华人民共和国政府和澳大利亚政府自由贸易协定》，乳制品设置了5年、10年、12年的减税过渡期，在实现完全自由化后，平均税率将由2015年的12.3%降为零；其中奶粉的关税由2015年的10%降为零，并且设置了保障机制。根据国务院关税税则委员会的通知，2017年12月1日起，以暂定税率方式降低部分乳制品进口关税，奶酪进口税率由12%或15%统一降至8%，特殊婴幼儿奶粉进口税率由20%降为零。

新西兰、澳大利亚在原料奶生产、乳制品加工方面具有比较优势。美国、欧盟一些国家奶业科技比较发达。因此蒙牛、伊利、光明等乳企在大洋洲、欧洲、美洲布局奶源基地，设立加工厂，可以充分利用当地优势资源。另外，自贸区的建立也会拉低中国乳企对澳大利亚、新西兰投资的门槛，推动三元股份、伊利股份、蒙牛乳业、光明乳业等中国乳企的国际化布局，培育大型奶业跨国公司。

（3）"一带一路"倡议利于开拓国际市场。"一带一路"倡议带动乳企融入当地消费，扩大国际市场。中国经济和世界经济高度关联，"一带一路"倡议构建了开放型经济新体制，促进国内改革发展。中国邻国较多，乳制品出口却集中在中国香港、中国澳门、朝鲜、缅甸、菲律宾、中国台湾等地，辐射范围较小。但是，东南亚拥有6亿人口，乳制品消费旺盛，尤其是印度尼西亚、泰国等乳制品进口量增长迅速。2018年蒙牛在印度尼西亚的蒙牛YoyiC工厂开业；伊利Joyday冰淇淋进入印尼的雅加达、棉兰、泗水、万隆四大主要城市；伊利收购泰国乳企Chomthana。这标志着国内乳企践行"一带一路"政策，出海横向并购或者开拓新兴市场的开始。

4.5.5 贸易格局变化带来局部困难

（1）中美贸易摩擦导致部分原料价格上涨。2018年中美贸易摩擦不断，中国为反制美国加征关税，开始对美国乳制品、农产品加征25%关税。一般认为占总进口量超过30%的产品，受关税变化影响较大。中国从美国进口的乳清粉、苜蓿干草、大豆数量较大，2017年中国进口乳清53万t，从美国进口占54.8%；进口苜蓿干草139.8万t，从美国进口130.7万t，占比93.5%；进口大豆9 553万t，来自美国3 286万t（占全年进口量的34%）。由于美国的乳清粉质优价廉，其他国家只能部分取代美国的市场份额，会导致饲料、婴幼儿奶粉企业生产成本提高。苜蓿、源于大豆的豆粕是奶牛饲料重要来源，即便从其他国家寻找替代，短期内牧场饲料成本也会上涨。在生鲜乳价格低迷情况下，上述情况会对奶牛养殖环节产生不利影响。

（2）关税逐步降低给国内奶业市场较大压力。乳制品进口关税大幅下降，使国内消费者更易获得进口乳制品。我国已经和世界奶业贸易出口强国澳、新两国签订了自由贸易协定，2016年中国奶粉进口主要来源地仅新西兰占全国总进口量的83%，澳大利亚占4.42%。部分学者认为，中国和澳、新两国相比，奶业发展差距较大，自贸区的建立会给国内奶业带来巨大的竞争压力，对中国奶业发展产生一定的负面影响[169,170]。但是考虑到自由贸易协定的过渡期、特殊保障措施对乳制品已经给予了适当的保护，自贸区的建立对中国奶业的发展也是一次鞭策，倒逼奶业发展向国际看齐。

奶牛养殖环节承受压力较大。这种压力最根本的来源是国外原料奶生产成本远远低于国内成本的价格优势。2014年以来受国际原料奶价格下降的影响，国内生鲜乳价格持续下降，从最初经营效益较差的散养奶农、养殖小区陆续退出，到以生鲜乳生产为主营业务的大型现代化牧场巨亏，2017年中国最大的有机乳品公司（中国圣牧）和中国最大的原料奶生产企业（现代牧业）亏损近10亿元，由此可见奶牛养殖环节的竞争压力十分大。

4.6 影响因素态势归纳

4.6.1 奶业发展的内部优势

（1）生鲜乳产量大、品质高。中国奶牛存栏量高，2018年奶牛存栏1 037.7万头，位居全球第七。牛奶专业化生产带形成，2018年内蒙古、黑龙江、河北、山东、河南、新疆、宁夏、辽宁、陕西、山西牛奶产量位居全国前10名，10省区牛奶产量占全国总产量的81.96%，成为中国牛奶产业专业化生产带。生鲜乳产量大、品质高，2018年牛奶产量3 176.8万t，次于欧盟28国、美国、印度，据《中国奶业质量报告（2019）》统计，2018年生鲜乳抽检合格率99.9%。

（2）牧场生产效率提高。规模牧场成为生鲜乳生产的主要群体，养殖规模向百头以上集中，2018年存栏100头以上奶牛规模养殖比重达到61.4%。牧场育种、饲喂、管理技术科学化，奶牛年平均单产逐步提高，2018年全国荷斯坦奶牛平均单产7.4 t，同比增长0.4 t。

（3）乳品企业竞争实力提高。乳品企业的生产技术提高、生产设备先进，运用现代科技，实现智能工厂管控。行业集中度提高，2018年伊利、蒙牛、光明三家乳业公司营收占全国乳品企业总营收的49.70%，同比增长7.9个百分点。乳品企业投资实力增强，中国乳企通过在海外的合资、并购、独资设厂生产婴幼儿配方乳粉等产品，积极开展全产业链的技术创新，研发目标市场的新产品。乳制品产量高、质量好，2018年乳制品产量2 687.1万t，乳制品抽检合格率99.6%，婴幼儿配方乳粉抽检合格率99.9%，在食品中保持领先。

（4）部分奶业发展条件优良。中国地域辽阔，玉米种植广泛，尤其北方气候适宜奶牛养殖，饲料产量大，牧区草料比较丰富。奶业基础设施便利化程度高，交通便利有利于牛奶的低温冷链运输，互联网发达便于牧场发展物联网。

（5）紧邻消费市场的区位优势。中国乳制品出口量极小，因此主要的消费群体是国内用户。第一，国内乳企能更快地了解消费者的需求，研发适合中国消费者口味的乳制品。第二，国内奶源是低温乳制品的生产基础。生鲜乳的高温加工虽然提高了安全系数，适合长期保存，但是热敏感物质被破坏严重，降低了口味，并产生一定量的副产物。而保质期短（贮藏温度在4℃左右保存5～8 d）的低温乳制品不但大部分营养成分被保留，而且安全、口感好，保留了牛奶的营养活性，是国内奶业的发展强项。第三，接近消费市场的国内乳企，不但降低了运输成本、储存成本，还提供了更新鲜的乳制品。第四，牧场和乳企可以发挥地缘优势，拓展奶业的其他功能。

4.6.2 奶业发展的内部劣势

（1）生鲜乳生产成本和交易价格高。多种因素导致生鲜乳生产成本高。与发达国家相比，由于奶牛养殖业生产效率和单产低，饲料转化效率低，饲料、土地和人力成本高，奶牛利用年限短，社会化生产服务体系不健全、政策支持体系不完善等，造成中国生鲜乳生产成本较发达国家高。而且，随着人力、用地成本的增加，环保要求的提高，进口饲草关税的增长，未来降低牧场生产成本的空间进一步缩小。生鲜乳交易价格高。和国际牛奶价格比较，国内生鲜乳价格较高，直接增加了以生鲜乳为加工原料的食品企业的生产成本。

（2）牧场经营困难多。牧场土地租期短，因为土地规划调整，牧场有搬迁的可能，牧场主长期投资意愿下降。牧场生产设备更新所需资金量大，但是向金融机构融资困难。虽然国内生鲜乳价格比国际市场价格高，但是由于生鲜乳生产成本高，利润比较微薄。

（3）乳品企业竞争力较弱。除了伊利、蒙牛、光明乳业的品牌知名度较高以外，大量乳企的品牌知名度不高。中国的乳制品结构以液态奶为主，在干乳制品生产上，主要是奶粉，黄油、奶酪等产量较低，2016年用于生产奶酪、奶油的原料奶比例估计不超过10.00%。高端奶粉市场占有率低，据欧睿、招商证券调查，2018年国外品牌在高端市场（290～390元/kg）份额约是56.40%，超高端市场（大于390元/kg）约占65.54%，所以国外品牌主要占据了国内的高端婴幼儿配方奶粉市场。

（4）中国乳制品贸易竞争力较弱。中国乳制品出口规模很小，2018年中国干乳制品出口量只有0.88万t，占总产量的0.48%左右；液态奶出口3.00万t，占总产量的0.12%，出口目的地集中在亚洲周边国家。中国乳制品进口规模很大，2018年中国干乳制品进口量160.78万t，占总产量的88.57%；液态奶进口70.41万t，占总产量的2.81%，是全球最大的乳制品贸易需求国。乳制品的进口依存度较高，2013年以来进口依存度始终保持在20%以上。

（5）部分奶业发展条件薄弱。优质粗饲料不能自给，2018年苜蓿干草进口138.34万t，同比下降了1.12%；燕麦草进口29.36万t，同比下降了4.64%。奶牛遗传育种业发展相对滞后，2018年种牛进口15.69万头；胚胎进口70.00 kg；冻精进口8 084 kg。奶业机械和包材进口较多，国产比例较低。随着经济的发展，用地和用工成本不断增加。

4.6.3 奶业发展的外部机遇

（1）乳制品消费量仍有增长潜力。乳制品消费量大，仍有增长潜力。智研咨询发布的《2020—2026年中国乳品产业运营现状及发展前景分析报告》数据显示，2018年原奶总消耗量约为4 635万t，同比增长3.28%，2015—2018年呈增长趋势；中国人口基数大，二胎政策放开，新生婴儿增加，促进婴幼儿奶粉的消费；城镇化水平的提高，农村消费市场的开拓，居民收入水平不断提高将促进乳制品的消费；2018年全国人均乳制品消费折合生鲜乳只有34.3 kg，约是发达国家平均水平的1/10，亚洲平均水平的1/2，世界平均水平的1/3，巨大的潜在需求有待转变为现实消费力。所以中国仅依靠充分挖掘国内奶业消费市场，就能支撑奶业的持续发展。

（2）政府高度重视支持奶业发展。政府高度重视奶业发展，2019年中央一号文件提出实施奶业振兴行动。政府高度支持奶业发展，构建了涉及奶牛良种、疫病防控、保险、奶牛场建设、机械设备购置、牧草种植、金融、税收等方面的奶业可持续发展支持网。政府服务能力增强，积极组织奶农培训，不断强化监测执法，逐步完善政策法规。

（3）奶业对外开放水平不断提高。国际交流扩大，中国可以从奶业发达国家引进先进的生产设备提高生产水平，引进优秀种牛等改良国内奶牛，学习国外奶业生产技术和管理经验，提高生产率。中国同其他国家自贸区的建立，"一带一路"倡议的实施，为中国乳品企业利用国外优势资源、开拓国际市场提供了良机。奶业对外开放水平不断提高，在带来竞争压力的同时，也为奶业在全球范围内优化资源配置提供了机遇。

（4）农业产业结构调整利于奶业发展。实施大豆振兴计划，多途径扩大种植面积；合理调整粮经饲结构，发展青贮玉米、苜蓿等优质饲草料生产；农业产业结构调整为奶业发展提供了降成本机会。

4.6.4 奶业发展的外部风险

（1）人均乳制品消费量增长减弱。需求是发展的基础，与居民收入增长率相比，人均乳制品消费量增长缓慢。一般认为居民可支配收入增长可以直接促进乳制品的消费，但是2014—2018年全国居民人均可支配收入实际增长率在6%～8%，居民人均奶类消费量没有明显增长。其形成原因是多方面的：居民对未来的增收预期不高，消费倾向更侧重于旅游和教育，乳制品消费习惯倾向"喝"而不是"吃"，牛奶替代物增多等造成人均乳制品消费增长率减弱。

（2）部分乳制品需求被进口替代。国内消费者崇拜进口乳制品，乳制品进口关税降低，网购国外产品便利，国际奶粉价格较低等因素，导致2008年以来进口乳制品大幅增加。2010年进口干乳制品占国产干乳制品总量的23.21%，2010—2018年占比不断攀升，2018年达到88.58%；相比之下2017年国产干乳制品总量243.38万t，同比减少12.68万t，2018年同比减少61.87万t，部分乳制品需求被进口替代。

（3）奶业配套政策还不完善。传统的国际奶业强国已经形成了奶业链协同竞争的能力，我国的奶业一体化程度较低，乳企和牧场尚不能协同竞争，还存在诸多产业链内部问题，需要外部奶业配套政策保障牧场的利益，减轻生鲜乳自供能力的受挤压风险，提高产业链整体协作能力。

（4）生产成本有增加的风险。贸易摩擦导致部分生产资料成本有升高风险，由于部分奶业原料依赖进口，短期内难以转移替代，2018年贸易摩擦后，乳清粉、苜蓿干草、大豆价格升高，根据国家奶牛体系的调研数据，每千克生鲜乳总成本上涨0.10～0.30元。环保治理加强，开征畜牧业环保税，导致环境成本有升高风险。畜牧业环保税于2018年开征，牛业养殖的征收起点是存栏大于50头牛的牧场。国家鼓励牛场采用先进技术减少污染物排放，规模化牛场如果对粪污进行综合利用、符合国家有关畜禽养殖污染防治要求的，不征收环境保护税。规模牧场投资环保设备，后续的运营费用将增加牧场的生产成本。

4.7 本章小结

本章以波特钻石模型理论框架为基础分析了中国奶业发展的影响因素，具体从中国奶业的生产要素、需求条件、相关辅助产业、奶业规模和结构、奶业发展政策环境五个方面展开，得出以下结论，为第 8 章奶业发展战略分析提供基础。

（1）奶业发展的内部优势。生鲜乳产量大、品质高，牧场生产效率提高，乳品企业竞争实力提高，部分奶业发展条件优良，紧邻消费市场的区位优势。

（2）奶业发展的内部劣势。生鲜乳生产成本和交易价格高，牧场经营困难多，乳品企业竞争力较弱，中国乳制品贸易竞争力较弱，部分奶业发展条件薄弱。

（3）奶业发展的外部机遇。乳制品消费量仍有增长潜力，政府高度重视支持奶业发展，奶业对外开放水平不断提高，农业产业结构调整利于奶业发展。

（4）奶业发展的外部风险。人均乳制品消费量增长减弱，部分乳制品需求被进口替代，奶业配套政策还不完善，生产成本有增加的风险。

5 中国奶业发展影响因素测度系统构建

本章采用文献梳理法，以波特的钻石模型理论为基础，结合奶业特性，确定奶业发展影响因素的分析维度，进一步确定具体测度因子，收集相关统计数据，采用探索性因子分析法，构建奶业发展影响因素测度因子系统，为后续展开奶业发展影响因素间作用效果分析打下基础。

5.1 奶业发展影响因素的分析维度

5.1.1 奶业特性分析

奶业是一个产业链长，涉及牧场、乳企两个生产主体，以奶牛为生产基础，以牛奶及其制品（如奶粉、黄油和奶酪）为主要产品，跨越畜牧业和食品制造业的综合性产业。因此奶业具有以下特点。

（1）奶业链包含多个利益主体。奶业产业链长，跨越畜牧业和食品制造业。牧场是基础生产单位，乳企是加工单位，牧场的生鲜乳质量决定了乳企的乳制品质量。由于历史原因，中国奶业存在着养殖、加工分离的问题，使双方在投资、收益、风险承担和地位等方面不对等。牧场没有市场入口，乳企更接近市场，充当了牧场与市场之间的桥梁。对于乳企来说，它也需要数量稳定的、高质量的原料奶供给，来满足它的加工需求。二者之间是一种相互依赖关系，只有共同保证生产加工链的流畅，才能实现各自的利益，所以生鲜乳生产者和加工者的关系首先是协作关系。但是与其他农产品的生产者相比，牧场更加依赖于收购他们原料奶的乳品加工企业，牧场离终端市场距离比其他农畜产品生产者更远，地位更为脆弱。二者之间也是一种利益博弈关系，生鲜乳的价格是博弈的关键。过去由于处理不好二者的利益关系曾造成生产的周期波动、某些重大安全事故的发生和其他社会问题。因此在奶业发展研究中，既要对牧场和乳企分别考察，也要分析二者之间的内在联系。

（2）奶业生产资产专用程度高。目前中国大部分原料奶生产者已经抛弃了自给自足的生产模式，步入商业生产模式。2018年存栏100头以上的养殖场奶牛存栏数占比为61.4%，规模牧场机械化挤奶率达100%，这标志着奶牛养殖行业的资产专用性在增强。牧场目前从事生鲜乳生产需要投入大量资金，一方面，乳企为了提高生乳质量，会要求牧场对生产设施进行改造升级；另一方面，牧场为提高竞争力，也会主动更新设备、增加投入。例如建立卧床、冷风设备、挤奶厅、TMR 机器、雇佣技术工人（兽医、挤奶工、厂长、配种员）、购买奶牛等，投资额一般在数百万不等。2014 年对河北省萨英苑奶牛养殖场的调研显示，如果将有 1 500 头牛的养殖小区升级为配备卧床、冷风机、TMR 全日粮的牧场，需要投入 500 万元。这些资产大部分属于专用资产，不能轻易转换用途。2014 年 5 月，133 家婴幼儿配方乳粉企业参加乳业新许可证审核，只有 82 家通过。随着质量监管越发严格，我国乳品加工领域，安全生产全程质量控制技术被广泛应用，乳品企业通过引进具有国际先进水平的生产线及检测设备，实现"管道化、密封化、自动化、标准化"的现代化生产标准。可见乳企在发展中已经投入了大量的资金、设备和技术，资产专用程度更高。因此无论是牧场还是乳企，利润是其存活的基础，因此在奶业发展研究中要将经营效益作为重点考察指标。

（3）奶业生产加工链必须流畅。生乳的供给和需求不一致。由于受到奶牛的生理条件影响，生鲜乳的生产有季节变化。以河南省宝丰奶牛场产奶量数据为例，一般奶牛的产奶量在 3—6 月逐步上升，11—2 月产奶量基本稳定，气温较高的 7—10 月产奶量较低。但是乳制品的消费市场每天都在变化，对牛奶的季节需求取决于消费者的食用习惯和文化传统。例如，元旦、春节是乳品销售旺季，恰恰此时奶牛产奶量一般，春节后有相当长的消化存量阶段，进入消费的淡季，但是天气转暖，奶产量增加，导致牛奶的生产与需求季节变化不一致。生鲜乳不同于一般农产品，在特定的时间播种、在某一个集中的时间收获并进入交易。生鲜乳是一种易变质的，全年不间断产出的液体。生鲜乳一旦被生产出来，由于其易腐性，必须保证它有销路，进入下一个加工环节。当供需失衡时，生产者必须有一定的加工能力来调节，也就是当牛奶生产过剩时进行加工储存，补充到牛奶的生产短缺期。因此在奶业发展研究中应当从奶业生产加工链的角度去分析不同环节的经营情况。

（4）奶业产出品同质化程度高。奶业链上的产出主要有生鲜乳和乳制品。生鲜乳只需要达到《食品安全国家标准　生乳》就可以进入加工环节，但在实际交易过程中，还需要满足乳企的生乳标准，企业标准一般高于国家标准。虽然不同批次生鲜乳的脂肪、蛋白质等成分的含量不同，但是进入加工环节的生鲜乳差异不大。所以在这一阶段，合格生鲜乳是无差异的同质化原料奶。在终端市场上，合格的同种类乳制品也没有太大差异，不同于工业产品的质量差异体现为使用的持久性不同，作为食用快消品，消费者一般根据品牌、成分偏好、价格选择乳制品，因此不同厂家的乳制品之间可替代性较高。目前中国对乳制品的产品质量安全严加监管，2018 年乳制品抽检合格率达 99.6%，生鲜乳抽检合格率 99.9%，乳产品绝大部分是合格产品，因此在奶业发展研究中不再把质量因素作为单一考察指标，而是通过乳企的经营情况、市场绩效等综合指标来反应。

5.1.2 分析维度构建

（1）国内产业分析框架。奶业属于产业的范畴，奶业发展的目标是提高奶业竞争力，因此对产业、竞争力相关文献进行梳理可知，国内外学者对产业的系统研究多数是以波特的"钻石模型"作为分析框架[171]，在生产要素、需求条件、相关支持产业、企业策略、企业结构、同业竞争、政府、机遇之外，结合研究对象的不同[172]，增加或者减少分析视角[173]。

除了波特的"钻石模型"分析框架之外，学术界还有以下几种典型的分析框架。第一，投入、产出、成本视角分析产业发展。例如通过具体研究产业投入方面、产业产出方面、产业技术水平及其进展方面、产业市场绩效方面、产业可持续发展方面分析产业发展情况[174]；第二，竞争实力、竞争潜力和竞争力表现[175]视角分析产业竞争力[176]；第三，通过几种具体的指数分析产业竞争力，例如通过计算国内资源成本[177]，显示性比较优势指数、双边显示性比较优势指数、贸易集中度指数、种植成本和补贴[178]，食品工业中特定产业的实际增加值增长、Balassa指数的增长、在世界市场上的出口份额的增长、劳动生产率的增长、实际增加值的增长[179]来比较产业竞争力和比较优势。

（2）构建中国奶业发展影响因素的分析维度。综合各方的观点，结合奶业特性可知，奶业发展离不开外在环境的培育，发展水平的高低离不开对产出、经营效率、市场绩效的考量，奶业主要涉及养殖、加工和销售三个环节。

因此在对奶业发展进行分析时，首先，对奶业的发展环境设置测度因子，具体包括：天然资源、人力资源、基础设施、资本资源、需求市场等方面。其次，从生产加工链的视角出发考虑奶业发展实力，在奶业链上，对基础原料（生鲜乳）生产、经营主体的经营效率设置测度因子。最后，在产品市场竞争结果上设置测度因子。也就是，中国奶业发展影响因素的分析维度分为三个方面：奶业发展环境；奶业发展实力即奶业链经营主体的生产能力和经营能力；竞争绩效即产品市场的竞争结果。具体如图5-1所示。

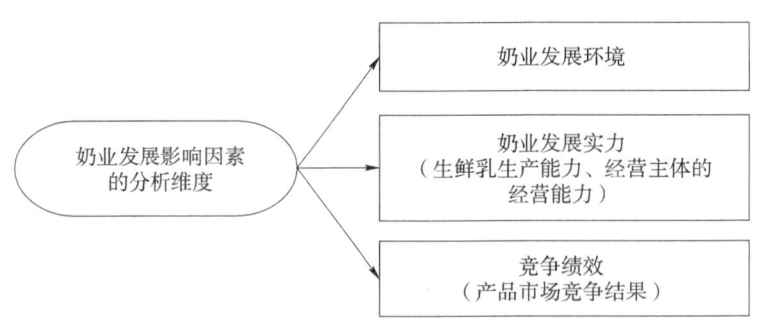

图5-1 中国奶业发展影响因素的分析维度

5.2 奶业发展测度因子的选择

奶业发展影响因素的分析维度有三个：奶业发展环境、奶业发展实力、竞争绩效。在此对每个维度下的具体观测因子做进一步细分，构建完整的奶业发展影响因素测度因子体系。

5.2.1 测度因子全面梳理

科学测度奶业发展情况的基础是指标体系的构建，这些指标不仅需要能够全面反映奶业发展的各个分析维度，还需要数据能够准确获得。目前，国内外学者对于奶业发展测度因子还没有统一的认识，导致研究成果比较分散，度量指标比较繁杂。通过大量的产业发展、农业竞争力、畜牧业竞争力、奶业竞争力、乳品企业竞争力等方面的文献研究发现，以往的研究更注重要素资源、需求市场、辅助产业及政府支持、生鲜乳生产能力、乳企经营能力、市场竞争绩效6个方面，对奶业可持续发展能力、牧场经营能力较少涉及。奶业发展取决于生产要素的数量、质量和配置效率，在绿色农业、全产业链视角下，可持续发展能力、牧场经营能力是不可或缺的重要组成部分。借鉴其他产业相关测度因子，将其积极运用于奶业发展测度因子的分析和遴选中，兼顾奶业的特性，形成奶业发展测度因子初始汇总表，具体如表5-1所示。

表 5-1 奶业发展测度因子初始汇总

维度	因子	度量指标
发展环境	要素资源（R）	R01. 耕地和草地面积
		R02. 农作物播种面积
		R03. 农林牧渔业从业人数
		R04. 制造业从业人数
		R05. 大专及以上人口占比
		R06. 人均电信量
		R07. 公路密度
		R08. 人均GDP
		R09. 固定资产投资额
	需求市场（D）	D10. 总人口
		D11. 城镇居民可支配收入
		D12. 农村居民纯收入
		D13. 城镇居民家庭人均食品消费支出
		D14. 农村居民家庭人均消费支出
		D15. 人均社会消费品零售额

（续）

维度	因子	度量指标
发展环境	辅助产业及政府支持（E）	E16. 专利授权量
		E17. 种畜场个数
		E18. 饲料价格指数
		E19. 农业人员工资
		E20. 制造业人员工资
		E21. 乡镇畜牧兽医站人数
		E22. 县市家畜繁育改良站人数
		E23. 牧业产值占农业总产值比例
		E24. 牛奶产量占奶类总产量比例
	可持续发展能力（S）	S25. 单位奶牛可占用农用地数量
		S26. 单位能耗创造 GDP
发展实力	生鲜乳生产能力（K）	K27. 奶牛头数
		K28. 存栏 100 头以上的场户数
		K29. 奶牛的单产奶量
		K30. 牛奶人均占有量
		K31. 牛奶产量
		K32. 每户养牛数量
		K33. 每万人占有奶牛数量
	牧场经营能力（F）	F34. 50 kg 主产品盈利水平
		F35. 50 kg 主产品生产成本
		F36. 50 kg 主产品毛利率
		F37. 一头牛的成本利润率
		F38. 一头牛的产值
		F39. 一头牛的利润
	乳企经营能力（C）	C40. 乳企盈利面
		C41. 乳企资产利润率
		C42. 销售收入成本指数
		C43. 乳企利润占比
		C44. 乳企成本利润率
竞争绩效	市场竞争绩效（M）	M45. 市场占有率
		M46. 区位熵
		M47. 乳制品聚集率
		M48. 外向度

5.2.2 度量指标筛选原则

奶业发展影响因素的度量是通过选取具有代表性的指标体系，定量的表现奶业发展的各个方面内涵。在筛选度量指标过程中，为了尽最大可能实现科学、准确、全面的目标，遵循了以下几方面的基本原则。

（1）科学性原则。以成熟、公认的理论为基础筛选能够科学合理地反映奶业发展的度量指标。

（2）全面性原则。奶业发展是由多种影响因素构成的复杂系统，根据不同的研究角度筛选度量指标的时候，既要考虑直接影响因素，又要考虑间接影响因素，才能够全面反映奶业发展情况。

（3）定量化原则。要从统计资料中尽可能多地选取规范的定量指标，保证统计口径的一致性，以便为后续开展定量研究奠定基础。

（4）简洁化原则。在确保研究目标可以顺利实现的前提下，指标数量的控制要合理，防止相对指标过多，无法体现出奶业发展的本质。

（5）可行性和可比性相结合原则。建立的各项指标应该是能够通过国家公布的比较权威的统计数据获得，排除那些难以进行量化或获得数据的指标。另外，统计数据的获得要口径一致，以便能够进行比较和排序。

5.2.3 测度因子选择结果

在选取指标时重点考虑了以下几个方面：奶业链串联起牧场、乳企，二者既紧密协作又独立核算，中国目前奶业一体化程度较低，所以奶业发展研究应该分别测度其生产能力和经营能力；考虑到生鲜乳产出的同质性，当前奶业监管严格、乳品质量较高的现实，不再单设质量考察指标，将其融入经济效益指标进行考察；市场竞争绩效是多方面影响因素共同作用的结果，因此将其作为重要考察指标。最终结合奶业的特性和度量指标筛选原则，参考调研期间奶牛养殖和乳品加工从业人员、技术人员、管理人员及相关专家的意见，将研究视野集中于主导因素，从要素资源、需求市场、辅助产业及政府支持、可持续发展能力、生鲜乳生产能力、牧场经营能力、乳企经营能力、市场竞争绩效8个方面，选取了18个指标，具体如表5-2所示。

表5-2 奶业发展测度因子选择结果

维度	因子	度量指标	指标释义
发展环境	要素资源（R）	R05. 大专及以上人口占比	区域劳动力的人员素质情况
		R08. 人均GDP	区域人均经济总量和投资能力
	需求市场（D）	D15. 人均社会消费品零售额	区域人均市场购买力
	辅助产业及政府支持（E）	E16. 专利授权量	区域创新能力及政府创新环境
		E17. 种畜场个数	区域辅助产业情况
	可持续发展能力（S）	S26. 单位能耗创造GDP	区域可持续发展潜力

(续)

维度	因子	度量指标	指标释义
发展实力	生鲜乳生产能力（K）	K27. 奶牛头数	区域奶牛资源的丰盈度
		K28. 存栏100头以上的场户数	区域生产规模
		K30. 牛奶人均占有量	区域产能输出能力
	牧场经营能力（F）	F34. 50 kg 主产品盈利水平	区域牧场相对盈利水平
		F36. 50 kg 主产品毛利率	区域牧场盈利能力
		F37. 一头牛的成本利润率	区域牧场成本控制能力
	乳企经营能力（C）	C41. 乳企资产利润率	区域乳企的资产利用能力
		C43. 乳企利润占比	区域乳企的盈利能力
		C44. 乳企成本利润率	区域乳企的成本控制能力
竞争绩效	市场竞争绩效（M）	M45. 市场占有率	区域销售市场竞争能力
		M46. 区位熵	区域专业化程度
		M47. 液态奶聚集率	区域液态奶聚集程度

5.3 奶业发展测度因子理论分析

奶业作为农业的一个重要组成部分，发展研究不但应注重其发展环境、满足国内消费人群的生产能力，还要兼顾生产要素的配置效率。所以以波特的"钻石模型"为理论基础，兼顾奶业特性，从发展环境、发展实力、竞争绩效三方面对中国奶业发展影响因素的测度因子进行理论性系统分析。

5.3.1 发展环境

奶业生产受多方面因素的影响，奶业发展环境包括要素资源、需求市场、辅助产业与政府支持、可持续发展能力等。美国经济学家格鲁伯、麦赫塔和弗农于1967年提出的研究与开发说，认为较为丰富的自然资源、高质量的劳动力、充足的资金是产业发展的先决条件。

（1）要素资源。要素资源包括天然资源、人力资源、基础设施、资本资源。鉴于奶业大国德国和英国的草地资源相对稀缺，说明初级要素已不能决定奶业发展水平的高低；发展奶业可以散养也可以圈养，所以奶业对草地的依赖性减弱；在基础设施方面，奶业对交通、通信、电力的要求在各地均能得到满足，因此在指标选择上不再对上述两个方面进行考察。

第一，人力资源。人力资源包括数量和质量两个方面。人力资源的数量会影响奶业是否具备充足的从业人员。由于中国农村劳动力资源丰富,加上奶牛养殖业和乳品制造业机械化程度的提高,用工量减少,因此人力资源数量不是制约奶业发展的重要因素。人力资源的质量会影响奶牛养殖、乳品加工技术的提高。人员素质主要体现在地区人力资源受教育程度,奶牛养殖水平和乳品加工水平的提高主要依靠大专以上人口发挥作用。考虑到目前中国农村劳动力资源丰富,奶业处于转型升级时期,因此主要选取大专及以上人口占比(R05)作为人力资源质量的考察指标。2016年根据国家抽样调查结果,除了安徽、江西、河南、广西、海南、四川、贵州、云南、西藏、青海以外,其他区域大专以上人口均占10%以上,人力素质较高。

第二,资本资源。奶业是一个高投入的行业。奶牛养殖环节由于奶农可抵押资产较少,所以投资多为个人财产投入;乳品企业的投资也离不开企业创造的经营收入。人均GDP是一个国家或地区,在核算期内(通常为一年)实现的生产总值与所属范围内的常住人口的比值。人均GDP状况直接决定和影响着一个区域在居民收入和生活水平及其社会建设方面的投入能力与投入水平。人均GDP越高,说明该地区经济发展水平和发达程度越高,在发展奶业方面的潜在投资能力越高。学者认为人均GDP越高,综合竞争力指数将会同方向变化[180]。本书主要选取人均GDP(R08)作为奶业投资能力的代理变量,见公式(5-1)。

$$人均 GDP = 总产出(即 GDP 总额)/ 总人口 \quad (5-1)$$

2016年人均GDP达到7万元以上的区域有:内蒙古、江苏、浙江、福建、广东、北京、天津、上海,这些区域在产业发展方面有较大的灵活度,资金充裕。

(2)奶业需求市场。需求是指在某个区域内整个市场的消费者对一项产业所提供的某种产品愿意并且能够购买的数量。市场的需求状况可以决定产业规模的大小和未来的发展潜力。中国奶业不但随着国内奶制品消费需求的扩大实现了规模经济,而且为乳制品的创新提供了基础。国内对新产品的旺盛需求是产业能够得以发展的基础,技术差距贸易理论认为:产品创新国初期获得的比较利益一般受国内市场制约,因为新产品只有经过国内销售认可才可能进入国际市场[181]。需求市场可以分为国内市场和国际市场。就我国奶业而言,由于越来越多的外国乳业巨头加强了在中国的战略部署,加之目前中国乳制品出口数量极少,国内市场的竞争就是奶业竞争的主要部分。

社会消费品零售总额是指批发和零售业、住宿和餐饮业以及其他行业直接售给城乡居民和社会集团的消费品零售额。社会消费品零售总额是表现国内消费需求最直接的数据。地区人均社会消费品零售额的高低体现了地区居民的消费能力大小。本章选取人均社会消费品零售额(D15)对奶业需求市场进行表征分析。2016年人均社会消费品零售额较高的地区有辽宁、山东、江苏、浙江、福建、广东、北京、天津、上海,这些区域购买力较高,更容易接受新型乳制品。

(3)辅助产业与政府支持。奶业辅助产业范围很广,政府支持也是以多种形式体现,考虑到指标数据的可获得性,主要选择创新环境和奶牛良种供给两个方面作为替代变量。

科技与创新能力、要素价格及资源禀赋共同对产业发展产生显著影响[182]。科技进步对奶业产值增长的贡献份额为50.53%,科技进步是奶业单位产值增加的主要因素之一[183]。奶业科技及政策是一个地区主管部门将其拥有的潜在竞争力转化为现实竞争力，获取竞争优势的能力。专利授权量可以衡量地区创新能力，政府提供的创新环境。一般认为创新能力越强，竞争力越强。2016年专利授权量达到1万件以上的区域有：山东、江苏、浙江、安徽、广东、四川、北京、上海，说明这些区域创新能力更强。

种畜场是奶业重要的上游产业，良种是提高奶牛生产水平的一个关键因素。根据奶业发达国家的经验，牛群遗传改良效果直接取决于种公牛遗传品质，种公牛对遗传改良的贡献率在75%以上，品种决定奶牛的生产能力，我国曾大量进口奶牛，但是培育出适合本土环境的高产奶牛是提高奶业竞争力的关键。种畜场个数反应出该地区在奶牛养殖种畜资源方面的丰富程度和良种供给能力。2016年种畜场达到400个以上的区域有：内蒙古、辽宁、山东、陕西、安徽、广东、四川、甘肃，说明这些区域在良种供给上有比较优势。

本章选取专利授权量（E16）、种畜场个数（E17）反映奶业辅助产业与政府支持情况。

（4）奶业可持续发展能力。从资源利用与环境保护角度看，奶业必须具有协调产业发展与环境保护之间关系的能力，即具有可持续发展力。我国奶牛养殖牧场规模近年来逐年增大，但是牧场建设需与当地的资源能力和环境承载能力相匹配，在奶业发展过程中，必须注重对耕地、水资源的保护，不能破坏生态环境。部分乳品加工企业的加工工艺落后，存在反复加热或多次加热的问题，造成高能耗、高排放。总之，只有注重奶业的可持续发展，才能使投入得到可持续的回报，自然能提升奶业竞争力。

在养殖环节，奶牛养殖产生的粪污需要农用地去消纳，我国目前还没有关于单位面积耕地、草地上承载奶牛头数的限制。但是从全国范围来看，现有的奶牛养殖粪污有充足的农用地去消纳，只是需要养殖场提高粪污资源化处理能力，加大运输半径，所以暂不考虑奶牛的粪污消纳指标。

在加工环节，乳品企业要降低能耗。单位GDP能耗指数越高，说明该区域能源利用越粗放，产业发展成本高，产业竞争力低。能源消费总量指一定时期内，全国各行业和居民生活消费的各种能源（原煤和原油及其制品、天然气、电力）的总和。

奶业可持续发展指标体现了产业长期良性发展及其竞争力能够持续增长的能力。本书选取单位能耗创造GDP（S26）反映奶业可持续发展能力，见公式（5-2）。

$$单位能耗创造GDP = 国内地区生产总值 / 能源消费总量 \quad (5-2)$$

2016年单位能耗创造GDP较高的区域有：青海、天津、宁夏、重庆、甘肃、吉林、北京，说明这些区域可持续发展能力较强。

5.3.2 发展实力

发展实力是影响奶业发展的直接因素，具体包括生鲜乳生产能力、牧场经营能力、乳企经营能力。首先，生鲜乳是奶业发展的原料，是奶业的"第一车间"，其生产能力决定了奶源是否充足。其次，借鉴波特在《竞争优势》和《竞争战略》中的观点，盈利能力是企业和产业竞争优势的最终表现，因此获得更多的利润是发展实力的最终体现。提升经营主体发展实力最为有效的方式是在降低成本的情况下，使经营主体的利润实现最大化。因此经营主体的经济绩效是衡量经营主体发展实力的决定因素。

（1）生鲜乳生产能力。实证结果认为，中国奶业属于数量增长型，因为生鲜乳产量波动对奶牛存栏敏感度高于平均单产[184]。因此，奶牛是生鲜乳的基础生产单位，奶牛的数量反映了生鲜乳的生产潜能，从而影响到奶业发展实力。2016年奶牛数量在100万头以上的区域有：新疆、内蒙古、河北、黑龙江、山东，说明这些区域生鲜乳生产基础雄厚。

目前存栏100头以上的奶牛养殖户被称为规模牧场，规模牧场是乳企生鲜乳的主要供给者。奶业经营主体规模大小对于奶业现代生产要素的投入和使用、对于产品成本的降低、对于奶业经营主体驾驭市场的能力都有影响，从而影响到奶业的发展水平[185]。各地区年存栏100头以上的场（户）数被用来考察该地区的养殖规模化水平。2016年规模牧场达到1 000户以上的区域有：内蒙古、河北、山东、黑龙江，这些区域规模牧场较多，劳动生产率较高。

牛奶的人均占有量体现了奶业服务人民生活需要的能力，这个指标越高，说明这个地区除了满足自身消费之外，有多余的能力占领外部市场；另外，也反映出奶源竞争力的大小，相关及辅助产业（如农业和畜牧业）的综合实力。2016年牛奶的人均占有量达到100 kg以上的区域有内蒙古、宁夏、黑龙江；50～100 kg的区域有新疆、河北、青海，远远高于全国居民人均奶类消费量12.0 kg，具有较强的输出能力。

因此选取了奶牛头数（K27）、存栏100头以上的场户数（K28）、牛奶人均占有量（K30）反映生鲜乳生产能力。

（2）牧场经营能力。牧场经营能力是指牧场成本控制能力、经营管理水平、生产效率高低。首先，国外学者在评价、分析美国制糖产业的竞争力时，采用了总成本和要素成本的对比分析方法[186]，因此养殖成本可以体现养殖环节的竞争力水平。由于奶牛养殖规模不同，养殖成本相差较大，故本章采用小规模、中规模、大规模的养殖户每50 kg主产品平均生产成本来体现养殖环节的成本控制能力。其次，学者在构建农业国际竞争力评价指标层次结构模型时，将提高农业生产效率作为提升中国农业国际竞争力的关键[187]。成本费用利润率越高，说明企业经济效益越好，国际竞争力越强[188]。因此将牧场的经营绩效作为衡量牧场成本控制能力、经营管理水平、生产效率高低的替代变量。

一头牛的成本利润率反应牧场的成本控制能力，成本利润率越高，成本控制能力越强。50 kg主产品的盈利水平、50 kg主产品的毛利率体现牧场的经营管理水平和盈利能力。盈利能力越强说明牧场的经营能力越强，越有利于经营主体扩大再生产，见公式（5-3）和（5-4）。

$$主产品毛利率 = \frac{50\ kg 主产品的利润}{50\ kg 主产品的销售收入} \times 100\% \qquad (5-3)$$

$$主产品盈利水平 = \frac{区域50\,kg主产品的利润}{全国50\,kg主产品的平均利润} \times 100\% \qquad (5-4)$$

本章采用 50 kg 主产品盈利水平（F34）、50 kg 主产品毛利率（F36）、一头牛的成本利润率（F37）体现牧场的经营能力。2016 年 50 kg 主产品盈利水平较高的区域有：福建、广西、山西、吉林、湖北、黑龙江、江苏、湖南、北京。50 kg 主产品毛利率、一头牛的成本利润率较高的区域有：福建、山西、湖北、广西、吉林、北京、黑龙江；上述区域牧场盈利能力较强。

（3）乳企经营能力。乳企经营能力是指乳企的经营绩效。中国的制造业发展需要逐步放弃压低要素成本的价格竞争方式，转为寻求高附加值的质量竞争方式。乳企是以营利为目的的奶业加工者，其需要不断创新满足消费者对乳制品的多样化需求，形成在市场上持续盈利的能力，创造更高的经济效益。

资产利润率反映乳品加工企业资产的利用效率与盈利水平，资产利润率越高表明企业资产的利用效率越好，盈利能力越强，竞争力越强。2015 年，陕西、河南、山东、河北、宁夏、福建、黑龙江资产利润率均在 0.120 以上，资产利用效率较好。

乳企利润占比反应乳品加工企业的利润集中度与利润水平。2015 年乳企利润占比在 5% 以上的区域有：内蒙古、黑龙江、山东、河北、广东、陕西，越高表明企业利润集中度越高，说明乳制品竞争优势越突出，见公式（5-5）。

$$乳企利润占比 = \frac{区域乳企利润}{全国乳企利润} \times 100\% \qquad (5-5)$$

成本利润率反应乳品加工企业的成本控制能力。乳企成本利润率越高表明企业为取得利润而付出的代价越小，成本费用控制得越好，盈利能力越强，竞争力越强。2015 年成本利润率在 9% 以上的区域有：内蒙古、山东、陕西、广东、广西。

本书采用乳企资产利润率（C41）、乳企利润占比（C43）、乳企成本利润率（C44）体现乳品企业的经营能力。

5.3.3 竞争绩效

竞争绩效是市场竞争结果的体现。牛奶作为人民的日常食品，满足本区域人民的生活需要是奶业发展的首要目标，成为优势产业，争取更大的市场份额是区域奶业发展的更高追求。奶业竞争绩效可以体现为以下三个方面。

（1）市场占有率。市场占有率体现了区域乳制品加工业的市场竞争地位和市场扩张能力，见公式（5-6）。一个区域生产的乳制品市场份额不断扩大，体现了其对市场的控制能力，这种控制能力既能带来垄断利润又能保持一定的竞争优势。一般可以用企业销售占总体市场销售的百分比表示。当市场领导者稳定不变时，市场份额足以反映产业的竞争力[189]。2015 年市场占有率达到 4% 以上的区域有：内蒙古、黑龙江、山东、河北、陕西、广东、河南。

$$区域市场占有率 = 区域乳制品行业销售收入 / 全国乳制品行业销售收入 \qquad (5-6)$$

（2）区位熵。哈盖特（P. Haggett）首先提出了区位熵，并在区位分析中使用了该指标。区位熵一般由一个地区特定部门的产值在地区工业总产值中所占的比重与全国该部门产值在全国工业总产值中所占比重之间的比值来表示，用于衡量该地区某一行业的规模水平和专业化程度。如果区位熵小于或等于1，则认为该产业是自给性部门；如果区位熵大于1，则认为该产业是地区的专业化部门；如果区位熵在2以上，则该产业主要为区外服务。在市场经济时代，企业生产出来的产成品可能永远卖不出去，而且价格不断变化，因此用产值不能准确和有效的反应资产状况，只能用销售收入来衡量。

本章用乳品企业的区位熵反映奶业区位熵，因为绝大部分生鲜乳只有通过乳品企业的加工才能进入消费市场。所以奶业区位熵是一个地区乳品制造业销售收入在地区工业产品销售收入中所占的比重与全国乳品制造业销售收入在全国工业产品销售收入中所占比重之间的比值。区位熵值越大，表明该产业优势越大，专业化程度越高，竞争力也就越强[190]。2016年，内蒙古、黑龙江区位熵在10以上，宁夏、陕西、北京、河北：2<区位熵<7，上述区域产业优势较大，区位熵计算见公式（5-7）。

$$LQ_{ij} = \frac{x_{ij} / \sum_i x_{ij}}{\sum_j x_{ij} / \sum_i \sum_j x_{ij}} \quad (5\text{-}7)$$

公式（5-7）中，j 表示第 j 个地区；i 表示第 i 个产业；xj 表示第 j 个地区的第 i 产业的产值指标。

（3）液态奶聚集率。中国消费者日常消费的乳制品主要是液态奶，消费量大、单位价格比较低。乳粉虽然消费量不大，但是单位价格比较高，主要集中于天津、河北、内蒙古、陕西、广东、江苏几个地区生产，尤其是合资乳品企业大量采用国外原料奶制作婴幼儿奶粉，不能体现国产生鲜乳的转化能力。虽然区域奶业发展侧重点不同，液态奶产量更能体现区域日常乳制品供给情况。本章通过区域液态奶产量占比反应液态奶生产聚集率，聚集率越高，说明这个地区日常乳制品供给能力越高，资源优势越强，竞争力越强。2016年，河北、内蒙古、山东、河南液态奶产量占比达到8.9%以上，是液态奶供给大省。

本章采用市场占有率（M45）、区位熵（M46）、液态奶聚集率（M47）体现奶业竞争绩效。

5.4 奶业发展测度因子系统构建

探索性因子分析（EFA）是根据多维变量的方差、协方差矩阵或多因子之间的相关系数矩阵对多个因子进行降维，将具有错综复杂关系的变量综合为少数几个核心因子（公共因子）的分析方法。该方法具有避免信息重叠，但不降低指标完整性的优势，计算公式如表5-3所示。

表 5-3 探索性因子分析公式

公式	解释
$y_1 = a_{11}x_1 + a_{12}x_2 + \cdots + a_{1p}x_p + \varepsilon_1$	x_i（$i=1,2,\cdots,p$）代表变量
$y_2 = a_{21}x_1 + a_{22}x_2 + \cdots + a_{2p}x_p + \varepsilon_2$	y_j（$j=1,2,\cdots,p$）代表公因子
⋯	a_{ij} 代表第 i 个变量在第 j 个公因子上的载荷
$y_p = a_{p1}x_1 + a_{p2}x_2 + \cdots + a_{pp}x_p + \varepsilon_p$	ε_j（$j=1,2,\cdots,p$）代表特殊因子

5.4.1 研究样本

由于 2016 年开始，部分乳企的经营数据国家停止统计，本章运用面板数据和时间序列数据相结合方法，选取 2003—2016 年我国 23 个省（区）的奶业资料作为研究样本，共 322 个样本。23 个省（区）具体包括：河北、山西、内蒙古、辽宁、黑龙江、山东、河南、陕西、宁夏、新疆、吉林、江苏、浙江、安徽、福建、湖北、湖南、广东、广西、四川、云南、甘肃、青海。

考虑到 4 个直辖市（北京、天津、上海、重庆）属于比较特殊的都市奶业，城市发展重点也不在奶业，因为环境政策问题已经开始限制养殖业的发展，要求养殖场外迁，所以其数据变化规律与其他不受养殖限制的地区不同，不能全面反应奶业的发展规律；另外，未来的奶业发展方向是种养结合，4 个直辖市的牧草地面积和玉米播种面积都较小，不具备扩大奶业的资源，所以不选做研究样本。海南缺少 2003—2006 年的奶牛年末存栏数；奶牛成本收益统计资料中没有海南、西藏、江西的数据，贵州 2012 年之前的数据没有规模养殖的统计数据，所以不选做研究样本。23 个省（区）2016 年牛奶产量 3 423.20 万 t，占全国总产量的 95.04%；2016 年乳制品产量 2 764.32 万 t，占全国总产量的 92.35%，因此选择该 23 省作为研究样本可以反映中国奶业的发展规律。具体的变量如表 5-4 所示，其中 QL1～QL6，SC7～SC9，MY10～MY12，RY13～RY15，JX16～JX18 是表 5-3 公式中的 x_i 变量。

表 5-4 奶业发展测度因子

变量符号	度量指标
QL1	R05. 大专及以上人口占比
QL2	R08. 人均 GDP
QL3	D15. 人均社会消费品零售额
QL4	E16. 专利授权量
QL5	E17. 种畜场个数
QL6	S26. 单位能耗创造 GDP

（续）

变量符号	度量指标
SC7	K27. 奶牛头数
SC8	K28. 存栏 100 头以上的场户数
SC9	K30. 牛奶人均占有量
MY10	F36. 50 kg 主产品毛利率
MY11	F37. 一头牛的成本利润率
MY12	F34. 50 kg 主产品盈利水平
RY13	C41. 乳企资产利润率
RY14	C44. 乳企成本利润率
RY15	C43. 乳企利润占比
JX16	M45. 市场占有率
JX17	M46. 区位熵
JX18	M47. 液态奶聚集率

5.4.2 数据来源和数据处理

所有数据来源于 2004—2018 年《中国奶业年鉴》《中国畜牧业年鉴》《中国统计年鉴》等权威部门或统计局发布的权威数据，收集了有关我国 23 个省（区）奶业基本状况描述的 18 组基本数据，具体如附录中附表 1 至附表 18 所示。

（1）数据插值处理。对于个别地区个别年份的缺失数据，一般采用均值替代法处理；对于能源消耗量等与 GDP 密切相关的缺失数据，采用回归法进行填补。

（2）数据定基处理。为了保证不同年份的国内生产总值、社会消费品零售额、乳企资产、销售收入等变量指标具有可比性，根据国家统计局公布的 CPI 指数对上述变量指标进行处理，全部转化成以 2000 年为定基的量，从而使不同年份的同一指标具有可比性。

（3）数据标准化处理。在数据收集时以国家权威机构发布的统计年鉴等为依托，尽可能保证了统计口径的一致。首先，将生鲜乳生产能力方面的水平量数据做对数处理，从而既保证模型的线性形式又消除时间序列的异方差现象。另外，由于统计单位的差异等，为进行比较，因此对全部原始数据进行无量纲化处理。该方面数据处理方法较多，本书经过比较，选择 SPSS 软件中通行的无量纲化方法，即 z-score 标准化法来处理量纲。该种方法基于原始数据的均值（mean）和标准差（standard deviation）进行数据的标准化，简单易行，可适用于属性 A 的最大值和最小值未知的情况，或有超出取值范围的离群数据的情况，并且对原数据的分布不予改变。见公式（5-8）。

标准化处理后的数据 = 原始数据 − 均值 / 标准差 　　　　　　（5-8）

5.4.3　指标间的相关矩阵及显著性检验

指标的相关矩阵如表 5-5 所示，部分指标之间的相关系数接近 1，具有高度正相关性；相关系数的显著性检验值如表 5-6 所示，大部分检验值小于 0.1，指标间具有显著的相关性，因此这些指标适合做因子分析。

5.4.4　数据信度、效度分析

（1）信度分析。信度是指测量结果的一致性、稳定性和可靠性程度。信度分析的常用方法主要有重测法、复本法以及测量内部一致性的折半信度法和克朗巴哈系数法（Cronbach's α）。信度分为内在信度和外在信度两种，由于重测信度法、复本信度法等信度分析方法很难实施和控制，目前学术界普遍采用测量内部一致性的克朗巴哈系数来检验数据的可靠性。

通常 Cronbach's α 系数的值在 0～1。不同研究者对信度系数的界限值有不同看法，但一般认为，如果 α 系数不超过 0.6，表示数据内部一致信度不足；达到 0.7～0.8 时表示数据具有相当的信度，达 0.8～0.9 时说明数据信度非常好。

信度系数越大，表明各个指标的相关性越大，说明测量的可信度就越大。通过 SPSS 21.0 软件对 18 组数据进行信度分析，克朗巴哈系数为 0.867，表明所采用的数据具有非常好的信度。

（2）效度分析。效度检验是判断客观事实能否被数据真实地反应，效度越高，表明数据真实反应研究对象特征的能力越高。效度分析由结构效度和内容效度两部分组成。结构效度是反应实践与理论的一致性，内容效度是根据专业知识判断研究对象能否由给定的计算方法正确衡量，主要采用专家评价法，该方法主观性强，所以较为少用。本研究采用结构效度分析来检验各指标真实度量出的变量的情况。

常用的结构效度检验方法是 KMO 样本测度和巴特莱特（Bartlett）球形检验。KMO 统计量是用于比较变量之间线性相关系数矩阵和偏相关系数矩阵的指标，KMO 的取值在 0～1，KMO 越接近于 1，意味着变量间的相关性越强，则越适合作因子分析；巴特莱特球形检验结果显著小于 1%，说明各指标之间存在较强的相关性，数据具有良好的结构效度。根据已有研究，度量标准如表 5-7 所示。

表 5-5 相关矩阵

指标	QL1	QL2	QL3	QL4	QL5	QL6	SC7	SC8	SC9	MY10	MY11	MY12	RY13	RY14	RY15	JX16	JX17	JX18
QL1	1.00	0.89	0.89	0.87	0.68	0.77	0.12	0.09	0.07	0.21	0.26	−0.11	0.47	0.35	0.25	0.30	0.29	0.22
QL2	0.89	1.00	0.99	0.95	0.76	0.84	0.14	0.12	0.09	0.15	0.21	−0.14	0.53	0.38	0.32	0.31	0.28	0.25
QL3	0.89	0.99	1.00	0.96	0.74	0.85	0.14	0.12	0.09	0.15	0.21	−0.14	0.51	0.37	0.31	0.31	0.29	0.26
QL4	0.87	0.95	0.96	1.00	0.68	0.83	0.13	0.10	0.07	0.16	0.21	−0.11	0.49	0.36	0.29	0.31	0.30	0.27
QL5	0.68	0.76	0.74	0.68	1.00	0.60	0.10	0.10	0.07	0.23	0.28	−0.05	0.49	0.35	0.29	0.24	0.22	0.17
QL6	0.77	0.84	0.85	0.83	0.60	1.00	0.12	0.10	0.07	0.20	0.24	−0.07	0.41	0.29	0.26	0.30	0.30	0.20
SC7	0.12	0.14	0.14	0.13	0.10	0.12	1.00	0.94	0.88	0.01	0.03	−0.03	0.08	0.05	0.05	0.08	0.07	0.07
SC8	0.09	0.12	0.12	0.10	0.10	0.10	0.94	1.00	0.88	−0.01	0.01	−0.03	0.06	0.03	0.05	0.07	0.06	0.06
SC9	0.07	0.09	0.09	0.07	0.07	0.07	0.88	0.88	1.00	−0.01	0.01	−0.02	0.05	0.03	0.05	0.06	0.05	0.05
MY10	0.21	0.15	0.15	0.16	0.23	0.20	0.01	−0.01	−0.01	1.00	0.93	0.82	0.11	0.07	0.07	0.11	0.07	0.04
MY11	0.26	0.21	0.21	0.21	0.28	0.24	0.03	0.01	0.01	0.93	1.00	0.76	0.14	0.10	0.09	0.12	0.10	−0.02
MY12	−0.11	−0.14	−0.14	−0.11	−0.05	−0.07	−0.03	−0.03	−0.02	0.82	0.76	1.00	−0.03	−0.05	−0.01	0.00	−0.05	−0.05
RY13	0.47	0.53	0.51	0.49	0.49	0.41	0.08	0.06	0.05	0.11	0.14	−0.03	1.00	0.88	0.70	0.32	0.29	0.16
RY14	0.35	0.38	0.37	0.36	0.35	0.29	0.05	0.03	0.03	0.07	0.10	−0.05	0.88	1.00	0.66	0.11	0.09	0.05
RY15	0.25	0.32	0.31	0.29	0.29	0.26	0.05	0.05	0.05	0.07	0.09	−0.01	0.70	0.66	1.00	0.55	0.47	0.24
JX16	0.30	0.31	0.31	0.31	0.24	0.30	0.08	0.07	0.06	0.11	0.12	0.00	0.32	0.11	0.55	1.00	0.91	0.51
JX17	0.29	0.28	0.29	0.30	0.22	0.30	0.07	0.06	0.05	0.07	0.10	−0.05	0.29	0.09	0.47	0.91	1.00	0.44
JX18	0.22	0.25	0.26	0.27	0.17	0.20	0.07	0.06	0.05	0.04	−0.02	−0.05	0.16	0.05	0.24	0.51	0.44	1.00

表 5-6 单侧显著性检验

指标	QL1	QL2	QL3	QL4	QL5	QL6	SC7	SC8	SC9	MY10	MY11	MY12	RY13	RY14	RY15	JX16	JX17	JX18
QL1		0.00	0.00	0.00	0.00	0.00	0.02	0.07	0.14	0.00	0.00	0.03	0.00	0.00	0.00	0.00	0.00	0.00
QL2	0.00		0.00	0.00	0.00	0.00	0.01	0.02	0.06	0.01	0.00	0.01	0.00	0.00	0.00	0.00	0.00	0.00
QL3	0.00	0.00		0.00	0.00	0.00	0.01	0.03	0.07	0.01	0.00	0.01	0.00	0.00	0.00	0.00	0.00	0.00
QL4	0.00	0.00	0.00		0.00	0.00	0.01	0.05	0.11	0.00	0.00	0.03	0.00	0.00	0.00	0.00	0.00	0.00
QL5	0.00	0.00	0.00	0.00		0.00	0.05	0.05	0.11	0.00	0.00	0.20	0.00	0.00	0.00	0.00	0.00	0.00
QL6	0.00	0.00	0.00	0.00	0.00		0.02	0.05	0.11	0.00	0.00	0.11	0.00	0.00	0.00	0.00	0.00	0.00
SC7	0.02	0.01	0.01	0.01	0.05	0.02		0.00	0.00	0.40	0.32	0.28	0.11	0.21	0.21	0.10	0.14	0.13
SC8	0.07	0.02	0.03	0.05	0.05	0.05	0.00		0.00	0.44	0.44	0.31	0.16	0.28	0.18	0.11	0.16	0.18
SC9	0.14	0.06	0.07	0.11	0.11	0.11	0.00	0.00		0.43	0.46	0.34	0.22	0.32	0.22	0.15	0.20	0.23
MY10	0.00	0.01	0.01	0.00	0.00	0.00	0.40	0.44	0.43		0.00	0.00	0.03	0.13	0.12	0.03	0.12	0.25
MY11	0.00	0.00	0.00	0.00	0.00	0.00	0.32	0.44	0.46	0.00		0.00	0.01	0.05	0.07	0.02	0.05	0.37
MY12	0.03	0.01	0.01	0.03	0.20	0.11	0.28	0.31	0.34	0.00	0.00		0.32	0.21	0.46	0.49	0.20	0.22
RY13	0.00	0.00	0.00	0.00	0.00	0.00	0.11	0.16	0.22	0.03	0.01	0.32		0.00	0.00	0.00	0.00	0.00
RY14	0.00	0.00	0.00	0.00	0.00	0.00	0.21	0.28	0.32	0.13	0.05	0.21	0.00		0.00	0.03	0.06	0.20
RY15	0.00	0.00	0.00	0.00	0.00	0.00	0.21	0.18	0.22	0.12	0.07	0.46	0.00	0.00		0.00	0.00	0.00
JX16	0.00	0.00	0.00	0.00	0.00	0.00	0.10	0.11	0.15	0.03	0.02	0.49	0.00	0.03	0.00		0.00	0.00
JX17	0.00	0.00	0.00	0.00	0.00	0.00	0.14	0.16	0.20	0.12	0.05	0.20	0.00	0.06	0.00	0.00		0.00
JX18	0.00	0.00	0.00	0.00	0.00	0.00	0.13	0.18	0.23	0.25	0.37	0.22	0.00	0.20	0.00	0.00	0.00	

表 5-7 KMO 度量标准

KMO 范围	显著性	因子分析可行性
KMO>0.9	强	非常适合
0.8<KMO<0.9	良好	比较适合
0.6<KMO<0.8	较好	一般适合

采用探索性因子分析对奶业发展测度因子降维，数据的 KMO 测度值为 0.824，表明变量间的相关性良好，适合作因子分析；而 Bartlett 球形检验近似卡方统计值为 6 316.756，Bartlett 球形检验的显著性小于 0.01，P 值为 0.000，说明相关系数矩阵不是单位阵，数据具有良好的结构效度。

5.4.5 奶业发展测度因子系统

基于搜集的 322 个样本，通过探索性因子分析探究奶业发展测度因子系统，再构建结构方程模型进行分析。选取的 18 个变量均为奶业发展的重要反映指标，运用 SPSS 21.0 软件对数据进行分析处理，从而完成探索性因子分析。

（1）共同度分析。变量共同度也就是变量方差，是每个原始变量在每个共同因子的负荷量的平方和，也就是指原始变量方差中由共同因子所决定的比率。共同度越高说明变量能被因子说明的程度越高，如果用共同因子替代原始变量后，原始变量的信息被保留的程度越高。一般认为，共同度大于 0.4 即可接受，大于 0.5 比较好。

表 5-8 给出了参与分析指标的初始共同度和提取公因子后的再生共同度。通过再生共同度一列可以看出，83% 的指标共同度都大于 0.8，指标最低值是 0.492，说明变量与被提取的主因子之间有密切的内部结构关系，原始变量的信息被保留的比较多。

表 5-8 奶业发展指标共同度系数

指标	初始	再生共同度系数
QL1	1.000	0.855
QL2	1.000	0.967
QL3	1.000	0.968
QL4	1.000	0.919
QL5	1.000	0.651
QL6	1.000	0.785
SC7	1.000	0.948
SC8	1.000	0.944
SC9	1.000	0.906
MY10	1.000	0.949

(续)

指标	初始	再生共同度系数
MY11	1.000	0.925
MY12	1.000	0.877
RY13	1.000	0.913
RY14	1.000	0.919
RY15	1.000	0.831
JX16	1.000	0.918
JX17	1.000	0.860
JX18	1.000	0.492

（2）特征值与累积方差贡献率分析。提取主成分一般根据特征值大于1和累积方差贡献率大于80%的原则。18个变量的特征值和方差贡献率如表5-9所示，特征值大于1的主成分有5个，5个主成分的方差贡献率分别为36.383%、15.435%、14.350%、11.548%、9.107%，累积方差贡献率达到86.822%，可以解释18个指标包含的主要信息。根据公因子的碎石图也可以看出，前5个公因子的特征值大于1，变化很明显，从第6个公因子开始变化趋于平缓（图5-2）。因此选取5个主成分，已经能足够反映出奶业发展的总体水平。

表5-9 奶业发展指标方差贡献率

成分	特征值	方差贡献率（%）	累积方差贡献率（%）
1	6.549	36.383	36.383
2	2.778	15.435	51.818
3	2.583	14.350	66.168
4	2.079	11.548	77.715
5	1.639	9.107	86.822
6	0.662	3.678	90.500
7	0.426	2.367	92.867
8	0.275	1.530	94.397
9	0.215	1.194	95.590
10	0.197	1.093	96.683
11	0.139	0.774	97.458
12	0.123	0.682	98.140
13	0.087	0.481	98.621
14	0.072	0.401	99.022

（续）

成分	特征值	方差贡献率（%）	累积方差贡献率（%）
15	0.071	0.393	99.415
16	0.055	0.306	99.721
17	0.044	0.245	99.966
18	0.006	0.034	100.000

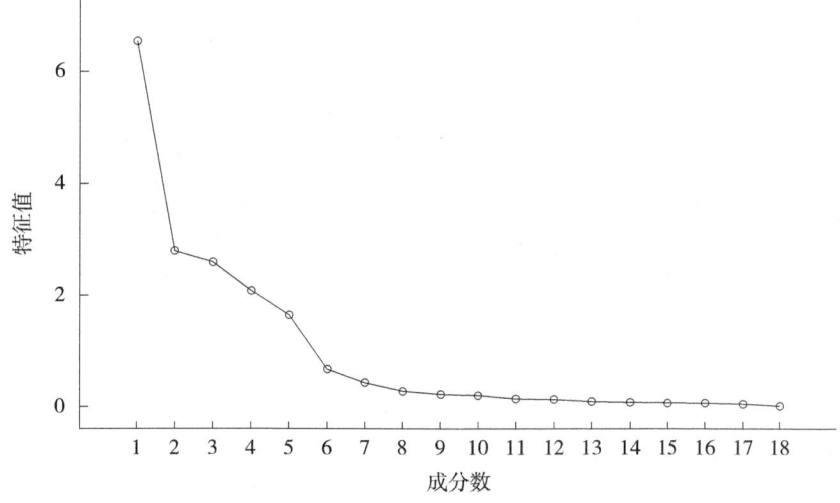

图 5-2　奶业发展指标公因子碎石图

（3）旋转成分矩阵分析。为了发现各因子的典型代表变量，说明因子实际的经济含义，需要进一步分析旋转的因子载荷矩阵，具体如表 5-10 所示，QL、SC、MY、JX、RY 是表 5-3 公式中的 y_j 变量。

表 5-10　奶业发展指标旋转成分矩阵

指标	成分				
	QL	SC	MY	JX	RY
QL1	0.903	0.034	0.061	0.128	0.131
QL2	0.956	0.057	0.003	0.134	0.175
QL3	0.960	0.053	0.004	0.138	0.157
QL4	0.935	0.041	0.019	0.155	0.139
QL5	0.762	0.043	0.114	0.064	0.226
QL6	0.865	0.042	0.067	0.155	0.082
SC7	0.086	0.969	0.001	0.033	0.015
SC8	0.060	0.969	−0.010	0.031	0.016
SC9	0.032	0.951	−0.008	0.025	0.014

(续)

指标	成分				
	QL	SC	MY	JX	RY
MY10	0.153	-0.008	0.961	0.036	0.021
MY11	0.214	0.006	0.937	0.017	0.042
MY12	-0.162	-0.015	0.922	-0.024	-0.007
RY13	0.380	0.022	0.033	0.117	0.868
RY14	0.252	0.011	0.003	-0.078	0.922
RY15	0.111	0.020	0.027	0.429	0.796
JX16	0.156	0.033	0.062	0.926	0.177
JX17	0.157	0.022	0.024	0.904	0.133
JX18	0.171	0.029	-0.043	0.678	-0.021

旋转成份矩阵中的指标载荷值如表5-10所示，载荷值呈两极分化状态。根据各指标相对主成分因子得分系数的高低，可以对大专及以上占比、人均GDP、人均社会消费品零售额、专利授权量、种畜场个数、单位能耗创造GDP等18个指标进行归类，归纳成为5类公因子。

公因子QL主要包括：大专及以上占比（QL1）、人均GDP（QL2）、人均社会消费品零售额（QL3）、专利授权量（QL4）、种畜场个数（QL5）、单位能耗创造GDP（QL6），变量载荷分别是：0.903、0.956、0.960、0.935、0.762、0.865，这些指标从总体上反映了奶业发展的环境情况，所以命名公因子QL为奶业发展环境。

公因子SC主要包括：奶牛头数（SC7）、存栏100头以上的场户数（SC8）、牛奶人均占有量（SC9），变量载荷分别是：0.969、0.969、0.951，这些指标从总体上反映了生鲜乳的生产能力情况，于是公因子SC可以命名为生鲜乳生产能力。

公因子MY主要包括：50 kg主产品毛利率（MY10）、一头牛的成本利润率（MY11）、50 kg主产品盈利水平（MY12），变量载荷分别是：0.961、0.937、0.922，这些指标从总体上反映了牧场的经营情况，于是可以命名公因子MY为牧场经营能力。

公因子RY主要包括乳企资产利润率（RY13）、乳企成本利润率（RY14）、乳企利润占比（RY15），变量载荷分别是：0.868、0.922、0.796，这些指标从总体上反映了乳企的经营情况，于是公因子RY可以命名为乳企经营能力。

公因子JX主要包括市场占有率（JX16）、区位熵（JX17）、液态奶聚集率（JX18），变量载荷分别是：0.926、0.904、0.678，这些指标从总体上反映了奶业市场竞争力情况，于是公因子JX可以命名为竞争绩效。

（4）奶业发展测度因子系统。通过以上分析构建了5个公因子，18个度量指标的奶业发展测度因子系统，具体如图5-3所示。

5 中国奶业发展影响因素测度系统构建

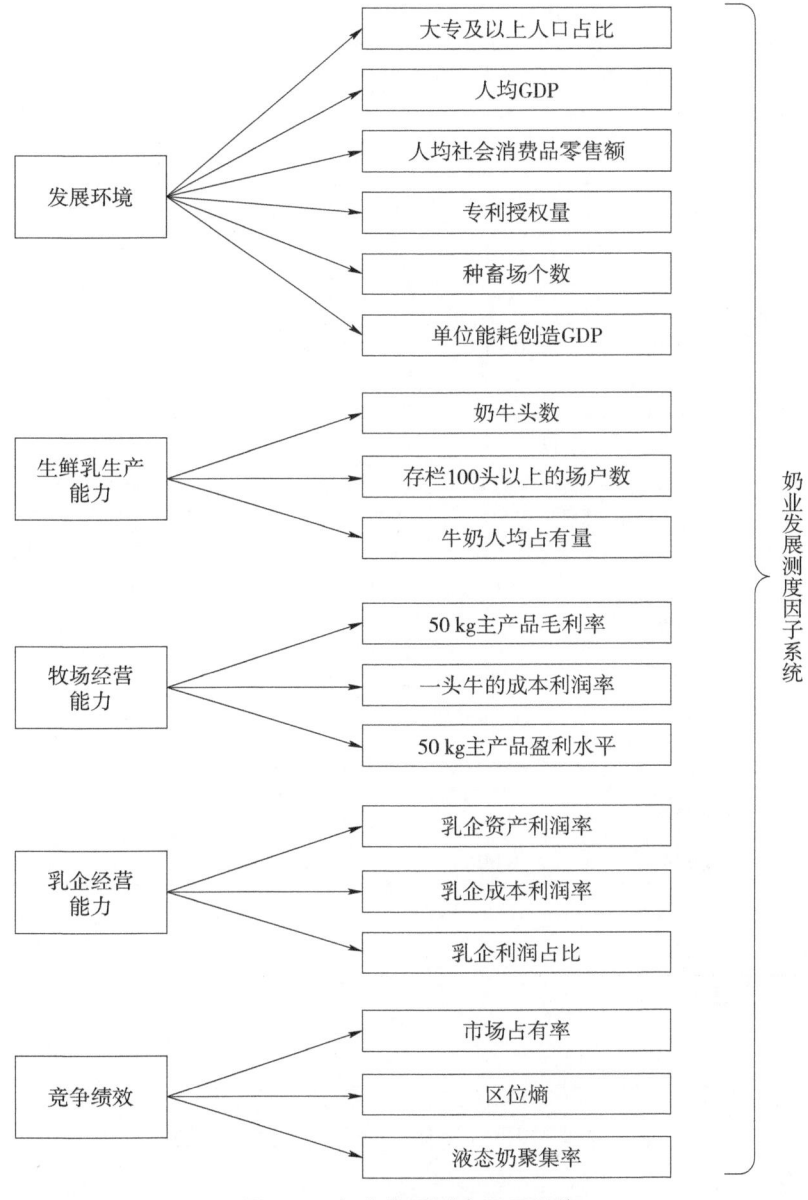

图 5-3 奶业发展测度因子系统

（5）成分得分系数矩阵。成分得分系数矩阵如表 5-11 所示，可以根据其计算各公因子的数值。

表 5-11 成分得分系数矩阵

指标	成分				
	QL	SC	MY	JX	RY
QL1	0.196	−0.014	−0.005	−0.024	−0.060
QL2	0.204	−0.008	−0.029	−0.030	−0.044

(续)

指标	成分				
	QL	SC	MY	JX	RY
QL3	0.207	-0.009	-0.028	-0.026	-0.054
QL4	0.202	-0.014	-0.022	-0.014	-0.063
QL5	0.152	-0.006	0.019	-0.053	0.013
QL6	0.190	-0.011	-0.001	-0.003	-0.083
SC7	-0.010	0.349	0.005	-0.009	-0.005
SC8	-0.016	0.349	0.002	-0.008	-0.001
SC9	-0.022	0.344	0.003	-0.008	0.002
MY10	0.004	0.000	0.359	0.000	-0.018
MY11	0.018	0.003	0.348	-0.016	-0.013
MY12	-0.065	0.007	0.354	0.000	0.014
RY13	-0.027	-0.003	-0.004	-0.059	0.391
RY14	-0.049	0.000	-0.012	-0.147	0.455
RY15	-0.109	-0.002	0.001	0.119	0.358
JX16	-0.060	-0.007	0.015	0.413	-0.019
JX17	-0.051	-0.011	0.001	0.407	-0.039
JX18	-0.008	-0.006	-0.023	0.313	-0.099

5.5 本章小结

本章研究了奶业发展影响因素的测度因子系统，最终确定了5个公因子，18个度量指标，为后续展开奶业发展影响因素间作用效果分析打下基础。

（1）从奶业发展环境、奶业发展实力、竞争绩效3个纬度出发，通过文献梳理，结合奶业特性，从产业链的角度，筛选出对奶业发展产生重要影响的8个方面的因子，具体包括：要素资源、需求市场、辅助产业及政府支持、可持续发展能力、生鲜乳生产能力、牧场经营能力、乳企经营能力、市场竞争绩效。从这8个方面，搜集了48个解释变量，根据筛选原则，最终确定为18个变量，并进一步具体解释了18个变量的理论选择依据。

（2）使用因子分析法对18个变量进行探索性因子分析，归纳为5个公因子：发展环境、生鲜乳生产能力、牧场经营能力、乳企经营能力、竞争绩效，具体如图5-3所示。通过探索性因子分析，发现所选取的18个变量对于相应的公因子有较高的解释能力，也说明用这5个公因子作为奶业发展结构方程模型中的潜变量展开后续研究是合理的。

6 奶业发展影响因素间作用路径与效果分析

本章采用结构方程模型的因果分析与路径分析功能,基于上一章得到的公因子,对奶业发展影响因素的测度因子系统内部结构及其影响路径进行探索,揭示对奶业发展水平提升影响最大的因素以及作用路径,为后续奶业发展的路径、对策分析提供有力的理论依据。

6.1 研究方法分析

6.1.1 结构方程模型简介

结构方程模型(Structural equation modeling)属于验证性分析技术,是综合运用验证性因素分析、路径分析、方差分析及多元回归等统计方法,分析潜变量之间的复杂关系。奶业发展测度因子系统变量较多,为了研究变量之间的循环、交叉关系,采用线性回归是不可能实现的。结构方程模型的优势在于同时处理多个变量并估计因子结构和因子关系,允许更大弹性的测量模型、变量含有测量误差,估计整个模型的拟合程度。常用的结构方程模型的建模方法有偏最小二乘算法(PLS)和协方差矩阵方法(LISREL)。以理论检验为目的且先验理论知识充足时,更宜采用LISREL,奶业发展测度因子系统是基于理论和经验总结建立起来的,所以采用LISREL。目前结构方程模型在社会学、教育学、心理学、经济学等领域得到了广泛关注和应用。结构方程模型中包含结构方程和测量方程(验证性因子分析),建模一般有5个步骤:模型的设定、模型的识别、模型的估计、模型拟合度检验和模型修正。

6.1.2 结构方程模型公式

结构方程模型由测量模型和结构模型构成:测量模型由潜在变量和观测变量组成;结构模型是展现潜在变量之间因果关系的模型。具体回归方程如表6-1所示。

表 6-1　结构方程模型公式

方程类型	公式	解释
测量方程	$x = \Lambda_x \xi + \delta$	x 代表由外生观测变量所组成的向量
		Λ_x 代表外生变量在外生潜变量上的因子负荷矩阵
		ξ 代表外生潜变量
		δ 代表外生变量 x 的误差项
	$y = \Lambda_y \eta + \varepsilon$	y 代表内生观测变量组成的向量
		Λ_y 代表内生变量在内生潜变量上的因子负荷矩阵
		η 代表内生潜变量
		ε 代表内生变量 y 的误差项
结构方程	$\eta = B\eta + \Gamma\xi + \zeta$	B 代表内生潜变量之间的关系
		Γ 表示外生潜变量对内生潜变量的影响
		ζ 代表结构方程的残差项

6.1.3　数据的来源

在运用结构方程模型分析问题时，样本量对最终结果有一定的影响，有研究指出，样本规模最小应大于 100，大于 200 更好。本书选取 2003—2016 年我国 23 个省（区、市）的奶业资料作为研究样本，运用面板数据和时间序列数据相结合方法使样本量达到 322 个，符合结构方程建模的样本容量要求。

上一部分"中国奶业发展影响因素测度系统构建"中提出了奶业发展测度因子系统，共计 5 个公因子、18 项指标。在指标的设置上，注重了要素的完整性（指标体系涵盖了奶业发展的各方面），也考虑了指标的相对独立性（指标体系要素之间不能相互替代）。

由于所有数据在上一部分"中国奶业发展影响因素测度系统构建"中已经进行了标准化处理，实现了正态分布，且通过了信度、效度检验，接下来采用 LISREL 8.70 软件对资料和数据进行分析处理，构建中国奶业发展结构方程模型，完成对结构方程模型结果的计算和检验。

6.2　奶业发展影响因素理论模型的构建

6.2.1　奶业发展模型的研究变量

将奶业发展环境、生鲜乳生产能力、牧场经营能力、乳企经营能力、竞争绩效设置为潜在变量；将间接测量潜在变量的易于观察和量化的指标设置为观测变量，如人力素质、投资能力、消费能力、创新能力、辅助产业等，所有指标均为正向反应性指标。

根据探索性因子分析的结果，为了简化指标名称，把大专及以上人口占比命名为人力素质（QL1）、人均 GDP 命名为投资能力（QL2）、人均社会消费品零售额命名为消费能力（QL3）、专利授权量命名为创新能力（QL4）、种畜场个数命名为辅助产业（QL5）、单位能耗创造 GDP 命名为可持续发展能力（QL6）作为测度发展环境的指标。以上变量构成表 6-1 公式中的 x 向量。

以下变量构成表 6-1 公式中的 y 向量：奶牛数量（SC7）、存栏 100 头以上的场户数命名为规模牧场数量（SC8）、牛奶人均占有量（SC9）作为测度生鲜乳生产能力的指标；50 kg 主产品毛利率命名为产品销售利润率（MY10）、一头牛的成本利润率命名为奶牛成本利润率（MY11）、50 kg 主产品盈利水平命名为产品利润水平（MY12）作为测度牧场经营能力的指标；资产利润率（RY13）、成本利润率（RY14）、乳企利润占比命名为利润水平（RY15）作为测度乳企经营能力的指标；市场占有率（JX16）、区位熵（JX17）、液态奶聚集率命名为产业聚集率（JX18）作为测度竞争绩效的指标。另外，发展环境（QL）是表 6-1 公式中的 ξ 外生潜变量，生鲜乳生产能力（SC）、牧场经营能力（MY）、乳企经营能力（RY）、竞争绩效（JX）是表 6-1 公式中的 η 内生潜变量，全体变量设定如表 6-2 所示。

表 6-2 奶业发展结构方程变量表

潜变量	观测变量
发展环境（QL）	QL1. 人力素质
	QL2. 投资能力
	QL3. 消费能力
	QL4. 创新能力
	QL5. 辅助产业
	QL6. 可持续发展能力
生鲜乳生产能力（SC）	SC7. 奶牛数量
	SC8. 规模牧场数量
	SC9. 牛奶人均占有量
牧场经营能力（MY）	MY10. 产品销售利润率
	MY11. 奶牛成本利润率
	MY12. 产品利润水平
乳企经营能力（RY）	RY13. 资产利润率
	RY14. 成本利润率
	RY15. 利润水平
竞争绩效（JX）	JX16. 市场占有率
	JX17. 区位熵
	JX18. 产业聚集率

6.2.2 奶业发展模型的基本假设

奶业发展理论结构模型图的构建是建立在一定的假设条件基础上的，这些假设主要包括发展环境、生鲜乳生产能力、牧场经营能力、乳企经营能力和竞争绩效的关系结构。

依据波特钻石理论建立起来的发展环境对奶业链的各个环节都起着促进和催化的作用，这是一种综合基础竞争力的体现。因此提出如下假设：

H1：发展环境对生鲜乳生产能力有直接的正向促进作用；
H2：发展环境对牧场经营能力有直接的正向促进作用；
H3：发展环境对乳企经营能力有直接的正向促进作用；
H4：发展环境对竞争绩效有直接的正向促进作用。

在奶业链上，乳企是最接近市场的经营主体，因此乳企的经营绩效直接影响到乳制品的市场表现；乳企的上游是牧场，由于牧场没有市场入口，受制于乳企，因此乳企的经营绩效会影响牧场经营绩效；牧场的经营绩效会影响生产积极性，进而影响生鲜乳生产能力；生鲜乳生产能力直接影响到乳制品的市场表现，正可谓"得奶源者得天下"。因此提出如下假设：

H5：乳企经营能力对竞争绩效有直接的正向促进作用；
H6：乳企经营能力对牧场经营能力有直接的正向促进作用；
H7：牧场经营能力对生鲜乳生产能力有直接的正向促进作用；
H8：生鲜乳生产能力对竞争绩效有直接的正向促进作用。

基于对 5 个潜在变量：发展环境、生鲜乳生产能力、牧场经营能力、乳企经营能力、竞争绩效提出的上述理论先验性假设，据此绘制如图 6-1 所示的奶业发展结构方程概念模型。

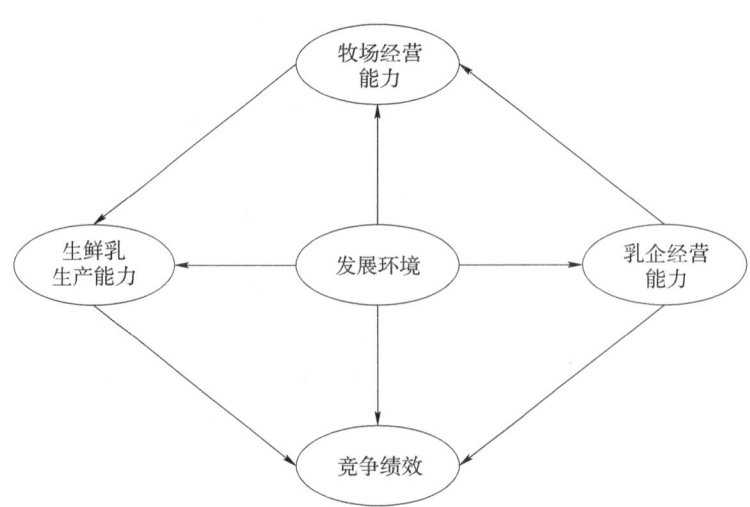

图 6-1 基于模型假设的奶业发展概念模型

6.2.3 奶业发展理论模型的构建

发展环境、生鲜乳生产能力、牧场经营能力、乳企经营能力、竞争绩效受不同测量指标的影响，且上述潜变量之间也有相互影响，根据概念模型和基本假设，建立奶业发展结构方程理论模型，具体结构框架如图 6-2 所示。

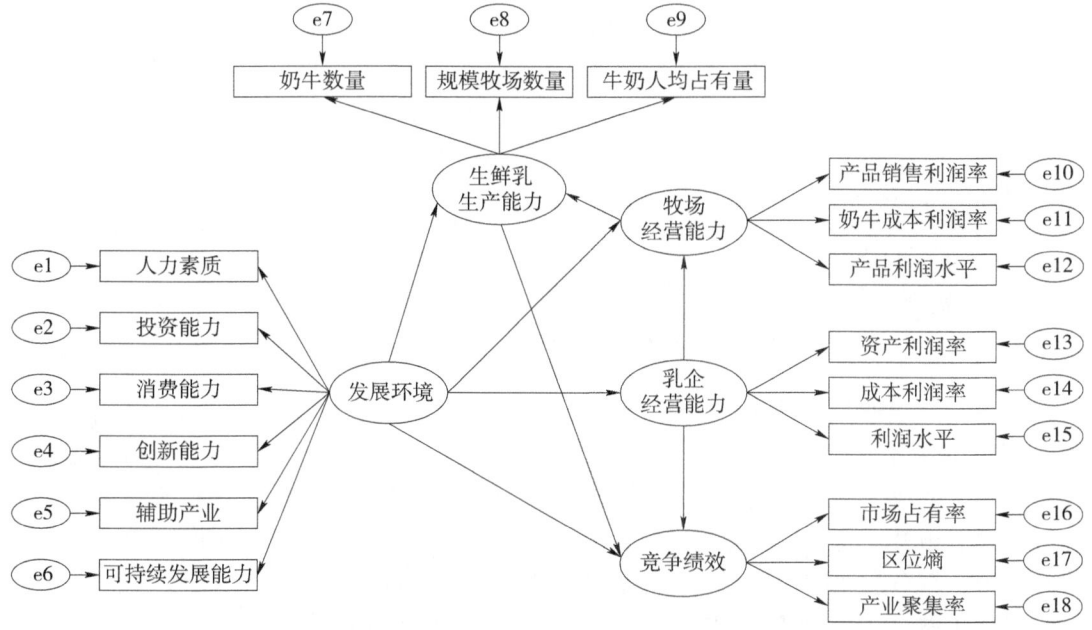

图 6-2 奶业发展结构方程理论模型

从图 6-2 理论模型可以反映出 5 个潜在变量，18 个观测变量的相互影响关系。在模型中发展环境作为 1 个外生潜变量，生鲜乳生产能力、牧场经营能力、乳企经营能力、竞争绩效作为 4 个内生潜变量，每个潜变量各有几个显变量来测量，e1~e18 为相应观测变量的测量误差。

6.3 奶业发展影响因素理论模型的拟合

结构方程模型拟合十分复杂，由于 SEM 存在两种不同的模型：测量模型、结构模型，所以先从测量模型入手，对每个潜变量分别进行拟合，然后把所有潜变量放在一起拟合，从而完成模型的整体拟合。结构方程模型适用于大数据，关于理想的变量数问题，早期学者研究认为 20 个左右的变量数（潜变量 5~6 个，每个潜变量含有 3~4 个测量指标）最理想。本书潜变量 5 个，18 个测量指标，满足变量数要求。

6.3.1 奶业发展测量模型拟合

（1）发展环境。根据图 6-3 显示的各指标标准化估计的因子载荷可知，人力素质、投资能力、消费能力、创新能力、辅助产业、可持续发展能力的因子载荷依次为 0.85、0.94、0.95、0.91、0.71、0.81，均大于 0.70，达到解释标准。

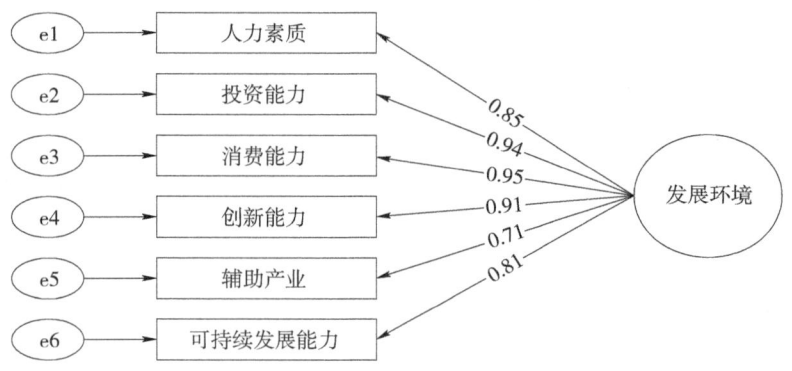

图 6-3　发展环境测量模型因子载荷图

虽然潜变量的指标数量以 3～4 个最佳，发展环境潜变量所含测量指标大于 4 个，不太理想，但是各测量指标需要尽力在经济意义上更全面解释发展环境的内涵。发展环境是指影响奶业发展的环境因素，包括要素资源、需求市场、辅助产业与政府支持、可持续发展能力等，这 6 个指标分别涵盖了人力、投资、消费、创新、辅助产业、发展能力，较全面地体现了奶业发展需要的重要环境因素，因此全部保留。

（2）生鲜乳生产能力。根据图 6-4 显示的各指标标准化估计的因子载荷可知，奶牛数量、规模牧场数量、牛奶人均占有量的因子载荷依次为 0.95、0.94、0.89，均大于 0.80，达到解释标准，表明奶牛数量、规模牧场数量、牛奶人均占有量的影响效用显著，全部可以保留。

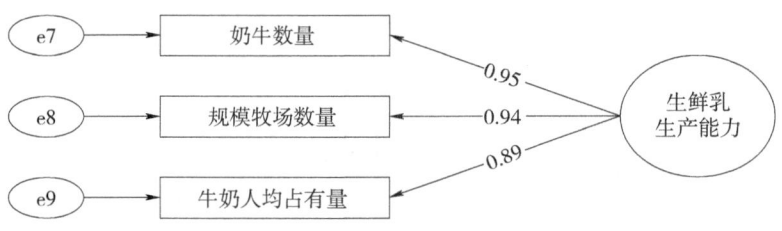

图 6-4　生鲜乳生产能力测量模型因子载荷图

（3）牧场经营能力。根据图 6-5 显示的各指标标准化估计的因子载荷可知，产品销售利润率、奶牛成本利润率、产品利润水平的因子载荷依次为 0.95、0.88、0.78，均大于 0.70，达到解释标准，表明产品销售利润率、奶牛成本利润率、产品利润水平的影响效用显著，全部可以保留。产品销售利润率指标因子载荷最高，表示牧场经营能力受到产品销售利润率的影响最大，可作为优选指标。

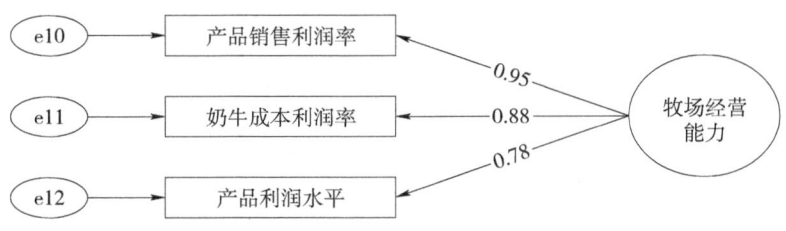

图 6-5　牧场经营能力测量模型因子载荷图

（4）乳企经营能力。根据图 6-6 显示的各指标标准化估计的因子载荷可知，资产利润率、成本利润率、利润水平的因子载荷从高到低依次为：0.95、0.82、0.65，均大于 0.60，达到解释标准，表明资产利润率、成本利润率、利润水平的影响效用显著，全部可以保留。资产利润率指标因子载荷最高，表示乳企经营能力能够最好地被资产利润率指标解释，可作为优选指标。

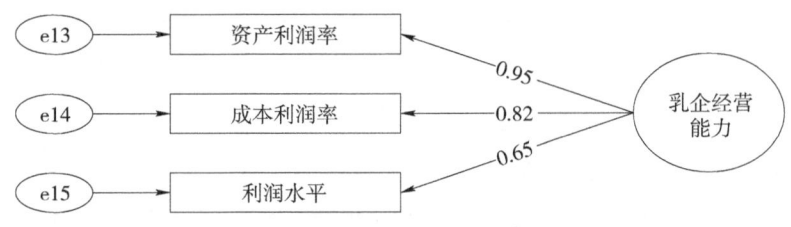

图 6-6　乳企经营能力测量模型因子载荷图

（5）竞争绩效。根据图 6-7 显示的各指标标准化估计的因子载荷可知，市场占有率、区位熵、产业聚集率的因子载荷从高到低依次为：1.01、0.90、0.50，均大于等于 0.50，达到解释标准，表明市场占有率、区位熵、产业聚集率的影响效用显著，全部可以保留。市场占有率指标因子载荷最高，表示竞争绩效受到市场占有率的影响最大，能够最好地被市场占有率解释。因此，在竞争绩效中，市场占有率可作为优选指标。

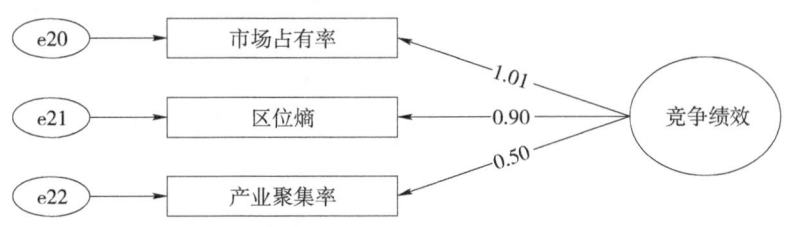

图 6-7　竞争绩效测量模型因子载荷图

综上所述，通过对 5 个潜变量的科学验证分析，最终确定可以使用发展环境、生鲜乳生产能力、牧场经营能力、乳企经营能力、竞争绩效 5 个潜变量，18 个测量指标进行结构方程模型分析。根据理论意义，发展环境独立于其他变量存在，是外生潜变量，其余 4 个是内生潜变量，具体见表 6-3 所示。

表 6-3　调整后的奶业发展结构方程模型变量设定

外生潜变量	测量指标	内生潜变量	测量指标
发展环境	人力素质	生鲜乳生产能力	奶牛数量
			规模牧场数量
	投资能力	牧场经营能力	牛奶人均占有量
			产品销售利润率
	消费能力		奶牛成本利润率
			产品利润水平
	创新能力	乳企经营能力	资产利润率
			成本利润率
	辅助产业		利润水平
		竞争绩效	市场占有率
	可持续发展能力		区位熵
			产业聚集率

6.3.2　奶业发展结构模型拟合

完成对潜变量的拟合后，根据奶业发展理论模型，接着对结构模型进行拟合。第一次拟合结果不理想：牧场经营能力到生鲜乳生产能力的标准化路径系数为 -0.02，对应的 t 值为 -0.29，和理论模型的期初假设不符，所以必须对其进行调整。

剔除牧场经营能力到生鲜乳生产能力的路径后进行第二次拟合，第二次拟合结果如下：乳企经营能力对牧场经营能力的标准化路径系数最小，为 0.05，t 检验值不显著只有 0.69；发展环境对牧场经营能力的标准化路径系数是 0.13，对应的 t 值为 1.81，t 检验值也不显著；但是上述两条路径均符合经济学意义，而且 $P<0.10$，因此在 10% 范围内可以接受。其余路径的标准化系数的 t 检验值均显著，即全部大于 1.96，拟合结果比较理想，具体路径系数如图 6-8 所示。

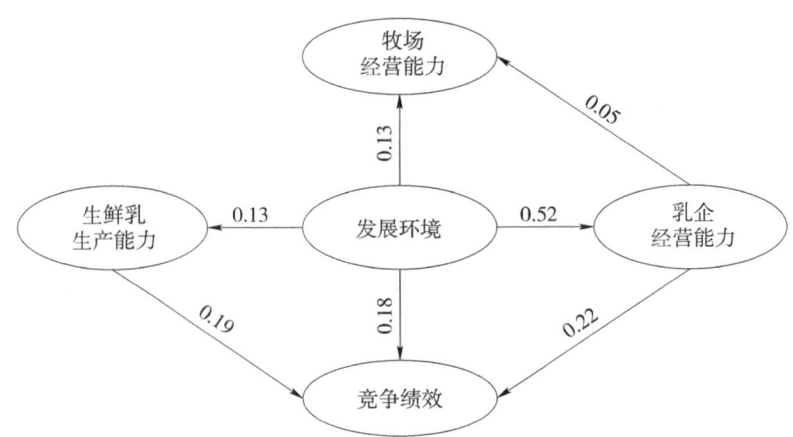

图 6-8　奶业发展结构模型标准化系数拟合图

6.3.3 奶业发展整体模型拟合

在经过多次修正、调整之后，最后完成了奶业发展结构方程模型图，如图6-9所示。

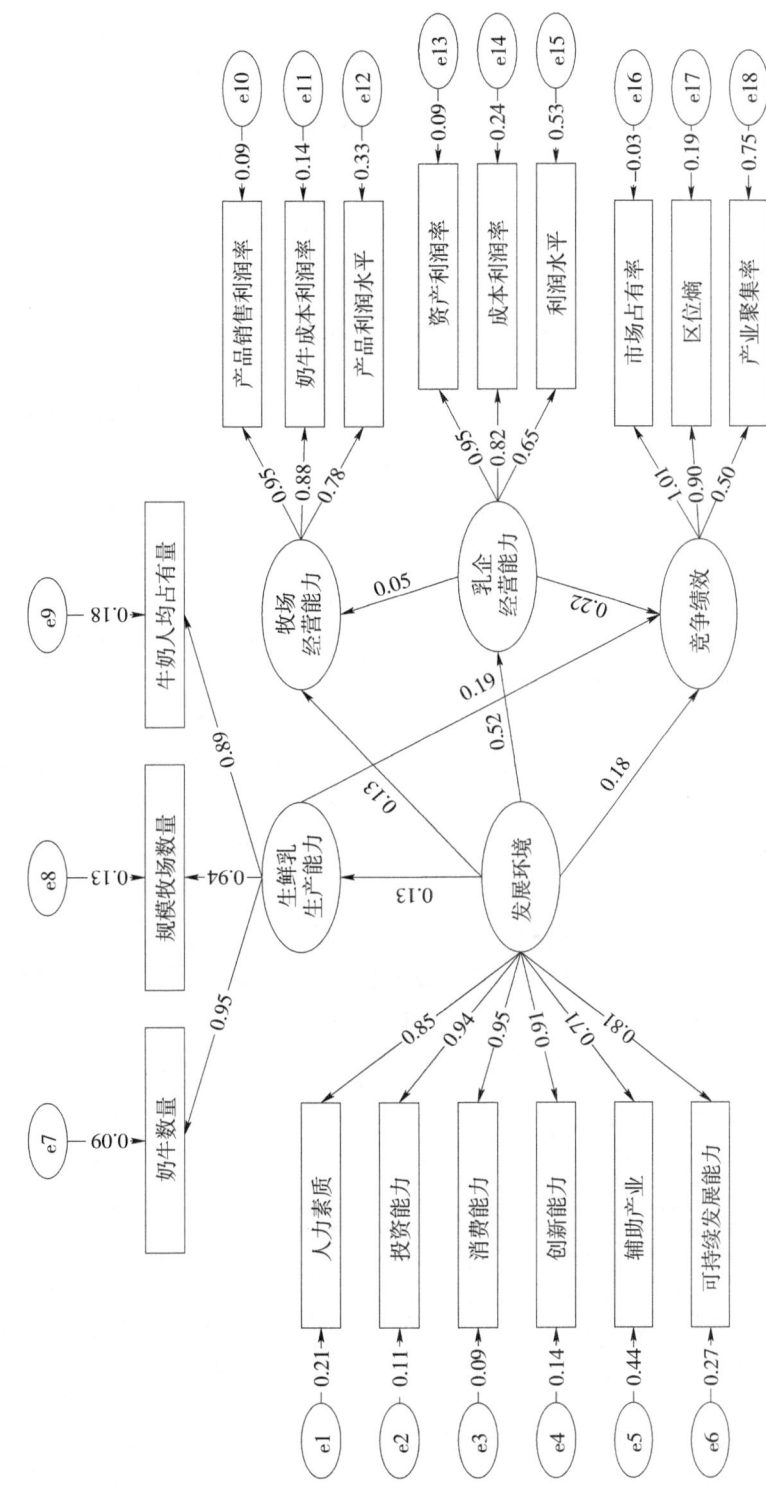

图6-9 奶业发展结构方程模型标准化系数拟合图

奶业发展结构方程模型除市场占有率指标外，大部分指标因子载荷大于 0.5 且小于或等于 0.95，也没有出现负值误差方差等情况，考虑到市场占有率是竞争绩效的重要表现，决定保留市场占有率指标，接下来对整个模型进行拟合度检验。

6.4 奶业发展影响因素模型的拟合检验

6.4.1 整体模型拟合检验

模型拟合检验是检验模型拟合程度的一种方法。对于结构方程的拟合检验，统计界提出了很多种拟合度指标。模型整体拟合度检验需要从绝对拟合度、简约拟合度、增值拟合度三个方面进行[191]，兼顾侯杰泰和王妍[192]等学者的观点对主要拟合指标进行介绍。

（1）绝对拟合指标。模型 χ^2 越大拟合度越低，对于同一个模型，它会随着样本量的增加而增加，为了降低 χ^2 对样本量的敏感性，我们经常对 χ^2 除以自由度。一般认为，χ^2/df 如果在 3.00 以下，表明模型拟合很好；当 χ^2/df 介于 3.00～5.00 时，模型是可以接受的。

均方根残差（RMR）是学者于 1986 年提出的检验指标，数值越小说明方程拟合度越好，但是这个值受到各元素原始值所取单位的影响，因此我们一般计算 SRMR，SRMR 一般被要求小于 0.08。

RMSEA 是一个较理想的绝对拟合指数，受样本容量影响较小，对错误模型比较敏感，同时惩罚复杂模型。一般情况下，RMSEA<0.05，表明模型拟合很好；0.05<RMSEA<0.08，认为拟合不错；0.08<RMSEA<0.10，理论模型可以接受。

GFI 是模型拟合指数，理想标准是 GFI>0.90，当 0.80<GFI<0.90 时，一般认为模型可以接受。

（2）增值拟合指标与简约拟合指标。增值拟合指标主要包括：NFI、NNFI 和 CFI，一般被要求大于 0.90；简约拟合指标主要包括：PNFI 和 PGFI，一般被要求大于 0.50。

奶业发展结构方程中各项检验数据实际值和检验标准如表 6-4 所示。

表 6-4 奶业发展结构方程模型拟合检验

指标	绝对拟合指标				增值拟合指标			简约拟合指标	
	χ^2/df	GFI	SRMR	RMSEA	NFI	NNFI	CFI	PNFI	PGFI
理想标准	<3.00	>0.90	<0.08	<0.08	>0.90	>0.90	>0.90	>0.50	>0.50
拟合标准	<5.00	>0.80	<0.08	<0.10	>0.90	>0.90	>0.90	>0.50	>0.50
模型实际值	2.97	0.87	0.072	0.085	0.93	0.94	0.95	0.78	0.65
评价结果	很好	一般	很好	一般	很好	很好	很好	很好	很好

奶业发展结构方程模型的绝对拟合指标中 χ^2/df，SRMR 达到拟合很好的标准，模型拟合的卡方自由度比值为 2.97 小于 3.00，SRMR<0.08，表明模型拟合很好；RMSEA，GFI 达到了可接受标准，其中 GFI>0.8，但<0.9，达到了可接受标准；

RMSEA>0.08，<0.10，也处于可接受的范围。简约拟合指标和增值拟合指标全部达到很好的标准。

考虑到模型采用的样本量只有指标数的17.89倍左右，而且年份跨度历经14年，部分指标的统计口径发生过变化。所以拟合结果全部在很好或者可接受范围内，修正的结构方程模型有效，符合经济意义，具有研究价值。

6.4.2 路径系数显著性检验

为了对结构方程模型的各个估计参数是否具有统计意义进行检验，LISREL提供了各参数的t值和相对应的P值，奶业发展结构方程模型路径关系显著性检验如表6-5所示。

表6-5 奶业发展结构方程模型路径关系显著性检验

变量间因果关系		标准化后参数估计值	C.R.	P
生鲜乳生产能力（SC）	←发展环境	0.13	2.12	0.06
牧场经营能力（MY）	←发展环境	0.13	1.81	0.07
乳企经营能力（RY）	←发展环境	0.52	9.45	0.06
竞争绩效（JX）	←发展环境	0.18	2.75	0.07
竞争绩效（JX）	←乳企经营能力	0.22	3.43	0.06
牧场经营能力（MY）	←乳企经营能力	0.05	0.69	0.07
竞争绩效（JX）	←生鲜乳生产能力	0.19	1.97	0.06
QL1-人力素质	←发展环境	0.85	18.99	0.04
QL2-投资能力	←发展环境	0.94	23.20	0.04
QL3-消费能力	←发展环境	0.95	23.36	0.04
QL4-创新能力	←发展环境	0.91	21.53	0.04
QL5-辅助产业	←发展环境	0.71	14.62	0.05
QL6-可持续发展能力	←发展环境	0.81	17.68	0.05
SC7-奶牛数量	←生鲜乳生产能力	0.95	—	—
SC8-规模牧场数量	←生鲜乳生产能力	0.94	41.14	0.02
SC9-牛奶人均占有量	←生鲜乳生产能力	0.89	30.66	0.03
MY10-产品销售利润率	←牧场经营能力	0.95	—	—
MY11-奶牛成本利润率	←牧场经营能力	0.88	33.64	0.03
MY12-产品利润水平	←牧场经营能力	0.78	21.76	0.04
RY13-资产利润率	←乳企经营能力	0.95	—	—
RY14-成本利润率	←乳企经营能力	0.82	23.65	0.04

(续)

变量间因果关系		标准化后参数估计值	C.R.	P
RY15-利润水平	←乳企经营能力	0.65	14.62	0.05
JX16-市场占有率	←竞争绩效	1.01	—	—
JX17-区位熵	←竞争绩效	0.90	20.89	0.04
JX18-产业聚集率	←竞争绩效	0.50	8.97	0.05

对奶业发展结构方程模型进行路径系数显著性检验发现,大部分路径系数的$P<0.05$,达到了显著性水平;SC、MY、RY、JX 的 $P>0.05$,但 $P<0.10$,在 10% 范围内可以接受,说明拟合在可接受的范围之内;另外,JX16 的参数估计值是 1.01,略大于合理的参数估计上限 1.00,但是由于差异不大,所以保留。通过对模型各路径系数的检验,可以发现模型的构建是合适的。

6.4.3 研究假设的验证

回顾前文提出的 8 项假设,除了 H7 被推翻外,其余 7 项假设均得到了验证,其中 H2、H6 的 t 检验<1.96,但是 P 值在 10% 的可接受范围内,认为通过,表 6-6 列出了各项假设的详细统计检验结果。

表 6-6 奶业发展研究假设验证

序号	影响关系	标准化参数估计值	C.R.	P	验证结果
H1	发展环境对生鲜乳生产能力有直接的正向促进作用	0.13	2.12	*	通过
H2	发展环境对牧场经营能力有直接的正向促进作用	0.13	1.81	*	通过
H3	发展环境对乳企经营能力有直接的正向促进作用	0.52	9.44	*	通过
H4	发展环境对竞争绩效有直接的正向促进作用	0.18	2.84	*	通过
H5	乳企经营能力对竞争绩效有直接的正向促进作用	0.22	3.43	*	通过
H6	乳企经营能力对牧场经营能力有直接的正向促进作用	0.05	0.69	*	通过
H7	牧场经营能力对生鲜乳生产能力有直接的正向促进作用	-0.02	-0.30	—	不通过
H8	生鲜乳生产能力对竞争绩效有直接的正向促进作用	0.19	1.97	*	通过

注:$*P<0.10$,$**P<0.05$,$***P<0.01$。

6.5 奶业发展测度因子影响度与影响路径分析

6.5.1 各因子影响度分析

最终建立的奶业发展结构方程模型共有5个测量模型，依据结构方程模型提供的路径系数可知，这些观测变量与潜在变量之间的关联度存在一定的区别，下面对这5个测量模型进行逐一分析。

（1）发展环境。发展环境6个观测变量依次为：人力素质、投资能力、消费能力、创新能力、辅助产业、可持续发展能力。各个观测变量与奶业发展环境关联度的排序情况如下：消费能力（0.95）>投资能力（0.94）>创新能力（0.91）>人力素质（0.85）>可持续发展能力（0.81）>辅助产业（0.71），说明奶业发展环境对社会消费能力最为依赖，同时充足的投资建设资金、活跃的创新环境对发展环境的改善作用也很大；人力素质、可持续发展能力对发展环境影响也很显著，说明提高人力资源受教育水平和降低发展能耗是改善奶业发展环境的重要途径；发展环境对辅助产业依赖性略小，但辅助产业仍然是未来奶业发展不可缺少的条件。

（2）生鲜乳生产能力。生鲜乳生产能力3个观测变量依次为：奶牛数量、规模牧场数量、牛奶人均占有量，其载荷系数分别为0.95、0.94、0.89，说明生鲜乳生产能力对奶牛数量、规模牧场数量的依赖性很大，可见一定规模的奶牛保有量和规模牧场的增多是保障生鲜乳生产能力的重要基础；随着牛奶人均占有量的提高，居民生活水平提升，生鲜乳生产能力不断增强。

（3）牧场经营能力。牧场经营能力3个观测变量依次为：产品销售利润率、奶牛成本利润率、产品利润水平，其载荷系数分别为0.95、0.88、0.78，说明牧场经营能力对产品销售利润率、奶牛成本利润率的依赖性较大，牧场生鲜乳乳脂、乳蛋白含量越高，菌落总数、体细胞数越少，销售价格越高，对养殖成本控制得越好，牧场经营能力越强；产品利润水平对牧场经营能力影响也很显著，体现了牧场产品利润水平同全国平均利润水平比较，盈利水平提高会促进经营能力的提升。

（4）乳企经营能力。乳企经营能力的3个影响因素依次为：资产利润率、成本利润率、利润水平，载荷系数分别为0.95、0.82、0.65，这说明资产利润率对乳企经营能力影响最大，体现了乳企对资产的利用效率越高，乳企经营能力越强；成本利润率对乳企经营能力影响次之，体现了乳企为取得利润而付出的代价越小，成本费用控制得越好，乳企经营能力越强；利润水平对乳企经营能力影响较小，体现了区域乳企占全国利润之比越高，盈利能力越强，经营能力越强。

（5）竞争绩效。构成竞争绩效的市场占有率、区位熵、产业聚集率的载荷系数分别为1.01、0.90、0.50，可见市场占有率、区位熵两个观测变量都能较好的反应竞争绩效的特点，说明奶业的市场结构、区域专业化程度对竞争绩效的预测作用比较显著；相比之下，影响较小的是产业聚集率，这也说明产业聚集可以促进竞争绩效提升，但是作用较小。

6.5.2 各因子影响路径分析

通过结构方程模型分析，潜变量之间的路径系数是最容易观察到的。按照潜变量之间路径系数的大小进行排序，奶业发展各变量路径效应汇总如表6-7所示。

路径"发展环境→乳企经营能力"的直接效应最大，为0.52，这表明奶业优良的发展环境对乳企经营能力的直接促进作用显著，实际中可以发现较高的消费能力可以促进乳企规模的扩大，较强的投资能力可以加快乳企的生产技术和设备更新，较高的创新能力可以促进乳制品的研发，生产附加值更高的乳制品，所以促进作用显著。

路径"乳企经营能力→竞争绩效"的直接效应位列第二，效应系数为0.22，即乳企经营能力对竞争绩效产生了显著的直接影响。实际中乳企经营情况好，才能有较高的市场占有率，较高的区位熵，较高的乳制品产出量。

路径"生鲜乳生产能力→竞争绩效"的效应系数为0.19，显示二者之间有直接的促进作用，也就是生鲜乳产能高的地区，一般乳制品市场占有率高，区位熵也高，乳制品产出也高。实际中由于生鲜乳只是乳品加工企业的原料，距离消费环节较远，还有国外奶源对部分国内生鲜乳的替代，因此生鲜乳生产能力对市场竞争绩效的促进作用要弱于乳企经营能力。

路径"发展环境→竞争绩效"的直接效应系数为0.18，即发展环境对竞争绩效也产生了显著的直接影响，实际中需求决定了市场销售情况，市场销售情况决定了乳制品生产情况。

路径"发展环境→生鲜乳生产能力"的效应系数为0.13，显示发展环境对生鲜乳生产能力也有显著的直接的正向促进作用。由于生鲜乳生产的连贯性，乳品企业必须以一定的生鲜乳生产为依托，乳制品需求增加必然带动生鲜乳产能扩大，较强的投资能力必然会促进牛群的扩充。

路径"发展环境→牧场经营能力"的效应系数为0.13，显示发展环境对牧场经营能力有直接的促进作用。实际中创新能力会加速新技术的应用，提高饲料转化率；辅助产业的发展，奶牛良种的普及，都会提高奶牛的单产，降低生产成本，提高牧场经营能力。

路径"乳企经营能力→牧场经营能力"的效应系数是0.05，显示乳企经营能力对牧场经营能力有直接的促进作用，也就是乳企经营情况越好，给牧场的生鲜乳价格越高，牧场经营情况就越好，但是影响效应较小。

另外，发展环境对竞争绩效还有间接的正向促进作用，间接影响路径系数为0.119 6，发展环境对牧场经营能力，也有间接的正向促进作用，间接影响路径系数为0.026 0（0.52×0.05）。

表 6-7 奶业发展各变量路径效应汇总

排序	变量关系	直接效应	间接效应	总效应
1	发展环境→乳企经营能力	0.520 0	0.000 0	0.520 0
2	乳企经营能力→竞争绩效	0.220 0	0.000 0	0.220 0
3	生鲜乳生产能力→竞争绩效	0.190 0	0.000 0	0.190 0
4	发展环境→竞争绩效	0.180 0	0.119 6	0.299 6
5	发展环境→牧场经营能力	0.130 0	0.026 0	0.156 0
6	发展环境→生鲜乳生产能力	0.130 0	0.000 0	0.130 0
7	乳企经营能力→牧场经营能力	0.050 0	0.000 0	0.050 0

由表 6-7 可知，虽然发展环境对乳企经营能力、竞争绩效、牧场经营能力、生鲜乳生产能力的影响程度依次降低，但仍然是重要影响因素，说明良好的奶业发展环境对奶业链上各个主体的正向促进作用都很大。从竞争绩效来看，发展环境对竞争绩效的影响最大，其次是乳企经营能力和生鲜乳生产能力，说明作为与市场连接最紧密的乳企经营情况直接影响着市场竞争的结果，而作为上游的生鲜乳生产能力对市场竞争绩效的影响效应次之。在实际发展中，也可以发现北京、上海、广东发展环境较好，生鲜乳产量并不大，但是借助于进口原料奶，乳企经营能力强，乳制品市场占有率依然很高；新疆作为传统的牧区，生鲜乳产量高，但是发展环境差，乳企经营能力差，最终市场占有率不高。从牧场经营能力看，作为下游加工环节的乳企经营能力对其影响效应较小，发展环境对牧场经营能力的影响较大，说明当前牧场经营能力的提高主要通过生产技术、设备更新提高生产效率，乳企盈利好不能给牧场带来较大的正向影响。

6.6 本章小结

奶业发展环境与生鲜乳生产能力、牧场经营能力、乳企经营能力、竞争绩效相互作用，而这些潜变量又与众多观测变量息息相关，本章采用结构方程模型分析其作用效果，识别关键路径和关键因子，建立变量路径关系网络，得到如下主要结论。

（1）对奶业发展结构方程模型的观测变量进行分析发现：发展环境对投资能力、消费能力、创新能力依赖性较大，对辅助产业依赖性较小；生鲜乳生产能力与奶牛数量、规模牧场数量、牛奶人均占有量相关性较大；牧场经营能力与产品销售利润率、奶牛成本利润率相关性较大；乳企经营能力对资产利润率依赖性较大；竞争绩效与市场占有率、区位熵密切相关。

（2）对奶业发展结构方程模型进行路径分析发现：发展环境对乳企经营能力、竞争绩效、牧场经营能力、生鲜乳生产能力都有直接的正向促进作用，但影响程度依次降低，对牧场经营能力影响显著性较差。竞争绩效需要发展环境和乳企经营能力、生鲜乳生产能力的共同支撑，发展环境对竞争绩效的总效应大于乳企经营能力，生鲜乳生产能力对竞争绩效的影响效应略小于乳企经营能力。乳企经营能力对牧场经营能力有直接正向促进作用，但显著性较差。

7 奶业发展水平省际评价

中国奶业是由各区域奶业组成的整体，结合前两章的研究结果，采用全局主成分分析对 27 个省（区、市）横跨 14 年的奶业发展水平进行综合打分与排名，辨析区域优势因子，采用聚类分析对各区域提出不同的发展定位。

7.1 奶业发展水平评价方法

多指标评价中常用的典型方法主要有神经网络法、熵权法、模糊综合评价法、灰色评价法、主成分分析法、数据包络分析法、层次分析法等，每种方法都有自身的优缺点、适用范围。由于奶业发展水平评价体系是多指标综合评价体系，而且在第 5 章和第 6 章已经对各因子做了探索分析，拥有坚实的统计数据基础，因此可以在此基础上选择客观赋权重的方法进行评价。

（1）全局主成分分析法。主成分分析法（Principal component analysis）简称 PCA，是把多个指标采用降维的思想，化为少数几个综合指标，揭示变量间关系的评价方法。全局主成分分析法则是在主成分分析法的基础上，将数据量扩大到一年以上，得到不同年度的综合得分，既可以进行时间轴的评价比较，也可以进行区域之间的评价比较。它所确定的权数是基于数据分析而得到的，具有客观性；它简化了原始指标体系，综合指标（主成分）之间不但相互独立，而且尽可能多的反映原始指标统计特性[193]。主成分分析法实施中的要求包括：其研究必须以客观数据为依据，需要掌握大量的历史数据；另外，用几个指标反映全体指标体系的大部分内容。奶业发展水平评价指标体系在探索性因子分析部分，就已经满足了主成分分析评价的数据条件，因此该方法是最佳评价方法。

（2）全局主成分分析步骤。采用全局主成分分析法，基于多年度面板数据分析奶业发展水平，其评价结果不但可以实现对某一年的奶业发展水平进行区域比较研究，而且可以对各区域奶业发展水平的变化趋势进行纵向比较研究。具体的分析步骤包括：建立时序立体数据表，数据标准化，计算协方差矩阵，计算主成分及方差贡献率，求因子载荷矩阵，求指标的主成分系数，求指标权重，求综合评价函数。相关公式如表 7-1 所示。

表 7-1　全局主成分分析公式

方程类型	公式	解释
指标权重	$x = \sum_{i=1}^{p} a_{mi} \cdot a_i / q$	x 代表指标权重
		p 代表选取了 p 个主成分
		a_{mi} 代表第 i 个主成分中第 m 个基础指标的系数
		a_i 代表第 i 个主成分的特征根
		q 代表各主成分的特征根之和
综合评价函数	$F = \sum_{i=1}^{p} \frac{a_i}{q} \times f$	F 代表综合评价函数
		f_i 表示未标准化的第 i 个主成分得分

7.2　奶业发展水平评价指标体系

7.2.1　构建评价指标体系

第 5 章有效结合波特钻石理论和奶业特性建立了奶业发展测度因子系统，以此为基础构建了奶业发展水平评价指标体系，具体如表 7-2 所示。

表 7-2　奶业发展水平评价指标体系

评价因子	基础指标名称	基础指标含义
发展环境（QL）	QL1- 人力素质	以大专及以上人口占比反应劳动力的人员素质情况
	QL2- 投资能力	以人均 GDP 反应人均经济总量和投资能力
	QL3- 消费能力	以人均社会消费品零售额反应人均市场购买力
	QL4- 创新能力	以专利授权量反应创新能力及政府创新环境
	QL5- 辅助产业	以种畜场个数反应辅助产业情况
	QL6- 可持续发展能力	以单位能耗创造 GDP 反应可持续发展潜力
生鲜乳生产能力（SC）	SC7- 奶牛数量	以奶牛头数反应奶牛储备能力
	SC8- 规模牧场数量	以存栏 100 头以上的场户数反应牛奶生产规模
	SC9- 牛奶人均占有量	以牛奶人均占有量反应产能输出能力
牧场经营能力（MY）	MY10- 产品销售利润率	以 50 kg 主产品的毛利率反应盈利能力
	MY11- 奶牛成本利润率	以一头牛的成本利润率反应成本控制能力
	MY12- 产品利润水平	以区域 50 kg 主产品利润与全国之比反应盈利水平高低
乳企经营能力（RY）	RY13- 资产利润率	以乳企资产利润率反应资产利用能力
	RY14- 成本利润率	以乳企成本利润率反应成本控制能力
	RY15- 利润水平	以区域乳企利润占比反应乳企的盈利能力

(续)

评价因子	基础指标名称	基础指标含义
竞争绩效（JX）	JX16-市场占有率	以市场占有率反应销售市场竞争能力
	JX17-区位熵	以区位熵反应奶业专业化程度
	JX18-产业聚集率	以液态奶产量占比反应产品市场竞争能力

7.2.2 数据的来源与处理

根据数据的完整性和可利用性，鉴于海南没有 2003—2006 年的奶牛年末存栏数据；海南、西藏、江西没有奶牛成本收益统计数据；贵州 2012 年之前奶牛成本收益统计数据里仅有散养奶牛的数据，没有大、中、小规模奶牛养殖的数据，但是规模养殖已经成为中国奶业的基础，需要对各省的规模养殖数据进行研究对比，因此将上述 4 省排除，对剩余的 27 个省（区、市）2003—2016 年奶业发展水平进行对比分析。这些区域包括奶业发达地区和发展缓慢地区，也包括都市奶业和农牧区奶业，覆盖面广。所使用的原始数据全部来源于《中国统计年鉴》《中国奶业年鉴》《中国畜牧业年鉴》等统计资料，并运用 SPSS 21.0 软件对原始数据进行标准化处理，然后进行全局主成分分析。

根据上述指标体系，首先分别建立发展环境、生鲜乳生产能力、牧场经营能力、乳企经营能力、竞争绩效 5 张时序立体数据表，通过全局主成分分析得出 5 个评价因子得分，然后构建新的时序立体数据表进行分析，得出最终的综合发展水平。

7.2.3 因子分析检验

将标准化后的数据进行 KMO 检验和 Bartlett 球形检验，判断其是否适合做因子分析，检验结果如表 7-3 所示。

表 7-3　KMO 与 Bartlett 检验

指标		竞争潜力	生鲜乳生产能力	牧场经营能力	乳企经营能力	竞争绩效	综合竞争力
KMO 检验值		0.748	0.741	0.707	0.623	0.672	0.526
Bartlett 球形度检验	近似卡方	1 434.272	1 201.473	1 186.427	527.875	846.955	387.253
	自由度	15	3	3	3	3	10
	显著性	0.000	0.000	0.000	0.000	0.000	0.000

根据 Kaiser 的观点，当 KMO 检验值大于 0.5，表明各指标所含信息有较多共同因素，Bartlett 球形检验的显著性小于 0.01（$P=0.000$），表明各指标间相互独立，数据适合进行因子分析。

7.2.4 确定评价指标权重

研究中采用累计贡献率超过 80% 的前几个主成分来确定权重，各评价因子和综合指标的特征值及方差贡献率如表 7-4 所示，评价指标权重如表 7-5 所示。

表 7-4 特征值及方差贡献率

		主成分	特征值	方差贡献率（%）	累计方差贡献率（%）
评价因子	发展环境	1	3.262	54.372	54.372
		2	1.413	23.555	77.928
		3	0.684	11.403	89.330
	生鲜乳生产能力	1	2.754	91.809	91.809
	牧场经营能力	1	2.741	91.378	91.378
	乳企经营能力	1	2.220	73.988	73.988
		2	0.621	20.703	94.691
	竞争绩效	1	2.563	85.430	85.430
综合指标	综合发展水平指标	1	2.045	40.902	40.902
		2	1.093	21.862	62.764
		3	0.995	19.893	82.657

表 7-5 奶业发展水平评价指标权重

评价因子	基础指标	基础指标系数 1	基础指标系数 2	基础指标系数 3	基础指标权重	评价因子权重
发展环境	QL1-人力素质	0.416	0.384	0.268	0.391	0.036
	QL2-投资能力	0.515	0.128	-0.039	0.355	
	QL3-消费能力	0.527	0.061	-0.057	0.344	
	QL4-创新能力	0.434	-0.024	-0.492	0.213	
	QL5-辅助产业	0.277	-0.522	0.737	0.134	
	QL6-可持续发展能力	-0.139	0.747	0.373	0.139	
生鲜乳生产能力	SC7-奶牛数量	0.580	—	—	0.335	0.245
	SC8-规模牧场数量	0.587	—	—	0.339	
	SC9-牛奶人均占有量	0.565	—	—	0.326	

(续)

评价因子	基础指标	基础指标系数 1	基础指标系数 2	基础指标系数 3	基础指标权重	评价因子权重
牧场经营能力	MY10-产品销售利润率	0.591	—	—	0.341	0.296
	MY11-奶牛成本利润率	0.575	—	—	0.332	
	MY12-产品利润水平	0.566	—	—	0.327	
乳企经营能力	RY13-资产利润率	0.621	-0.268	—	0.312	0.183
	RY14-成本利润率	0.600	-0.430	—	0.275	
	RY15-利润水平	0.468	0.909	—	0.413	
竞争绩效	JX16-市场占有率	0.602	—	—	0.348	0.240
	JX17-区位熵	0.554	—	—	0.320	
	JX18-产业聚集率	0.575	—	—	0.332	

7.3 奶业发展水平评价和比较

测算2003—2016年27个省（区、市）的奶业发展环境、生鲜乳生产能力、牧场经营能力、乳企经营能力、竞争绩效、综合发展水平得分后，为体现2003年奶业高速发展期，2008年奶业剧烈变动期，2015年奶业平稳发展期的变化情况，特选取2003年、2008年、2009年、2015年、2016年为对照比较节点，分6个方面进行分析。

7.3.1 发展环境比较

首先，从时间轴看，2003—2016年各省的奶业发展环境都有很大的提高，这说明各省的奶业发展环境在越变越好。其次，从各省比较来看，由于发展速度不同，部分省份发展环境排名有大的进步，例如内蒙古进步12名、江苏进步9名；部分省份发展环境排名有大的退步，例如重庆退步15名，河北退步10名。最后，从经济区域分布来看，2003年前10名依次为：北京、重庆、山东、上海、广东、天津、辽宁、四川、浙江、河北。2016年前10名依次为：北京、广东、江苏、上海、浙江、山东、天津、辽宁、福建、内蒙古，东部地区省份占据了8个席位。2003年后10名的省份依次为：吉林、湖南、新疆、山西、内蒙古、广西、甘肃、宁夏、云南、青海。2016年后10名的省份依次为：黑龙江、河南、河北、山西、甘肃、云南、广西、新疆、宁夏、青海，西部地区省份占据了6个席位。由此可见，部分奶业生产大省（黑龙江、河南、河北、山西）奶业发展环境有待提高，完善投资、消费、创新等环境可以促进奶业发展水平的提升；奶业发展环境较好的省份可以进一步发挥其环境优势，在驰名品牌创建、乳企培育、科技创新方面引领奶业整体发展水平的提高。奶业发展环境得分与排名情况具体如表7-6所示。

表 7-6 奶业发展环境得分与排名

区域	2003 年		2008 年		2009 年		2015 年		2016 年	
	得分	排名	得分	排名	得分	排名	得分	排名	得分	排名
河北	-0.527	10	-0.356	17	-0.237	19	0.111	20	0.127	20
山西	-0.789	21	-0.509	21	-0.431	21	0.036	21	0.047	21
内蒙古	-0.804	22	-0.338	14	-0.182	16	0.719	10	0.839	10
辽宁	-0.437	7	0.297	5	0.573	4	0.971	7	0.865	8
黑龙江	-0.677	16	-0.372	19	-0.256	20	0.211	18	0.269	18
山东	0.077	3	0.334	4	0.524	5	1.248	6	1.286	6
河南	-0.730	17	-0.261	11	-0.166	13	0.120	19	0.137	19
陕西	-0.541	13	-0.349	16	-0.175	14	0.546	14	0.477	14
宁夏	-0.960	25	-0.795	26	-0.748	26	-0.395	26	-0.340	26
新疆	-0.787	20	-0.621	22	-0.612	23	-0.225	25	-0.201	25
吉林	-0.768	18	-0.400	20	-0.218	17	0.331	17	0.408	15
江苏	-0.538	12	0.024	7	0.173	7	1.748	2	1.986	3
浙江	-0.523	9	-0.027	8	0.125	9	1.334	5	1.540	5
安徽	-0.656	14	-0.366	18	-0.223	18	0.481	15	0.723	12
福建	-0.529	11	-0.267	12	0.017	10	0.721	9	0.850	9
湖北	-0.657	15	-0.349	15	-0.181	15	0.695	11	0.623	13
湖南	-0.786	19	-0.079	9	0.172	8	0.351	16	0.392	16
广东	-0.303	5	0.606	3	0.940	2	1.726	3	2.116	2
广西	-0.856	23	-0.692	23	-0.606	22	-0.195	24	-0.094	24
四川	-0.476	8	-0.293	13	-0.031	11	0.770	8	0.811	11
云南	-0.986	26	-0.714	24	-0.640	24	-0.156	23	-0.078	23
甘肃	-0.879	24	-0.729	25	-0.658	25	-0.074	22	-0.065	22
青海	-1.031	27	-0.842	27	-0.803	27	-0.556	27	-0.541	27
北京	0.099	1	0.958	1	1.233	1	2.150	1	3.073	1
天津	-0.436	6	0.097	6	0.248	6	0.663	12	1.054	7
上海	0.007	4	0.657	2	0.737	3	1.346	4	1.875	4
重庆	0.099	2	-0.129	10	-0.062	12	0.550	13	0.348	17

7.3.2 生鲜乳生产能力比较

由于生鲜乳的生产受自然环境影响较大，2003—2016 年各省份的生鲜乳生产能力排名次序较为稳定，但是也有个别省份变动幅度较大。河南提高最快，2016 年排名较

2003年上升了9位，位居第5，主要原因是：河南2003年以来发挥农区奶牛养殖优势，生鲜乳生产能力改善较大，2008年上升至第5名。北京下降最快，2016年排名较2003年下降了9位，主要原因是：北京为了充分发挥其首都功能，对低效的和要求较大环境消纳能力的奶牛养殖业进行了疏解，2016年牛奶产量下降为46万t左右，同一时期其他地区奶牛养殖业发展迅速。2003年生鲜乳生产能力得分前10名依次是：内蒙古、黑龙江、新疆、河北、山东、陕西、北京、宁夏、天津、山西。2016年前10名依次为：内蒙古、黑龙江、河北、新疆、河南、山东、宁夏、陕西、辽宁、山西，和2003年相比，北京、天津退出前10名，河南、辽宁进入前10名，其他省份仅有次序上的略微调整。2003年后10名的省份依次为：吉林、云南、浙江、福建、湖北、重庆、广东、安徽、湖南、广西。2016年后10名的省份依次为：四川、安徽、上海、湖北、福建、湖南、浙江、广西、广东、重庆，和2003年相比，吉林、云南退出后10名，四川、上海进入后10名，其他省份仅有次序上的略微调整。因此，生鲜乳生产能力的区域分布明显，整体上北方省份凭借优良的饲草资源和适宜的奶牛生活环境，覆盖了前10席位；南方省份由于高温高湿的自然环境劣势，覆盖了后10席位；另外都市型奶业代表（四大直辖市）生鲜乳生产能力都呈现出下滑或者停滞的发展状态。生鲜乳生产能力得分与排名情况具体如表7-7所示。

表7-7 生鲜乳生产能力得分与排名

区域	2003年		2008年		2009年		2015年		2016年	
	得分	排名	得分	排名	得分	排名	得分	排名	得分	排名
河北	1.026	4	1.516	3	1.499	3	1.553	3	1.493	3
山西	0.049	10	0.268	11	0.263	11	0.428	10	0.487	10
内蒙古	1.514	1	2.200	1	2.173	1	2.117	1	2.029	1
辽宁	-0.218	12	0.395	9	0.433	9	0.593	9	0.612	9
黑龙江	1.340	2	1.651	2	1.761	2	1.794	2	1.750	2
山东	0.497	5	0.902	6	0.922	5	1.113	6	1.090	6
河南	-0.300	14	0.909	5	0.877	6	1.175	5	1.128	5
陕西	0.305	6	0.709	8	0.726	7	0.698	8	0.694	8
宁夏	0.154	8	0.756	7	0.707	8	1.024	7	1.040	7
新疆	1.104	3	1.226	4	1.109	4	1.279	4	1.269	4
吉林	-0.495	18	-0.146	17	-0.026	14	0.135	13	0.129	13
江苏	-0.277	13	-0.137	16	-0.157	16	-0.112	18	-0.120	17
浙江	-0.687	20	-0.801	20	-0.880	20	-1.076	24	-1.153	24
安徽	-1.416	25	-0.960	21	-0.886	21	-0.503	19	-0.467	19
福建	-0.778	21	-1.030	22	-0.991	22	-1.009	22	-0.994	22
湖北	-1.228	22	-1.072	23	-1.064	23	-0.959	21	-0.976	21

(续)

区域	2003年		2008年		2009年		2015年		2016年	
	得分	排名	得分	排名	得分	排名	得分	排名	得分	排名
湖南	-1.842	26	-1.646	27	-1.636	27	-1.065	23	-1.059	23
广东	-1.406	24	-1.256	24	-1.222	24	-1.305	26	-1.308	26
广西	-1.949	27	-1.401	25	-1.579	26	-1.250	25	-1.282	25
四川	-0.342	15	-0.083	14	-0.055	15	-0.086	17	-0.129	18
云南	-0.558	19	-0.130	15	-0.182	17	-0.076	16	-0.050	15
甘肃	-0.365	16	-0.253	18	-0.186	18	0.039	14	0.046	14
青海	-0.062	11	0.086	13	0.153	13	0.226	12	0.250	11
北京	0.282	7	0.255	12	0.237	12	0.038	15	-0.101	16
天津	0.097	9	0.334	10	0.326	10	0.253	11	0.250	12
上海	-0.468	17	-0.576	19	-0.808	19	-0.555	20	-0.619	20
重庆	-1.392	23	-1.515	26	-1.543	25	-1.738	27	-1.750	27

7.3.3 牧场经营能力比较

牧场经营能力受两方面因素影响，一是牧场的经营管理水平，主要体现在成本控制能力；二是生鲜乳的销售价格，不但受供需影响，而且受下游乳企影响。牧场经营能力排名中，2003—2016年各省排名次序变化较大，说明牧场经营能力受多种因素干扰，表现不稳定。部分省份牧场经营能力显著上升，例如山西、吉林、湖北、广东、广西上升10名以上，主要原因是牧场管理水平提高，乳企收奶价格较高；部分省份牧场经营能力显著下降，例如内蒙古、山东、新疆、云南、甘肃下降11名以上，主要原因是乳企收奶价格较低。

河北、山西、黑龙江、吉林、福建、湖北、湖南、广西、北京、天津在2015—2016年的牧场经营能力排名中，均在前11位；内蒙古、山东、陕西、宁夏、安徽、甘肃在2015—2016年的牧场经营能力排名中，均在后9位。总体而言，2015—2016年生鲜乳生产大省（前10名）牧场经营能力大部分不佳，仅河北、山西、黑龙江排名在前11名，究其原因主要有三方面。首先，2014年开始生鲜乳价格由高位下滑，在低位徘徊，导致牧场经营情况较差。其次，由于生鲜乳生产大省的生鲜乳供应量大，乳品加工企业受消费市场影响，难以全部加工，供大于需时，乳企采用限量、压价等措施调节产能，使牧场经营效益下降；生鲜乳生产小省由于生鲜乳供应量小，供需矛盾不大，牧场的经营效益较好；调研中也发现，当北方生鲜乳主产省份陷入乳品企业限量收购生鲜乳的窘况时，南方省份却在高价求购生鲜乳。最后，河北、黑龙江近几年大力提高奶牛养殖规模化水平，2017年规模化奶牛场奶牛存栏占全省奶牛存栏总量80%以上，将一批有现代化管理手段，存栏100头以上的规模化奶牛场建设成为奶业养殖主体，降低了生产成本，提升了竞争能力。牧场经营能力得分与排名情况具体如表 7-8 所示。

表 7-8　牧场经营能力得分与排名

区域	2003 年		2008 年		2009 年		2015 年		2016 年	
	得分	排名	得分	排名	得分	排名	得分	排名	得分	排名
河北	1.671	1	0.098	10	0.251	8	0.262	11	0.370	11
山西	-0.453	21	1.128	5	-0.394	18	2.275	1	1.953	3
内蒙古	0.469	15	1.626	2	0.801	4	-0.738	21	-1.215	26
辽宁	0.719	12	-0.443	18	-0.398	19	-1.398	26	-0.349	16
黑龙江	0.740	11	-0.073	12	-0.631	22	1.243	5	1.176	5
山东	0.829	9	-2.112	27	-0.898	23	-0.875	22	-1.102	23
河南	1.164	5	-0.091	13	-0.168	13	0.043	13	0.243	13
陕西	-0.515	22	-0.787	20	-0.282	16	-1.370	25	-0.718	20
宁夏	0.359	17	-0.830	21	-1.288	26	-1.983	27	-1.777	27
新疆	1.540	2	1.394	3	1.055	2	-0.412	17	0.234	14
吉林	-1.379	27	1.361	4	0.531	6	0.962	6	1.129	6
江苏	0.979	8	-0.570	19	-0.170	14	-0.172	15	0.489	10
浙江	0.533	14	0.373	8	-0.067	12	-0.566	19	-1.166	24
安徽	-0.966	26	-0.214	16	-0.231	15	-1.162	24	-0.722	21
福建	1.301	3	-2.017	26	-1.666	27	0.412	10	5.013	1
湖北	-0.581	24	-0.849	22	-0.479	21	0.821	7	1.349	4
湖南	0.653	13	-0.183	15	0.145	10	0.482	9	0.607	8
广东	-0.863	25	0.937	7	0.882	3	-0.065	14	0.064	15
广西	-0.544	23	-0.170	14	-0.450	20	1.815	4	2.762	2
四川	0.112	18	0.989	6	0.338	7	-0.406	16	0.306	12
云南	1.155	6	2.726	1	2.298	1	2.051	2	-1.176	25
甘肃	1.083	7	0.084	11	0.211	9	-0.888	23	-0.700	19
青海	0.027	19	-0.916	24	-0.946	24	-0.676	20	-0.373	17
北京	0.746	10	0.161	9	-0.011	11	1.924	3	0.906	7
天津	1.258	4	-1.937	25	0.548	5	0.519	8	0.565	9
上海	0.406	16	-0.373	17	-1.130	25	-0.468	18	-0.434	18
重庆	-0.022	20	-0.905	23	-0.354	17	0.180	12	-0.938	22

7.3.4 乳企经营能力比较

乳企经营能力排名中，2003—2016年部分省排名次序变化较大。进步较大的省份是湖北、河南、天津，进步了13名以上，主要原因是这些省份在2003年乳企经营能力较差，经过13年的发展，大幅提高了乳企经营效益；退步较大的省份是上海、新疆、辽宁，退步了12名以上，主要原因是这些省份在2003年乳企经营能力较好，但是随着其他省乳品加工企业的迅速发展，生鲜乳成本的上升，乳企经营状况下降。2008年和2003年相比较，河北、内蒙古、陕西三省份排名下降达14名以上，主要原因是2008年的"三聚氰胺"事件重创了这些省份的乳品加工业，因此排名剧烈下降。2009年后，这些省份排名大幅回升，体现了这些省份乳品加工企业经营水平经过奶业市场的整顿，重新恢复到正常情况。

2014—2016年乳企经营能力都在前10名的省份有：内蒙古、山东、黑龙江、陕西、河北、河南、广东、宁夏、福建。内蒙古、黑龙江、广东省加大力度发展乳品加工业，不断革新生产技术，培育起一家甚至多家全国知名乳企积极占领省外市场，例如内蒙古的伊利实业集团股份有限公司、蒙牛乳业股份有限公司、圣牧高科牧业有限公司，黑龙江的完达山乳业股份有限公司、飞鹤乳业有限公司等，广东省的美赞臣营养品（中国）有限公司、施恩（中国）婴幼儿营养品有限公司等；山东、河北、河南是生鲜乳生产大省，吸引了许多知名乳企建厂，乳制品产量较大，乳企经营情况较好；福建的巴氏奶发展出色，本地乳企通过与知名乳企的差异化经营，取得良好的经营效果；宁夏形成了以塞尚、亿美为主的特色乳品（稀奶油、干酪素、乳糖）加工基地；陕西省奶粉产量大，尤其是羊乳制品占绝对优势，提高了乳企的经营能力。

2014—2016年乳企经营能力都在后10名的省份有6个：吉林、青海、山西、北京、上海、重庆。主要原因是：吉林、青海、山西、重庆本土乳制品加工业发展缓慢，缺知名乳企。广泽有限公司、春光乳业有限责任公司是吉林省本土乳企，在全国没有知名度，大乳企多是外省品牌，例如白城龙丹乳业科技有限公司，龙丹乳业是早期的黑龙江知名品牌，可是近几年随着市场的激烈竞争，并没有大的发展；2014年被称为"史上最严审查"的乳业新许可证审核结束后，全国共82家乳企获得新许可证，分布在22个省，但青海是空白，可见青海乳品加工业不发达；山西本土乳企少、规模小、销售量小，山西古城乳业集团有限公司、大同夏进乳业有限责任公司2015年加工销售量合计只有11.7万t左右；重庆生鲜乳产量本就很少，2016年下降到5.5万t，重庆天友乳业有限公司在全国缺乏知名度；北京和上海虽然有全国知名的乳企：北京三元食品股份有限公司、光明乳业股份有限公司，但是由于生鲜乳的产能下降，所以乳企产能布局主要在外省，局限于北京、上海区域的乳企经营情况表现欠佳。乳企经营能力得分与排名情况具体如表7-9所示。

表7-9 乳企经营能力得分与排名

区域	2003年		2008年		2009年		2015年		2016年	
	得分	排名	得分	排名	得分	排名	得分	排名	得分	排名
河北	1.223	3	-1.039	24	0.358	8	0.788	5	0.791	5
山西	-0.463	15	-0.004	7	-0.383	18	-0.474	24	-0.472	24
内蒙古	1.936	1	-3.315	27	1.101	2	2.355	1	2.363	1
辽宁	-0.123	9	-0.053	8	-0.025	11	-0.362	21	-0.358	21
黑龙江	1.044	4	3.052	1	1.737	1	1.018	3	1.021	3
山东	0.120	6	0.819	5	0.980	5	1.088	2	1.092	2
河南	-0.518	19	1.094	4	0.707	6	0.572	6	0.574	6
陕西	-0.343	11	-1.114	25	-0.088	13	0.795	4	0.796	4
宁夏	-0.420	14	-0.555	18	-0.405	19	0.233	8	0.236	8
新疆	-0.390	12	-0.529	16	-0.361	17	-0.515	25	-0.511	25
吉林	-0.479	18	-0.370	11	-0.891	26	-0.353	20	-0.353	20
江苏	-0.477	17	-0.265	9	-0.358	16	-0.116	15	-0.114	15
浙江	-0.308	10	-0.440	12	-0.409	20	-0.134	17	-0.131	17
安徽	-0.822	24	-0.443	13	0.230	9	-0.042	13	-0.042	13
福建	-0.391	13	-0.308	10	-0.506	21	0.085	9	0.088	9
湖北	-0.842	25	-0.768	21	-0.202	14	0.031	10	0.032	10
湖南	-0.079	8	-0.540	17	1.024	4	-0.212	18	-0.209	18
广东	1.040	5	2.009	2	0.690	7	0.538	7	0.543	7
广西	0.030	7	0.326	6	-0.047	12	-0.004	11	0.003	11
四川	-0.644	21	-0.668	19	-0.539	22	-0.131	16	-0.130	16
云南	-0.474	16	-0.517	15	0.120	10	-0.041	12	-0.038	12
甘肃	-0.602	20	-1.178	26	-0.937	27	-0.238	19	-0.232	19
青海	-1.060	26	-0.752	20	-0.611	23	-0.392	22	-0.387	22
北京	-0.691	22	-0.832	22	-0.870	25	-0.584	26	-0.583	26
天津	-1.605	27	-0.985	23	-0.728	24	-0.114	14	-0.113	14
上海	1.295	2	1.979	3	1.054	3	-0.994	27	-0.975	27
重庆	-0.718	23	-0.474	14	-0.216	15	-0.402	23	-0.401	23

7.3.5 竞争绩效比较

竞争绩效体现了各省乳品加工业在全国的市场竞争能力，从 2003—2016 年的竞争绩效排名看，总体变动幅度不大，仅个别省份排名变化较大。前 4 名十分稳定，依次是内蒙古、黑龙江、河北、山东，仅 2009 年河北、山东曾易位。究其原因，这些省份以生鲜乳生产为基础，培育或吸引知名乳企进驻，在全国打开了市场。内蒙古的伊利和蒙牛是全国乳品企业的龙头。黑龙江是传统的乳品大省，最大的奶粉生产基地，不但生产环境优良、乳品资源丰富，而且乳品企业众多，2014 年有 25 家企业获得乳业新许可证，有完达山、飞鹤两个全国知名品牌。河北省的君乐宝乳业集团有限公司，山东省的圣元营养食品有限公司、迈高乳业（青岛）有限公司都在当地政府的支持下，发展迅速，两省又是奶源供给大省，吸引许多乳品一线品牌设厂，乳制品市场占有率较高。从排名变动情况看，进步最大的是河南，2016 年较 2003 年上升了 19 位，主要原因在于河南本土乳企（河南花花牛公司、科迪乳业）发展迅速，另外，随着河南奶源优势增强，2012 年以来奶产量稳居全国第 4 位，吸引了省外的伊利、蒙牛、光明、三元、君乐宝等乳企在河南建基地，提升了河南的奶业竞争绩效。山西、湖南、甘肃的排名下降了 10 位以上，原因在于乳企数量和奶源产量都不占优势。湖南生鲜乳产量很少，约 10 万 t；甘肃产量较少，约 40 万 t；山西产量较多，约 90 万 t；这些产能主要满足本地需求，较难占领省外市场。另外山西省煤炭产业发达，本土乳企发展缓慢，山西古城乳业是代表性品牌，由于奶源较少、竞争多，发展日益萎缩。

以 2014—2016 年的竞争绩效排名情况来看，陕西排名在前 7 位，陕西省的乳品企业较多，2014 年有 14 家企业获得乳业新许可证，仅次于黑龙江，还是饲养中国奶山羊最集中的省份，目前羊奶粉呈蓬勃发展之势，吸引了大量资本涌入。河南、宁夏始终在第 5 名至第 7 名徘徊，河南乳品产量较大，宁夏具有发展奶业的资源优势，乳品企业较多，人均奶占有量很高，红果乳业是宁夏的本地乳企，蒙牛、伊利也在宁夏设厂，乳品产量也较大。江苏、上海、北京、广东也稳定在前 12 名，这些区域奶源较少，依靠进口奶源，建立全国知名的合资企业或本土企业，生产标准较高，在中高端奶粉市场上有许多消费者，另外，该区域对进口乳制品需求量大，乳品销售收入较好。

2014—2016 年始终在后六位的省份有 5 个：甘肃、湖南、福建、吉林、重庆，主要原因在于生鲜乳产量低、乳企带动能力差。甘肃整体经济发展水平较低，乳企发展较慢，例如甘肃临夏州燎原乳业有限公司生产亮点是牦牛乳粉，但是研发能力不足，只能局限于本土发展。湖南本土乳企（加比力食品有限公司）整体缺乏品牌号召力。吉林虽然也有敦化美丽健乳业有限公司、吉林飞鹤艾倍特乳业有限公司、白城龙丹乳业科技有限公司等乳企，但是产品市场占有率较低。福建奶业总量很小，乳企科技水平较低，发展较慢，主要产品是巴氏奶，服务本地居民；福建长富、大乘、澳牛、闽牛等奶业龙头企业都是主打巴氏奶，2014 年通过乳粉审核的乳企只有福建明一国际营养品集团有限公司，但是产品口碑一般；福建奶业的发展，有待乳企提升创新能力、塑造品牌。重庆自然环境不利于大规模奶牛养殖和粪污处理，生鲜乳产能过低。竞争绩效得分与排名情况具体如表 7-10 所示。

表 7-10 竞争绩效得分与排名

区域	2003年 得分	2003年 排名	2008年 得分	2008年 排名	2009年 得分	2009年 排名	2015年 得分	2015年 排名	2016年 得分	2016年 排名
河北	1.878	3	1.130	3	0.811	4	1.193	3	1.192	3
山西	-0.288	11	-0.307	14	-0.367	14	-0.512	22	-0.490	21
内蒙古	3.849	1	3.762	1	3.562	1	2.998	1	3.032	1
辽宁	-0.608	18	0.133	6	0.157	6	-0.241	13	-0.227	13
黑龙江	3.612	2	2.186	2	2.654	2	2.017	2	2.082	2
山东	1.233	4	0.749	4	0.949	3	0.788	4	0.763	4
河南	-0.678	24	-0.159	9	-0.064	8	0.350	6	0.487	5
陕西	0.413	5	0.325	5	0.331	5	0.385	5	0.295	7
宁夏	-0.070	8	-0.303	13	-0.312	12	0.321	7	0.335	6
新疆	-0.495	16	-0.392	16	-0.394	17	-0.413	17	-0.391	18
吉林	-0.756	26	-0.706	27	-0.703	27	-0.594	26	-0.600	26
江苏	-0.206	9	-0.246	10	-0.211	10	-0.007	8	-0.024	8
浙江	-0.345	14	-0.535	19	-0.515	19	-0.451	19	-0.426	19
安徽	-0.640	21	-0.319	15	-0.333	13	-0.265	14	-0.255	14
福建	-0.631	20	-0.641	23	-0.640	23	-0.701	27	-0.698	27
湖北	-0.613	19	-0.408	17	-0.377	16	-0.270	15	-0.261	15
湖南	-0.322	13	-0.296	12	-0.369	15	-0.539	24	-0.550	24
广东	-0.271	10	-0.109	8	-0.117	9	-0.180	11	-0.188	11
广西	-0.666	23	-0.598	21	-0.689	26	-0.458	20	-0.454	20
四川	-0.403	15	-0.409	18	-0.425	18	-0.240	12	-0.213	12
云南	-0.505	17	-0.554	20	-0.528	20	-0.358	16	-0.346	17
甘肃	-0.307	12	-0.644	24	-0.661	25	-0.513	23	-0.503	22
青海	-0.790	27	-0.670	26	-0.614	21	-0.505	21	-0.509	23
北京	-0.034	7	-0.269	11	-0.267	11	-0.137	9	-0.058	9
天津	-0.691	25	-0.645	25	-0.640	22	-0.420	18	-0.300	16
上海	0.102	6	0.050	7	0.048	7	-0.169	10	-0.182	10
重庆	-0.658	22	-0.614	22	-0.656	24	-0.589	25	-0.586	25

7.3.6 奶业综合发展水平比较

在分别计算出奶业发展环境（QL）、生鲜乳生产能力（SC）、牧场经营能力（MY）、乳企经营能力（RY）、竞争绩效（JX）得分基础上，根据公式（7-1）计算奶业综合发展水平。

$$综合发展水平 = 0.036QL + 0.245SC + 0.296MY + 0.183RY + 0.240JX \quad (7-1)$$

全面考察 27 省 2003—2016 年的奶业综合发展水平排名，总体变动幅度较平稳，但是个别省份变动幅度较大。湖北 2016 年的排名较 2003 年上升了 14 位，主要是因为其 2016 年的牧场经营能力、乳企经营能力改善较大；新疆 2016 年的排名较 2003 年下降了 17 位，主要是因为 2016 年牧场经营能力、乳企经营能力下滑较大，发展环境较差。

奶业综合发展水平得分受年度经营情况影响处于不断变化中，为了综合考虑最近 4 年的发展情况，将 2013—2016 年的奶业综合发展水平得分进行算术平均后排名，将奶业发展水平分为四个等级：

奶业综合发展水平高的省份（1~6 名）依次是：黑龙江、内蒙古、河北、山西、河南、山东，全部属于长江以北生鲜乳主产区域，具有牧场、乳品加工企业经营效果较好，乳制品产量大的特点，但是山西的乳企经营和市场绩效较差。平均综合得分均在 0.40 以上。

奶业综合发展水平中上等的省份（7~12 名）包括：新疆、陕西、吉林、北京、天津、福建，大部分省份位于长江以北，新疆、陕西、吉林属于生鲜乳主产区；北京、天津乳制品加工业发达，乳制品产量较大；福建生鲜乳产量小，但是牧场和乳企经营效果好，各省份平均综合得分均在 0.09~0.40。

奶业综合发展水平中下等的省份（13~20 名）包括：四川、宁夏、湖北、广西、辽宁、江苏、云南、广东，大部分省份位于长江以南。宁夏、辽宁属于生鲜乳主产区，但是牧场经营效果较差；四川、云南生鲜乳产能居中，乳企经营能力较好；湖北、广西牧场、乳企经营能力较好；江苏市场竞争绩效较好；广东生鲜乳产能很低，但是乳企经营能力较好。各省份平均综合得分均在 -0.19~0.07。

奶业综合发展水平低的省份（21~27 名）包括：甘肃、青海、上海、湖南、安徽、浙江、重庆。甘肃、青海生鲜乳产能较好，但是其他方面均较差；上海、湖南、安徽、浙江、重庆生鲜乳产能较少，需要外部输入，南方省份的气候不利于奶牛养殖，因此牧场、乳企经营效果较差，奶业发展缺乏竞争力。各省份平均综合得分均在 -0.20 以下。奶业综合发展水平得分与排名情况具体如表 7-11 所示。

表 7-11 奶业综合发展水平得分与排名

区域	2003 年		2008 年		2009 年		2015 年		2016 年	
	得分	排名	得分	排名	得分	排名	得分	排名	得分	排名
河北	1.401	3	0.469	5	0.693	3	0.892	3	0.911	5
山西	-0.304	19	0.307	8	-0.226	16	0.570	4	0.495	6
内蒙古	1.759	1	1.304	2	1.819	1	1.477	2	1.328	2
辽宁	-0.025	12	-0.001	12	0.042	10	-0.358	22	-0.042	17
黑龙江	1.581	2	1.453	1	1.190	2	1.486	1	1.473	1

(续)

区域	2003年		2008年		2009年		2015年		2016年	
	得分	排名	得分	排名	得分	排名	得分	排名	得分	排名
山东	0.688	4	-0.062	13	0.386	6	0.447	8	0.370	8
河南	-0.013	11	0.348	6	0.273	7	0.494	6	0.575	5
陕西	-0.061	15	-0.198	15	0.151	8	0.023	12	0.191	10
宁夏	0.016	9	-0.263	16	-0.384	21	-0.231	18	-0.160	18
新疆	0.508	5	0.500	4	0.401	5	-0.010	13	0.186	11
吉林	-0.826	26	0.116	10	-0.189	14	0.122	9	0.172	13
江苏	0.066	8	-0.309	18	-0.199	15	-0.039	15	0.160	14
浙江	-0.168	17	-0.296	17	-0.429	22	-0.516	25	-0.698	26
安徽	-0.960	27	-0.469	20	-0.331	19	-0.521	26	-0.371	23
福建	-0.048	14	-1.069	27	-0.981	27	-0.252	19	1.119	3
湖北	-0.798	24	-0.765	24	-0.536	24	-0.026	14	0.126	15
湖南	-0.378	20	-0.630	23	-0.253	17	-0.274	20	-0.236	20
广东	-0.486	22	0.333	7	0.094	9	-0.221	17	-0.171	19
广西	-0.824	25	-0.502	21	-0.716	26	0.113	11	0.392	7
四川	-0.282	18	0.042	11	-0.115	12	-0.195	16	0.014	16
云南	-0.038	13	0.522	3	0.508	4	0.489	7	-0.453	25
甘肃	0.016	10	-0.433	19	-0.337	20	-0.423	23	-0.362	22
青海	-0.428	21	-0.579	22	-0.531	23	-0.358	21	-0.262	21
北京	0.159	7	-0.072	14	-0.124	13	0.517	5	0.234	9
天津	-0.079	16	-0.823	25	-0.036	11	0.118	10	0.173	12
上海	0.267	6	0.147	9	-0.301	18	-0.449	24	-0.435	24
重庆	-0.633	23	-0.878	26	-0.682	25	-0.568	27	-0.908	27

7.4 奶业发展水平聚类分析

7.4.1 奶业发展水平聚类

根据2015—2016年发展环境、生鲜乳生产能力、牧场经营能力、乳企经营能力、竞争绩效的得分，对27省奶业发展水平进行聚类分析。运用系统聚类分析以及ward聚类法得到27个省份奶业发展水平的聚类分析结果，聚类分析树状图如图7-1所示。

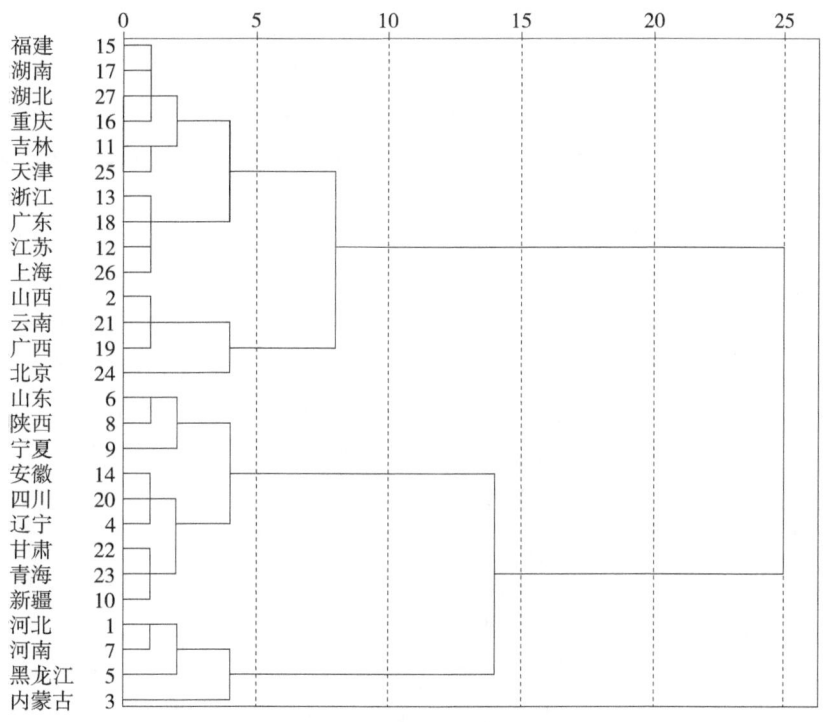

图 7-1 聚类分析树状图

根据树状图可以把27个省份分成3类：第一类包括河北、河南、黑龙江、内蒙古；第二类包括山东、陕西、宁夏、安徽、四川、辽宁、甘肃、青海、新疆；第三类包括福建、湖南、湖北、重庆、吉林、天津、浙江、广东、江苏、上海、山西、云南、广西、北京。

7.4.2 区域奶业发展定位

（1）奶业龙头带动区。河北、河南、黑龙江、内蒙古无论生鲜乳生产能力，还是乳品加工能力都可以称为奶业大省，要继续发挥生鲜乳的生产优势和龙头乳企的带动优势。除内蒙古以外，其他三省发展环境均在后10名；四省生鲜乳生产能力均在前5名，乳企经营能力、竞争绩效在前5名；牧场经营能力除黑龙江省以外均在10名以后。因此，河北、河南、黑龙江需要在消费需求、投资、创新、辅助产业建设、环境保护、可持续发展方面改善奶业经营环境。河北、河南、内蒙古三省区需要关注多途径降低牧场的生产成本，制定合理的生鲜乳价格，保障牧场的生产积极性。

（2）奶业潜力挖掘区。山东、陕西、宁夏、安徽、四川、辽宁、甘肃、青海、新疆9个省区各有所长，但是发展不均衡，因此需要扬长补短。

山东、陕西、宁夏的生鲜乳生产能力、乳企经营能力、竞争绩效均处于上游，稍逊于活力充沛型区域，是奶业发展最具潜力的地区。三省牧场经营能力较差，均处于后6名；宁夏发展环境差。因此建议三省区改善牧场经营能力，其中宁夏还需要在发展环境上多加改善。

安徽、四川、辽宁三省的竞争绩效处于中游，发展环境处于中上游。乳企经营能力除辽宁以外处于中游。安徽、四川生鲜乳产量处于中下游。安徽牧场经营能力较差。因此建议辽宁尽快恢复辉山乳业的龙头带动作用，改善乳企的经营情况；安徽提高生鲜乳产能，改善牧场的经营情况。

甘肃、青海、新疆的生鲜乳生产能力较好，发展环境较差，乳企经营能力和竞争绩效均处于下游，牧场经营能力居中游。甘肃、青海生鲜乳生产能力处于中游，新疆生鲜乳生产能力居第4名。因此建议甘肃、青海、新疆改善发展环境，以大型乳品企业建设为重点，充分发挥优质饲草料的生产优势，改善乳企经营情况，增强竞争绩效。

（3）奶业特色发展区。福建、湖南、湖北、重庆、吉林、天津、浙江、广东、江苏、上海、山西、云南、广西、北京属于各有发展特色，不以产量取胜。

福建、湖南、湖北、重庆的生鲜乳生产能力均在后7名，发展环境均处于中游，牧场经营能力除重庆以外均处于上游，竞争绩效除湖北以外处于后4名，乳企经营能力除重庆以外均处于中游。因此建议四省结合自身的奶牛养殖能力，以本地市场为服务对象，发展低温乳制品或特色乳制品，提高乳企经营能力。

吉林、天津生鲜乳生产能力、发展环境均处于中游，牧场经营能力较好，位于前9名。天津的乳企经营能力、竞争绩效处于中游，吉林处于下游。因此建议吉林充分利用自身的优势资源，建设乳品企业，或者引入外省知名乳企提高经营业绩。天津适度发展城郊奶业，加大品牌建设，吸收周边地区奶源，提高市场份额。

浙江、广东、江苏、上海处于经济发达区域，发展环境均处于前5名，生鲜乳生产能力处于中下游，牧场经营能力除浙江外处于中游，竞争绩效处于中上游；乳企经营能力除上海之外，处于中上游。因此建议江苏和广东在发展合资乳品企业的同时，加大对国内生鲜乳的使用，积极拓展国际市场；上海适度发展城郊奶业，注意提高乳企的经营效率，扩大光明乳业在国内外的生产布局；浙江其他产业比较效益高，适度发展奶业满足本地居民的需求即可。

山西、云南、广西牧场经营能力较好，发展环境较差，处于下游。云南、广西的乳企经营能力、竞争绩效处于中游，山西、云南生鲜乳生产能力处于中游。因此建议山西发挥生鲜乳的生产优势，提高乳品企业的经营水平，与陕西省联合，拓展羊奶细分市场占有率。云南、广西地处西南，是重要的风景旅游大省，立足本地市场，适度发展奶业，协调好环境与奶业的关系。

北京作为首都，奶业是需要疏解的非首都功能之一。近些年生鲜乳生产能力呈下降状态，处于中游，但是北京凭借广大的消费市场、进口奶源、紧邻生鲜乳生产大省，乳品加工能力较强，因此竞争绩效、牧场经营能力、发展环境均处于上游，但乳企经营能力较差。因此建议北京进一步向科技型奶业发展，凭借发展环境优势，借鉴国内外先进技术，成为现代奶业的领路人，提高乳企经营效率。

7.5 本章小结

本章通过全局主成分分析法科学评价了 27 省份 2003—2016 年的奶业发展水平，并从六个方面（发展环境、生鲜乳生产能力、牧场经营能力、乳企经营能力、竞争绩效、综合发展水平）比较了不同时间点和不同区域的奶业发展水平变化情况及原因，找出区域发展优势因素，并结合近 4 年的综合发展水平得分，划分了四个发展水平段；最后，通过聚类分析确定 27 省的发展定位。主要结论如下。

（1）根据得分排名分析了不同省份 14 年的发展变化原因，找出发展环境优势区：北京、广东、江苏、上海、浙江。生鲜乳生产能力优势区：内蒙古、黑龙江、河北、新疆、河南。牧场经营能力优势区：广西、山西、黑龙江、吉林、北京。乳企经营能力优势区：内蒙古、山东、黑龙江、陕西、河北。竞争绩效优势区：内蒙古、黑龙江、河北、山东。根据 2013—2016 年综合发展水平得分认为，黑龙江、内蒙古、河北、山西、河南、山东是奶业综合发展水平高的区域；甘肃、青海、上海、湖南、安徽、浙江、重庆是奶业综合发展水平低的区域；其他区域处于中等水平。

（2）根据 2015—2016 年的奶业发展水平进行聚类分析，将河北、河南、黑龙江、内蒙古定位为奶业龙头带动区；将山东、陕西、宁夏、安徽、四川、辽宁、甘肃、青海、新疆定位为奶业潜力挖掘区；将其他区域定位为奶业特色发展区；并对不同区域提出发展建议。

综上所述，在实际中各省应重新审视自身在奶业发展中的优势和劣势，找准定位，快速提高奶业发展水平。

8 中国奶业发展战略、布局及对策

通过第3~7章的全面分析，中国奶业发展的内外情况已经清楚呈现，本章结合国家的政策方针，从全局视角制定奶业发展战略，从区域比较视角优化奶业发展布局，从影响因子视角提出奶业发展对策。

8.1 全局视角的奶业发展战略

奶业发展战略是根据奶业发展外部环境和内部影响因素状况，为了获得竞争优势，对实现奶业发展目标、途径的总体谋划。

8.1.1 中国奶业发展的战略目标

根据中国的奶业发展现状，结合《全国奶业发展规划（2016—2020年）》和《国务院办公厅关于推进奶业振兴保障乳品质量安全的意见》，可知当前奶业发展的战略目标有三个：一是实现奶业现代化。通过完善现代奶业质量监管体系、产业体系、生产体系、经营体系、支持保障体系，推进奶业现代化建设。二是提高奶业竞争力。提高奶业综合生产能力、质量安全水平，优化产业结构和产品结构。三是提高奶业可持续发展能力。实现奶业生产与生态协同发展，提高养殖废弃物综合利用率。在此基础上到2025年，奶业实现全面振兴，整体发展水平进入世界先进行列。

8.1.2 中国奶业发展的战略分析

结合战略目标，根据前文对奶业发展现状、影响因素、测度因子的分析，采用管理学中的SWOT分析法，对奶业发展的外部环境和内部条件进行综合分析，采用系统思维，形成以下四个战略方案。

（1）优势—机会（SO）战略。SO战略是结合内部优势，利用外部机会的战略。为了充分发挥中国生鲜乳和乳制品产量大、品质高及地缘优势，结合消费量大的机会，中国奶业可以通过产品创新，满足国内居民对高质量、新鲜、多样化乳制品的需求，巩固国内市场占有率。规模牧场和乳企是奶业的主要生产主体，而且生产技术不断提高，结合政府高度重视支持奶业发展的机会，政府职能部门可以加大对规模牧场、乳品企业的技术培训、质量监管，完善支持政策，促进奶业内涵提升。乳品企业投资实力增强，恰逢奶业对外开放水平不断提高的机会，乳品企业应该积极走出去，引进先进技术和管理理念，提高自身经营能力，开拓国际市场。

（2）弱点—机会（WO）战略。WO 战略是利用外部机会来弥补内部弱点获取优势的战略。利用开放水平提高的机会，弥补我国乳制品出口量小，部分产业技术落后的劣势，建议乳品企业重点发展高附加值的乳制品，加大向亚洲周边国家的出口；科研体系利用国际交流，加大对奶牛遗传育种业、奶业机械和包材的研究开发。利用饲草产业发展的机遇，弥补优质粗饲料不能自给、生鲜乳生产成本高的劣势，建议政府职能部门通过饲料、生乳标准的修订，引导牧场加大使用国产优质粗饲料的比率，积极开发使用本地粗饲料，降低饲料成本。

（3）优势—威胁（ST）战略。ST 战略是利用自身优势，减轻外部威胁所造成的影响。利用国内乳制品质量大幅提升的优势，减轻消费者对国产乳制品不推崇的风险，建议新闻媒体加大对国产乳制品的宣传，提高美誉度，扩大品牌影响力。利用生鲜乳产量大、品质好、紧邻消费市场的优势，减轻进口关税降低，需求被进口替代的风险，建议乳品企业大力发展低温乳制品，增加消费者的市场黏性。利用行业集中度提高，乳品企业投资实力增强的优势，减轻牧场的经营压力和生鲜乳的自供风险，建议乳企积极引导一体化发展方向，提高产业链整体协作能力。利用奶牛年平均单产逐步提高，牧场育种、饲喂、管理技术科学化的优势，减轻由于贸易摩擦和环境保护加强带来的成本升高风险，建议科研体系助力提高奶牛单产，降低存栏数量，摊薄成本。

（4）弱点—威胁（WT）战略。WT 战略是减少内部弱点，回避外部环境威胁的防御性策略。为了减少干乳制品品种较少、乳品结构不合理的弱点，回避需求被进口替代的风险，建议乳品企业丰富产品种类，提高产品质量，拓展乳饮料等生产线，提高经营收益。为了减少生鲜乳生产成本高的弱点，回避贸易摩擦带来的部分生产资料成本提高和国内环境成本升高的风险，建议政府职能部门和乳品企业结合自然环境承载力，控制国内奶牛数量，合理利用境外资源进行生产，利用好国际市场补充国内需求。具体情况如表 8-1 所示。

8.1.3 中国奶业发展的战略选择

综合 SO、WO、ST、WT 战略，可以发现其主要围绕政府服务、科技、乳企发展 3 个方面，结合中国奶业发展的战略目标，提出以下发展战略（表 8-1）。

（1）政府服务引导战略。奶业的发展离不开政府的服务和引导。在服务上，加强对规模牧场、乳企的技术培训；加强质量监管，注重对监管结果的宣传，提高国产乳制品美誉度，扩大品牌影响力；完善奶业可持续发展支持网，改善奶业发展政策环境，突出对科技研发的支持。在引导上，通过粮、经、饲结构调整，提高优质粗饲料的国产比率，加大本地粗饲料的开发使用，降低生鲜乳成本；结合自然环境承载力，控制国内奶牛数量；推动乳企引导的一体化发展方向。

表 8-1 奶业发展的战略选择空间

		优 势	劣 势
内部能力		①阶段产品优势：中国奶牛存栏量高，牛奶专业化生产形成，生鲜乳产量大，品质高 ②牧场发展优势：牧场生产效率提高，规模牧场成为生鲜乳生产的主要群体，养殖规模向百头以上集中，牧场育种、饲喂、管理技术科学化，奶牛年平均单产逐步提高 ③乳企发展优势：乳品企业竞争实力提高。乳品企业的生产设备先进，行业集中度提高，乳品企业投资实力增强，技术创新，乳制品产量高，质量好 ④地缘优势：紧邻消费市场。国内乳企能更快地了解消费者的需求，利于发展低温乳制品，流通成本低，乳制品更新鲜，可以拓展奶业的其他功能 ⑤生产基础优势：玉米布局广泛，尤其北方产量大，提供充足的饲料，奶业基础设施和包村化程度高	①阶段产品劣势：生鲜乳生产成本高，交易价格高 ②牧场发展劣势：牧场经营困难多，土地租期短，融资困难，利润比较微薄 ③乳企发展劣势：乳品企业竞争力较弱，品牌号召力不大，干乳制品种品种较少，高附加值的乳制品市场占有率低 ④乳制品贸易劣势：中国乳制品贸易竞争力较弱，规模很小，进口规模大，出口目的地集中在亚洲周边国家，乳制品的进口依存度较高 ⑤生产基础劣势：优质粗饲料不能自给，奶牛遗传育种业发展相对滞后，奶业机械和包村用工成本不断增加
外部条件		机 会	风 险
		①乳制品消费量仍有增长潜力。乳制品消费量大，仍有增长潜力。三孩生育政策促进奶粉的消费，城镇化水平的提高，农村消费市场的开拓，居民收入提高促进乳制品的消费；人均乳制品消费量低，还有增长空间 ②政府高度重视支持奶业发展。实施奶业振兴行动，初步构建了奶业可持续发展支持网，政府服务能力增强，积极组织奶农培训，不断强化监测执法，逐步完善政策法规 ③奶业对外开放水平不断提高。国际交流扩大，提供了引进学习国外先进奶业技术、管理经验的机会；自贸区建立、"一带一路"倡议实施，为中国乳品企业提供了利用国外优势资源，开拓国际市场的机会 ④农业产业结构调整利于奶业发展。实施大豆振兴计划，发展青贮玉米，首蓿等提供优质饲草料优势，为奶业提供了成本动力	①人均乳制品消费量增长减弱。居民对未来的增收预期不高，消费倾向更侧重于旅游教育，乳制品消费习惯增长率不高，而不是"吃"，牛奶替代物增多等造成人均乳制品消费增长率下降 ②部分乳制品需求被进口乳替代。国内消费者崇拜进口乳制品，对国产乳制品信心不足，乳制品进口关税降低，网购国外产品便利，国际乳制品价格较低等因素，导致2008年以来进口乳制品大幅增加 ③奶业配套政策不完善。我国奶业一体化程度较低，乳企和牧场尚不能协同竞争，需要外部奶业配套政策保障牧场的利益，减轻生鲜乳自供能力的受挤压风险，提高产业链整体协作能力 ④生产成本有增加的风险。贸易摩擦导致部分生产资料成本有升高风险，开征畜牧业环保税，导致环境治理加强，开征环保税、环保成本有升高风险

（续）

SO 战略	WO 战略
①通过产品创新，满足国内居民对高质量、新鲜、多样化乳制品的需求（技术、乳企）	①重点发展高附加值的乳制品，加大向亚洲周边国家的乳制品出口（乳企）
②加大对规模牧场、乳品企业的技术培训，质量监管，完善支持政策（政府）	②利用国际交流，加大对奶牛遗传育种业、奶业机械和包材的研究开发（技术）
③支持乳企走出去，引进先进技术和管理理念，开拓国际市场（乳企）	③提高优质粗饲料的国产比率，加大本地粗饲料的开发使用，降低饲料成本（政府）
ST 战略	WT 战略
①加大对国产乳制品的宣传，提高美誉度，扩大品牌影响力（政府、乳企）	①以乳企为龙头，丰富产品种类，提高产品质量，拓展乳饮料等生产线，提高收益（乳企）
②大力发展低温乳制品，增加消费者的市场黏性（乳企）	②结合自然环境承载力，控制国内奶牛数量，合理利用境外资源进行生产，利用好国际市场补充国内需求（政府、乳企）
③推动乳企引导的一体化发展方向，提高产业链整体协作能力（乳企、政府）	
④提高奶牛单产，降低存栏数量，控制生产成本（技术）	

（2）科技服务支撑战略。利用科技创新，弥补竞争劣势。中国奶业的快速发展是建立在资源优势基础上的，目前这种优势正在丧失。例如，劳动力、饲料、土地成本增加，导致原料奶成本高于国际平均水平。随着国内经济发展的积累，对奶业的投资不断加大，最先进的设备在国内牧场和乳企都能找到，但投资拉动奶业增长的空间越来越小。因此依据竞争优势理论，中国奶业必须实现竞争基础向创新驱动型转变。在奶业发展中最重要的就是科技创新、科技服务。通过对奶牛遗传育种业，奶业机械和包材的研究开发，提高奶牛单产，降低存栏数量，减轻环境承载压力，降低牧场、乳企购买机械、包材的成本。通过产品创新，满足国内居民对高质量、新鲜、多样化乳制品的需求。

（3）龙头乳企带动战略。奶业发展离不开龙头乳企带动。在国内市场，乳企要通过丰富的、贴近消费需求的乳制品满足居民的生活需要；大力发展低温乳制品，巩固国内消费市场；拓展乳饮料等生产线，提高收益；加强和牧场的一体化建设，保障生鲜乳自供能力，增强产业链竞争力；结合自然环境承载力，控制国内奶牛数量。乳企更要勇于开拓国际市场，引进先进技术和管理理念，以发展高附加值的乳制品为突破口，加大向亚洲周边国家的乳制品出口；合理利用境外资源进行乳制品生产，利用好国际市场补充国内需求。

8.2 区域比较视角的奶业发展布局

奶业发展是以一定的自然资源为基础的，中国幅员辽阔，各地奶业发展不平衡，在考虑区域奶业优势因子和发展定位基础上，结合区域人口聚集情况、经济发展情况、产业特色，提出以下奶业发展布局建议。

8.2.1 东北和内蒙古布局

以内蒙古、黑龙江为引领，发展保质期较长的乳制品。东北三省和内蒙古的生鲜乳生产能力较好，内蒙古、黑龙江稳居全国前两位，辽宁、吉林略差，但是也处于中上游。这些区域人口密度较低，距离东部经济发达区域相对较远，农牧业资源丰富。从乳制品的市场竞争绩效来看，内蒙古、黑龙江稳居全国前两位，辽宁居中，吉林很差。内蒙古和黑龙江的奶业综合发展水平高，因此建议该区域奶业发展应以内蒙古、黑龙江的乳品企业为带动，重点发展耗奶量大、保质期较长的乳制品，如奶粉、乳酪、奶油、超高温灭菌乳等，将内蒙古建设成高端乳制品生产基地，黑龙江建设成乳粉生产基地。吉林乳品企业发展较差，可以重点发展生鲜乳生产。辽宁乳品加工和生鲜乳生产能力适中，而且具有独特的区位优势，可以发展面向朝鲜、韩国、日本的乳制品出口贸易。

8.2.2 华北地区布局

以河北、山东、河南为引领,发展全品种乳制品。河北、河南、山东、山西的生鲜乳生产能力较强,均位于前10名。华北地区人口密度较大,紧邻经济发达区域,交通便利,农业资源丰富。从乳制品的市场竞争绩效来看,河北、河南、山东均在前6位,山西处于下游。河北、河南、山东奶业综合发展水平均处于前10名位置,而且河北有乳制品加工的传统,紧邻北京、天津两个一线城市,区位优势明显。因此建议,该区域奶业发展应以河北、山东、河南为带动,乳制品加工要兼顾新鲜的低温乳制品和耗奶量大、保质期较长的乳制品。山西虽然属于华北区域,但是在气候和生产环境上更接近陕西,奶牛养殖主要分布在北部地区(大同、朔州、忻州、太原及晋中),乳品加工业较不发达,因此建议山西在奶业发展上侧重生鲜乳生产,加强和周边奶业强省的合作。

8.2.3 西部地区布局

西部地区形成以陕西、宁夏为龙头,甘肃和青海为辅助支撑的奶业发展格局。陕西、甘肃、青海、宁夏、新疆、西藏地处内陆,牧业资源丰富,区域特色明显。总体布局上,宁夏以发展干乳制品为重点,陕西以羊奶产业为特色,甘肃和青海以牧草产业为重点,新疆可以发展出口贸易,西藏致力于服务本地区。具体原因分析如下。

陕西的奶牛养殖集中在关中,生鲜乳生产能力较高,乳品企业竞争绩效较好,奶业综合发展水平处于中上游,区域特色是羊奶,适合以牛奶为基础,辐射南方奶业欠发达区域,大力发展羊奶产业,形成差异化竞争优势。

宁夏面积较小,水土资源丰富,牧草资源充足,生鲜乳生产能力较高,人均占有量高,乳品企业竞争绩效较好,适合发展高耗奶量的乳制品,例如,奶粉、稀奶油、黄油、奶酪、奶昔、炼乳、蛋白粉等。

甘肃生鲜乳生产能力居中,乳品企业竞争绩效较差,奶牛养殖主要集中在兰州、酒泉、临夏、张掖,由于区域生态环境比较脆弱,降水较少,蒸发量大,适合优质牧草生产。

青海地处青藏高原,属于三江之源,是重要生态屏障和水源涵养区,水资源、牧草、牦牛资源丰富。虽然青海生鲜乳生产能力居中,但是奶业综合发展水平很低,而且在高原养殖奶牛,气温低导致投入成本高。因此青海适合发展牧草产业,适度发展有机牛奶和牦牛奶。

新疆面积广阔,交通不发达,虽然生鲜乳生产能力较高,但是乳品企业竞争绩效、奶业综合发展水平居中,因此乳制品在国内市场竞争力较弱。但是新疆地处西北,与许多内陆国家接壤,可以根据地方民族食品习惯,发展奶酪等乳制品,另外借助区域特色,可以发展骆驼奶,扩大出口。西藏地处高原,交通不发达,因此以满足本地需求为主。

8.2.4　南方地区布局

南方地区形成以云南、四川、安徽、江苏为重点，辐射周边区域，基本满足居民的低温乳制品需求，将四川、江苏、广东建设成为南方地区的干乳制品生产基地。湖北、湖南、江苏、浙江、福建、安徽、江西、广东、广西、海南、云南、贵州、四川地处南方，气温较高、湿度较大，总体上不是奶牛养殖的理想区域，因此在奶业发展上，以满足本区域，兼顾周边区域为指导思想。

云南生鲜乳生产能力、乳品企业市场竞争绩效均处于中下游，奶业综合发展水平较低，但是其纬度低、海拔高，冬暖夏凉，是西南部适合奶业发展的稀缺之地。云南与缅甸、老挝、越南接壤，外向型经济优势明显，但是其畜牧业资源丰富，选择空间较大；旅游资源发达，更注重生态环境保护。因此云南在兼顾旅游业和特色畜牧业发展的基础上，应当在环境承载限度内，适度发展奶业，突出水牛奶特色，满足区域需求，适量出口。

四川面积大，人口多，已经形成了成都市城郊、盆中丘陵、川西三州、川东北山区、川南城市郊区五个发展基地，生鲜乳生产能力处于中下游，乳品企业市场竞争绩效、奶业综合发展水平居中。但是四川旅游资源发达，生态环境保护任务大，因此奶业适合分散发展，以液态奶为主，兼顾干乳制品生产，满足区域需求，支持重庆。

江苏省生鲜乳生产能力、乳品企业市场竞争绩效、奶业综合发展水平处于中游。奶业生产主要分布在苏北地区，即徐州、宿迁、盐城、连云港，另外在沪宁沿线的苏州、南京也有分布。江苏紧邻上海市和奶源欠丰富的经济发达地区，因此奶业发展应该以酸奶、UHT 奶、巴氏奶生产为主，兼顾干乳制品生产，除了满足本省需要以外，还要为上海等地提供支持。

安徽生鲜乳生产能力、奶业综合发展水平处于下游，乳品加工企业的市场竞争绩效居中。奶业生产优势区域主要包括：蚌埠、合肥、淮南、马鞍山等地及附近郊县。该省经济发展水平稍逊于周边省份，相邻的江西、浙江、湖北生鲜乳生产较少。安徽应该以扩大生产规模为目标，吸引奶业发达省份的乳品企业在本省设厂，带动当地奶业的发展，产量除了满足本省需要以外，可以辐射周边省份。

湖北、湖南、浙江、福建、江西、广东、广西、海南、贵州的区域生鲜乳产量较少，应该主要发展本地消费型奶业，对于需求不足部分，可以从外省购入。广东省生鲜乳产量较少，市场竞争绩效较好，干乳制品产量较大，对进口原料奶粉需求量较大，2018 年进口量居全国第三，是典型的进口加工型奶业。

8.2.5　大城市周边布局

大城市周边区域应结合环境状况，保留少量奶业，在奶业发展基础雄厚的区域（北京、天津、上海）重点发展奶业科技创新和推广，天津形成干乳制品生产基地。北京、天津、上海、重庆 4 个直辖市随着城市的发展，更注重产出效益和环境保护。奶牛养殖需要较大的环境承载，再加上比较效益较低，因此奶业发展大部分处于收缩状态，留存的奶业主要满足部分低温乳制品的加工需求。

北京、天津、上海奶业发展基础较好，高端人才聚集。三市乳制品加工业发达，北京、上海乳品加工企业的市场竞争绩效处于上游，天津居中。在生鲜乳生产能力上，北京、天津居中，上海处于下游，2003年以来北京生鲜乳生产能力下降明显，天津、上海生鲜乳生产能力没有太大变化，但是三市人口均在1 500万以上，经济发展水平较高，巨大的乳制品消费需求只能依靠周边省份的支持和进口，例如上海周边的江苏；北京、天津周边的河北、山东；2018年三市的进口原料奶粉量均在前5名。三市不但奶业发展基础较好，而且大专以上人口比例高，对高端人才具有吸引力，因此是科研创新的良好孵化地，适合发展各类配方奶粉的研发、优秀种公牛的培育、奶业辅助机械的开发等。尤其是天津，三市中人口最少，生鲜乳产量最大，原料奶粉进口量高，干乳制品产量高，成为干乳制品生产基地。重庆山地多，高温潮湿，不利于奶牛生活，因此在奶业发展上，保留少量生鲜乳生产即可。

8.3 影响因子视角的奶业发展对策

根据第5~6章对中国奶业发展测度因子的作用效果分析，从发展环境、生鲜乳生产能力、牧场经营能力、乳企经营能力、竞争绩效5个方面提出以下建议。

8.3.1 提高创新能力、优化外在环境

根据前述研究发现发展环境对生鲜乳生产能力、牧场经营能力、乳企经营能力和竞争绩效均有直接的正向促进作用，可见营造良好的奶业发展环境对促进奶业发展可以起到事半功倍的效果。发展环境对消费能力、投资能力、创新能力依赖性较大，因此在发展环境改善上，政府、乳企要特别重视这3个方面的培育，发挥其主导作用。

（1）引导奶类消费与开发消费市场并重。政府引导奶类消费。政府通过科普宣传乳制品的营养知识，公布乳制品的抽检结果，引导消费者合理选择乳制品；继续推进并扩大"国家学生饮用奶计划""中国小康牛奶行动"增加消费群体。

乳企以农村为重点开发消费市场。2018年城镇居民的人均奶类消费量16.5 kg左右，农村居民人均消费量只有6.9 kg左右，差距很大。这也恰恰说明，拉动农村居民的消费是乳品企业扩大消费市场的重要途径。根据对农村地区的乳制品消费调查[194]，发现收入是影响乳制品消费的重要因素；在品质有保证的前提下，农村居民更关注价格，对包装、购买渠道和宣传媒介不重视；偏远乡村地区居民购买乳制品不便利影响了消费。因此开拓农村消费市场可以采取以下措施：①发展适合农村居民的乳品类型。在满足质量和营养两个要素的前提下，农村居民需要价格优惠的，保质期较长的牛奶。因此乳品企业在开拓农村市场时，应该将中低档乳制品的开发作为战略定位。一方面，高温消毒纯牛奶、奶粉、奶片保质期长，可以满足农村居民的消费需求，乳企还要通过多种途径降

低价格，例如大桶装液态奶，简装奶粉、奶片降低包装成本。另一方面，由于婴幼儿、青少年是乳制品的消费主力，所以乳企应重视发展面向婴幼儿、青少年的中低档产品：高温消毒牛奶、酸奶和奶粉，还要增加口味选择。②提高偏远乡村居民购买乳制品的便利性。提高偏远乡村居民购买乳制品的便利性，增加购买频率，可有效促进乳品消费。青年人对网络购物比较青睐，所以促进BTC农村电商的发展，可以提高消费频率。年龄较大的乡村人口和儿童对于电子商务不了解，需要增加乡村便民销售点方便其购买。疏通乳制品流通渠道，增加乡村乳制品供给种类，提高乡村居民购买低价乳制品的便利度，可以扩大偏远乡村地区的消费空间。

（2）完善财政补贴政策。完善财政补贴政策，减轻投资压力。一是支持奶业机械化。继续加大农机具购置补贴、农机报废更新补贴力度，本着提高生产急用和绿色环保机具有效供给的补贴原则，目前挤奶机、贮奶罐、冷藏罐、饲料（草）加工机械、饲养机械、废弃物处理设备已经纳入补贴范围，今后逐步提高补贴比例，推进奶业生产机械化。二是提高良种补贴效果。奶牛良种补贴从2005年开始执行，对提高奶牛的生产性能起到极大的促进作用，但是目前随着规模化牧场的发展，对冻精质量的要求提高，越来越多的牧场放弃补贴，选择自费购买进口冻精。今后政府需要重新定位良种标准，顺应需求对进口的性控精液给予定额补贴。三是加大金融支持。奶业发展离不开资金投入，目前对乳企的金融支持比较容易实现，对养殖环节的金融支持，由于牧场可抵押资产较少，较难获得。随着全国政策性农业信贷担保体系的建立，将来通过政府贴息贷款逐步解决牧场的融资难问题。四是提高风险保障。奶牛养殖投资成本比较大，生产周期长，风险高。2008年实施的政策性奶牛保险，在一定程度上降低了重大病害、自然灾害和意外事故带来的饲养风险，但是牧场还面临着非重大疾病风险、原料奶价格波动风险。因此，鼓励保险公司在政策性奶牛保险的基础上开发其他险种：例如奶牛医疗责任保险、牧场收入保险等，政府对保险机构补贴一定额度的保费，使牧场能以较低的保费参加保险，降低养殖风险、稳定牧场收入。

（3）借助乳企提高牧场投资能力。通过乳企支持提高牧场的投资能力。牧场由于投资大，利润率低，抵押资产不充足，再投资能力较差。为了提高牧场的投资能力，可以通过以下途径：第一，鼓励乳品企业参控股牧场，给牧场注入资金。第二，乳企通过利润还款模式，建立产业链金融，借款给牧场。第三，乳企提供贷款担保，支持牧场向金融机构贷款。

（4）营造良好的创新环境。加强财政对奶业的一般服务支持，营造良好的创新环境。一是支持奶业研发。我国奶业正在由数量增长型向质量效益型转变，奶牛品种是决定牛奶产量的前提，虽然中国奶牛群体遗传改良计划已经取得了很大进步，但是和发达国家的奶牛单产相比还有较大差距。随着奶牛生产基础数据库建成，今后需要继续加大适合中国不同区域环境的种公牛培育的财政支持；饲料是养殖成本的主要部分，支持研发利用养殖区易得的原料配制饲料，提高饲料的转化率；研发治疗奶牛疾病药物，降低药物残留。二是支持新技术成果推广。发挥政府的支持和引导作用，以企业为主体，拓宽技术推广的途径，通过电视、培训讲座、报刊、微信公众号、网络视频等形式，把新技术、新成果快速地推广到生产中去[195]。三是支持奶业科技培训，政府出资培训奶农养殖技术和管理知识。

（5）科技领先产品创新。通过生产差异化乳制品提高附加值。乳制品属于可创新的差异化产品[196]，中国的乳品企业要摆脱主要生产液态奶、奶粉的局面，增加深加工乳制品的产能，加快向科技开发型转化，开发拥有自主知识产权的核心技术，具备持续创新能力。例如，引导企业不断提高加工水平，加强新产品和新工艺的研发，在牛奶营养功能的基础上，进一步开发牛奶的养颜、助消化、免疫等附加功能，生产差异化产品，形成核心竞争力。

8.3.2　发展规模牧场、建设优质奶源

根据前述研究结论，生鲜乳生产能力受发展环境的影响，说明外在的消费和投资等因素会影响生鲜乳生产，另外奶牛数量、规模牧场数量对生鲜乳生产能力有重要影响。由于中国的草场资源不丰沛，因此发展规模牧场更能有效利用农区资源，根据消费量，保有充足的奶牛数量是保障生鲜乳生产能力的基础。

（1）发展规模牧场实现奶业现代化。发展规模牧场是中国实现奶业现代化的重要途径。第一，规模牧场是实现绿色农业的基础。中国越来越重视环境治理问题，种植业需要有机肥，奶牛养殖业需要资源化利用废弃物，因此发展规模牧场利于废弃物的收集、加工、利用，符合绿色农业的发展方向。第二，规模牧场利于技术进步。随着牧场规模的扩大，牧场主更重视科学养殖技术的学习，牛群生产性能的改良，粗饲料、混合精料和多汁饲料的科学搭配，聘用专业的管理人员，投资高度自动化、机械化的牧场设施：诸如畜用电热饮水槽、自锁式颈枷设备、奶牛卧栏系列设备、粪污处理设备等。第三，规模牧场的生产效率更高。规模牧场可以产生规模效益，牧用设备的自动化程度越来越高，牧场所需劳动力数量减少，降低了人力消耗；规模牧场追求单个奶牛的高产量和高品质，赢得高奶价，增加了利润空间。

（2）根据需求保有充足的奶牛数量。根据需求保有充足的奶牛数量是奶业发展的基础。第一，保有充足的奶牛是开展养殖技术研究、提升的基础。第二，虽然国际奶价较低，但是新鲜的乳制品需要以本地生鲜乳为原料，因此国内必须保有充足的奶牛数量，国际市场只能是补充。第三，在需求一定的情况下，奶牛单产的提高，势必与奶牛数量的增长成反比，因此不能盲目追求数量的增长，而要以需求为导向，保有充足的奶牛数量。

（3）建设优质奶源基地。建设优质奶源基地保障生鲜乳的稳定供给。第一，增加优质饲草料生产。通过种植结构调整，就近增加青贮、苜蓿种植面积，推进饲草料种植和奶牛养殖配套衔接。第二，提高奶牛种源培育能力。依托科研单位改良我国奶牛的生产性能，提高生产能力。第三，提高牧场管理能力。通过对牧场主的培训，对牧场的机械化、信息化、智能化改造，提高管理水平。第四，提升环境软实力。通过环境治理，改善奶牛的生活环境，增加奶牛福利。通过以上措施建设好优质奶源基地，必将有助于奶源自给率的提升。

8.3.3 降低生产成本、提高牧场收益

生鲜乳的生产是奶业发展的根基，对竞争绩效有直接的促进作用，保障牧场的收益是稳定生产的前提。根据前述研究结论，首先，乳企的经营能力对牧场的经营能力有直接正向影响，但是不显著，说明乳企和牧场的经营情况没有很好联动。在乳企效益较差时，会将过多的市场压力向牧场转嫁，谋求生存；在效益较好时，乳企更注重加大自身积累，牧场难以分享。其次，牧场的经营能力也受到发展环境的影响，说明现阶段牧场主要依靠产出增加、技术进步等压低生产成本，提高经营效益。最后，提高牧场经营能力的关键是提高产品销售利润率。因此降低成本，增加收益是牧场持续发展的基础。

（1）确立合理的价格传导机制。确立合理的价格传导机制，使奶价更科学。消费市场的乳品价格受供需影响不断变化，乳企应该及时向牧场传导，生鲜乳的价格也应该相应调整。当前市场由于牧场缺乏话语权，乳企怠于传导，就需要政府借助第三方力量（例如奶业协会等）平衡原料奶生产与加工环节的利益分割，对生鲜乳的定价进行适当干预，制定收购基础价格，和消费市场建立合理的价格传导机制，并保障其执行。例如，上海、河北、黑龙江等建立了生鲜乳价格协调机制，在实际调查中发现，部分企业不能将协调产生的奶价贯彻落实。因此管理部门对奶价落实情况进行检查，对违反者进行处罚，才能切实提高奶业链的价格传导效率，平衡牧场和乳企间的利益分割，实现良好的价格传导。

（2）通过科技应用降低成本。继续提高奶牛养殖水平。奶业整体的人力资源素质有了较大提高，接受新知识的能力增强。奶业科研体系比较完备，具备了开发本地饲草料、提高饲料转化率、提高奶牛单产、提高奶牛粪污中氮利用效率、开展测奶配方和测料配方的实力。牧场可以通过规模化养殖、物联网的应用、奶牛生产性能的提高、奶牛生产胎次的延长，单位人员管理效率的提高，降低养殖成本。

（3）拓展牧场的观光、服务功能。拓展牧场的观光、服务功能，增加收益。随着居民收入水平提高、互联网信息畅通、家用汽车普及、道路条件改善、休闲观光和科普体验需求增加，城镇居民到牧场进行休闲观光、体验了解奶业的生产、发展知识的条件逐步便利化。但是现实中很多牧场是谢绝参观的，大多数牧场没有自己的门户网站，因此牧场应该意识到，互联网经济下，每个主体都需要有自己的名片融入互联网社会，通过互联网将自身位置、生产过程、生产特点、生产历史、环保措施等展示给消费者，通过图片、视频宣传自己，吸引消费者前来参观。牧场可以改善周边环境，将一部分区域改造成游览区，增加奶牛和游客接触的机会，讲解奶牛的生活习性，建设"鲜奶吧"现场制作巴士奶、冰激凌、奶昔、奶酪等销售，开辟手工作坊给消费者更多的体验活动，这样牧场不但宣传展示了自己，还增加了服务性、产品性收入，赢得消费者的信任感。

8.3.4 增加消费黏性、提高乳企收益

根据前述研究结论，首先，提高乳企的经营能力不但会促进竞争绩效的提高，而且有助于牧场经营能力的提升，是促进奶业整体发展水平升级的关键。其次，发展环境对

乳企经营能力的提升有较大促进作用，说明外在的消费、创新、投资能力对提高乳企经营能力有重要作用。最后，提高乳企经营能力的关键是提高资产利润率。总之，增加乳制品消费的吸引力，提高收益是乳企持续发展的基础。

（1）继续巩固质量口碑。以质量口碑巩固消费基础。消费者购买农产品时，价格往往并不是最重要的决定因素。例如日本的生鲜乳价格高于中国，但是日本的牛奶在国内十分畅销，其原因在于日本居民相信本国乳制品更新鲜，基于"信任溢价"愿意付更高的价格。近几年中国的乳制品质量已经达到了最好水平，但是部分消费者还是带着怀疑的目光审视国产乳制品，因此为了扭转以往一些乳制品安全事件给消费者带来的负面影响，重塑中国奶业在市场上的正面形象，必须继续巩固现有的质量水准，加大宣传。

重新赢得消费者的信任，需要采取以下措施：第一，发挥国内高质量标准的倒逼作用。目前中国生乳的国家标准比国外标准低，会给人以误解，认为中国生乳质量差。但是近几年的实际监测显示，生乳的质量已经远远高于国家标准，示范牛场的生乳和国际标准持平。因此需要及时调整中国生乳的国家标准，通过生乳分级、优质优价，使优等生乳和国际标准保持同步。第二，建立乳制品信息平台。品牌可以降低消费者的信息搜寻成本，培育知名乳制品品牌，建立全程可追溯、互联共享的追溯监管综合服务平台，增加产品透明度、消费体验、建立品牌公信力；认证可以对乳品质量进行增信，乳企要以优质、安全、绿色为导向，积极申请国际产品质量认证，扩大中国乳制品的国际市场份额；宣传是信息传播的桥梁，奶业不但要利用媒体的公信力传播行业的正能量，澄清不实恶意谣言，也要接受媒体的监督，利用大数据、互联网提高消费者的信息对称程度，增强消费者的认知度和信任度。第三，继续完善政府的奶业监管。2008 年以来乳制品质量监管体系日益完善，乳品质量大幅提升，今后要继续加强对兽药、饲料的质量监管，保持乳品高质量。

（2）推广低温乳制品。以低温乳制品吸引消费者。低温乳制品营养物质含量高，活性益生菌含量高，品种主要有：巴氏杀菌乳、低温酸奶、活性乳酸菌饮料。低温乳制品直接使用生鲜乳进行加工，对储藏温度和运输时间要求极高，通常要求 3 d 内要从生产地运输到销售终端。随着消费者对健康饮食的关注，奶业基础设施便利化程度的提高，保质期短、味道鲜美、储存条件高的低温乳制品成为中国奶业发展的优势。低温乳制品的弊端在于保质期短，一般采用配送入户的供应方式、鲜奶吧、冷链完善的一、二线城市超市销售，因此扩展其销售渠道，使消费者更便于获得是推广的关键。未来乳企可以在人口聚集区（居民小区、商业区）设置自动售奶机，增加口味选择，向低线城市及乡县下沉，赢得消费者的偏好。

（3）提高消费者乳品品牌忠诚度。以消费者为核心，提高乳品品牌忠诚度。首先，居民收入提高，需要高品质乳制品。人均国内生产总值直接制约着居民的乳制品需求水平，根据世界银行数据，2018 年中国人均 GDP 为 9 482 美元，世界排名 70 位，仍属于发展中国家。但是 2008 年之后，中国进口乳制品增长迅速。因此人均国内生产总值的提高是一把双刃剑，需要乳制品同步升级，才能将更多的需求留在国内。其次，新消费主体崇尚个性。2018 年中国网民规模全球第一，1980—1995 年出生的人成为新的消费主流，因此乳企应该顺应新消费主流的兴趣偏好，发展线上和线下高度融合的新零售。

最后，提高乳品品牌忠诚度。在互联网商业生态中，存在海量的消费信息。网络经济时代，通过机器学习方法，乳企能够对消费者在线品牌产品购买行为进行聚类，根据消费数据、有效沟通，了解消费者个性化需求，不断推出高颜值、个性化的新产品、附加产品，增加满意购买者、情感购买者、忠诚购买者比例。总之，乳品企业需要在研发、生产、销售乳制品过程中，以消费者为核心，分析在线消费大数据，了解消费群体的生活特征，满足不同消费群体的个性化需求，寻找更多的入口去接触消费者，扩大销售量。

（4）利用好国外优势资源开展经营。在中国经济开放的大背景下，奶业发展也必须坚持引进来和走出去并重，提高经营能力。第一，鼓励乳品企业走出去，提高乳品美誉度，扩大乳制品出口，加大奶业对外投资，利用海外的牧业优势资源，提高奶业国际竞争力。第二，积极引进奶牛、牧草种质资源，改良奶牛生产性能及牧草生产能力，主动承接外商投资，加大同国际奶业强国的合作，吸收发达国家的先进技术、机械装备、管理经验、智力资源，提高乳制品的加工技术和配套设备生产能力，提高奶业生产效益，促进奶业绿色发展，推动产业升级。第三，以资产利润率为抓手，提高乳品企业的经营能力。根据前述研究结论，乳企经营能力对资产利润率依赖性较大，因此要特别重视提高企业单位资产的生产能力，不能盲目兼并扩张，忽略经营。乳企应该通过提高管理者的业务水平、管理方法、创新能力；积极盘活存量资产、降低产品成本、优化内部资本结构、提高盈利能力，来提高资产利用效率和整体经营能力。

8.3.5 强化奶产业链、提高竞争绩效

根据前述研究结论，奶业市场竞争绩效不但受乳企经营能力的影响，而且受生鲜乳生产能力和发展环境的影响；竞争绩效主要通过市场占有率和区位熵体现。因此，提高市场竞争绩效需要以乳品企业为龙头，理顺奶业链，培育好奶源基地，改善外在发展环境，形成合力，最终提高市场占有率和专业化率。

（1）以乳品企业为抓手提高市场竞争绩效。虽然奶业作为一个产业链，任何一个环节都需要提高效率，积极参与竞争。但是第一，根据前述研究结论，乳品企业的经营能力与市场竞争绩效的联系更为紧密，前者对后者有直接的、显著的正向促进作用。第二，由于生鲜乳的易腐性，生产生鲜乳的牧场比其他农产品生产者更依赖乳企；加之目前奶业合作社的弱质性，乳企是牧场和市场的主要桥梁，因此乳企对牧场更具有影响力。第三，乳品业集中度不断提高，有效促进了乳业竞争力的增强，知名品牌意味着质量安全，成为开拓市场和企业盈利的保障，乳企以其强大的实力和信誉为支撑，给上游牧场以稳定的收入预期。第四，乳企通过合同调整生鲜乳产能结构，实现牧场资源的合理布局。因此乳企仍然是中国奶业发展的支点，提升奶业市场竞争绩效的抓手。

（2）以交易程序建设为突破强化产业链。完善牧场与乳企的交易程序，兼顾牧场利益，培育好奶源基地。乳品市场竞争中，乳企的竞争手段之一是价格竞争。当前，乳企在市场竞争中，为了转嫁压力，压低生鲜乳价格，给牧场带来经营困境，不利于奶源基地的持续发展。牧场是奶业生产的基础单位，处于加工环节上游，在奶业链中处于弱势地位。目前中国的奶业一体化程度不高，对于没有实现奶业一体化的牧场，建议采用以

下方式保障牧场的利益：严格执行生鲜乳订购合同，以合同保障双方利益；对于合同范围内的合格生鲜乳必须收购，合同范围外的合格生鲜乳，由双方协商购买，意在促使双方遵守生产数量；由第三方参与检测生鲜乳质量，减少双方的信任纠纷；由第三方参与协商生鲜乳合理价格，保障双方的利益分割合理。通过以上措施，可以给牧场提供较稳定的预期，避免奶牛养殖环节的大起大落，给奶业一个稳定的发展基础。当然在国际奶业竞争中，完善的交易程序不一定能完全解决牧场的亏损，因此还需要其他支持政策的协调配套。

（3）以大规模乳企为龙头提高产业链竞争力。奶业的国际竞争，就是以乳企为龙头的我国奶产业链与国外奶产业链之间的竞争。大型乳品公司对市场信息和市场风险的管理能力带动了整个奶产业链的竞争力。大型乳品公司可以更好地利用国内外两个市场、两种资源，服务于国际竞争力的提升。目前伊利、蒙牛不断加大海外投资，已经成为2018年"全球乳业20强"榜单的跨国公司。同时，我国还有更多的乳企也正在海外开疆扩土，例如光明、雅士利、宁波牛奶集团。

培育中国奶业的全产业链竞争力，需要从以下几方面入手。第一，奠定奶产业链竞争的基础。优化奶业区域布局，提高奶牛养殖水平，充分利用本地饲草资源，降低原料奶的生产成本；完善与牧场的利益联结机制，建设稳定的原料奶供给基地。第二，构建奶产业链竞争的核心。在产品竞争方面，促使乳制品结构向均衡、多元化的方向发展，研发适合中国消费者饮食习惯的功能型奶粉及其他干乳制品（奶酪、黄油），提升乳制品加工工艺，加大深加工的力度，提高奶酪、奶粉和乳清等产品的产量、出口份额；在品牌竞争方面，注重品牌培育、市场推广，以乳品质量强化品牌美誉度，培育出具有世界知名度的品牌。第三，提升辅助产业的竞争力。研发先进的乳品加工和奶牛养殖机械（均质机、超高温杀菌机、无菌灌装设备、乳品包装机械、养殖环保机械等），实现优质饲草本地化种植，提高奶牛遗传育种技术等。第四，奶业标准和国际接轨。在原料奶品质、乳品加工技术、产品质量、包装、贮运等方面制定与国际接轨的标准，在乳品质量分析和检测环节，严格按照国际通用的检测标准和分析方法进行，增强乳制品的国际竞争力。

8.4 本章小结

本章根据前文的研究内容，分三方面提出了提高中国奶业发展水平的建议，研究结论如下。

（1）从全局视角提出奶业发展战略。根据中国奶业发展的内部优势和劣势，外部机会和风险，分析了奶业发展的 SO、WO、ST、WT 战略，综合上述战略，建议中国奶业发展应当采用：政府服务引导战略、科技服务支撑战略、龙头乳企带动战略。

（2）从区域比较视角优化奶业发展布局。根据区域奶业优势因子和聚类分析得出以下结论。东北和内蒙古区域以内蒙古、黑龙江为引领，发展保质期较长的乳制品。华北地区以河北、山东、河南为引领，发展全品种乳制品。西部地区形成以陕西、宁夏为龙头,甘肃和青海为辅助支撑的奶业发展格局。南方地区形成以云南、四川、安徽、江苏为重点,辐射周边区域,基本满足居民的低温乳制品需求,将四川、江苏、广东建设成为南方地区的干乳制品生产基地。大城市周边区域应结合环境状况,保留少量奶业,在奶业发展基础雄厚的区域(北京、天津、上海)重点发展奶业科技创新和推广,天津形成干乳制品生产基地。

(3)从影响因子视角提出奶业发展对策:提高创新能力、优化外在环境;发展规模牧场、建设优质奶源;降低生产成本、提高牧场收益;增加消费黏性、提高乳企收益;强化奶产业链、提高竞争绩效。

9 研究结论与展望

9.1 研究结论

以提高中国奶业竞争力为目标,通过对奶业和竞争力内涵的界定,以竞争优势理论、要素禀赋理论、内生比较优势理论、可持续发展理论、区域经济理论等为基础,运用2003—2016年国内各区域的奶业相关统计数据和1982—2018年FAO国际奶业统计数据,采用实证与规范相结合的研究方法,重点应用探索性因子分析、结构方程模型、全局主成分分析、聚类分析等研究手段,对中国奶业发展问题展开研究。研究围绕中国奶业发展现状、影响因素、测度因子系统构建、测度因子作用效果、影响因素省际评价等内容展开论述;最后,根据前述研究结论,得出提高我国奶业发展水平的政策建议。上述研究的主要结论如下。

(1)依据波特钻石模型理论,从生产要素、需求条件、相关辅助产业、奶业规模和结构、奶业发展政策环境等方面,剖析了中国奶业发展的影响因素,得出奶业发展的内部优势:生鲜乳产量大、品质高,牧场生产效率高,乳品企业竞争实力强,部分奶业发展条件优良,紧邻消费市场的区位优势。奶业发展的内部劣势:生鲜乳生产成本和交易价格高,牧场经营困难多,乳品企业竞争力较弱,中国乳制品贸易竞争力较弱,部分奶业发展条件薄弱。奶业发展的外部机遇:乳制品消费量仍有增长潜力,政府高度重视支持奶业发展,奶业对外开放水平不断提高,农业产业结构调整利于奶业发展。奶业发展的外部风险:人均乳制品消费量增长减弱,部分乳制品需求被进口替代,奶业配套政策还不完善,生产成本有增加的风险。

(2)结合奶业特性,从发展环境、发展实力、竞争绩效三方面筛选奶业发展影响因素测度系统,构建了包括5个公因子和18个度量指标的测度因子系统。5个公因子分别是:发展环境、生鲜乳生产能力、牧场经营能力、乳企经营能力、竞争绩效。18个度量指标具体包括:人力素质、投资能力、消费能力、创新能力、辅助产业、可持续发展能力、奶牛数量、规模牧场数量、牛奶人均占有量、产品销售利润率、奶牛成本利润率、产品利润水平、资产利润率、成本利润率、乳企利润水平、市场占有率、区位熵、液态奶聚集率。

(3)提出研究假设,从两方面对奶业发展影响因素间作用效果展开分析。首先,对作用路径分析得出:发展环境对乳企经营能力、竞争绩效、牧场经营能力、生鲜乳生产能力都有直接的正向促进作用,但影响程度依次降低,对牧场经营能力的影响显著性较差。竞争绩效需要发展环境和乳企经营能力、生鲜乳生产能力的共同支撑。乳企经营能力对牧场经营能力有直接正向促进作用,但显著性较差。其次,对观测变量进行分析发现：发展环境对投资能力、消费能力、创新能力依赖性较大，对辅助产业依赖性较小；生鲜乳生产能力与奶牛数量、规模牧场数量、牛奶人均占有量相关性较大；牧场经营能力与产品销售利润率、奶牛成本利润率相关性较大；乳企经营能力对资产利润率依赖性较大；竞争绩效与市场占有率、区位熵密切相关。

（4）构建奶业发展水平评价指标体系，对27个省（区、市）横跨14年的奶业发展水平及影响因素进行比较分析。首先，找出发展环境优势区为北京、广东、江苏、上海、浙江；生鲜乳生产能力优势区为内蒙古、黑龙江、河北、新疆、河南；牧场经营能力优势区为广西、山西、黑龙江、吉林、北京；乳企经营能力优势区为内蒙古、山东、黑龙江、陕西、河北；竞争绩效优势区为内蒙古、黑龙江、河北、山东。其次，根据2013—2016年综合发展水平得分认为，黑龙江、内蒙古、河北、山西、河南、山东是奶业综合发展水平高的区域；甘肃、青海、上海、湖南、安徽、浙江、重庆是奶业综合发展水平低的区域；其他区域处于中等水平。最后，根据2015—2016年的影响因素得分进行聚类分析，将河北、河南、黑龙江、内蒙古定位为奶业龙头带动区；将山东、陕西、宁夏、安徽、四川、辽宁、甘肃、青海、新疆定位为奶业潜力挖掘区；将其他区域定位为奶业特色发展区；并对不同区域提出发展建议。

（5）基于前述研究结论，首先，提出当前中国奶业发展战略为：政府服务引导战略、科技服务支撑战略、龙头乳企带动战略。其次，从区域比较视角优化奶业发展布局：东北和内蒙古区域以内蒙古、黑龙江为引领，发展保质期较长的乳制品；华北地区以河北、山东、河南为引领，发展全品种乳制品；西部地区形成以陕西、宁夏为龙头，甘肃和青海为辅助支撑的奶业发展格局；南方地区形成以云南、四川、安徽、江苏为重点，辐射周边区域，基本满足居民的低温乳制品需求，将四川、江苏、广东建设成为南方地区的干乳制品生产基地；大城市周边区域应结合环境状况，保留少量奶业，在奶业发展基础雄厚的区域（北京、天津、上海）重点发展奶业科技创新和推广，天津形成干乳制品生产基地。最后，从影响因子视角提出奶业发展对策：提高创新能力、优化外在环境；发展规模牧场、建设优质奶源；降低生产成本、提高牧场收益；增加消费黏性、提高乳企收益；强化奶产业链、提高竞争绩效。

9.2 研究展望

在理论推导和模型建构中，借鉴了其他学者的大量相关研究成果，力争做到最大程度的科学严谨。然而，"奶业"还是一个较新的概念，2002年国内学者对其研究才开始起步，目前对奶业发展的系统宏观研究，多数停留在定性研究层面，定量研究不多，导致可供借鉴的直接研究成果较少。由于经济学、管理学、统计学等学科对产业研究形成了较为成熟的研究路径，对奶业研究给予了巨大的帮助。尽管如此，奶业发展研究涉及众多的影响因素，发展演化复杂，需要进一步研究的问题还很多。

（1）进一步丰富奶业发展的测量指标。在测量指标的筛选上，希望指标越多越好，能全面阐释潜变量，但是从可操作性上又不得不尽量地精简指标，选择最有代表性的指标反映潜变量。虽然本书选择了18个指标对奶业发展进行测定，基本做到了代表性和广泛性，但是随着奶业的进一步发展，还可以在此基础上，进一步扩展丰富测量指标。

（2）进一步将研究视野扩展到国际市场。随着中国奶业与国际奶业的联动性加强，今后在研究视野上可以将国际因素纳入中国奶业发展研究中来，研究国际市场对中国奶业发展的影响。

（3）进一步开展区域奶业发展研究。由于本书的主题是中国奶业发展策略研究，因此在发展水平评价部分，对不同的聚类群体进行了深入分析，但是中国奶业区域发展不平衡，接下来可以分别对不同的省份进一步开展奶业发展研究。

参考文献

[1] TAUER L W, MISHRA A K. Can the small dairy farm remain competitive in US agriculture[J]. Food Policy, 2006, 31(5):458-468.

[2] SUHAIMI N A B M, MEY Y D, LANSINK A O. Measuring and explaining multi-directional inefficiency in the Malaysian dairy industry[J]. British Food Journal, 2017, 119(12):2788-2803.

[3] LE S, JEFFREY S, AN H. Greenhouse gas emissions and technical efficiency in Alberta dairy production: what are the trade-offs[J]. Journal of Agricultural and Applied Economics, 2020, 52(2):177-193.

[4] BRISCOE R, WARD M. In small both beautiful and competitive? A case study of irish dairy cooperatives[J]. Journal of Rural Cooperation, 2006, 34(2):119-138.

[5] PAWLAK K. Changes in the EU and global milk and dairy products market in view of multilateral trade liberalisation[J]. Problems of World Agriculture, 2015, 14(29):1-9.

[6] MACDONALD J M, CESSNA J, MOSHEIM R. Changing structure, financial risks, and government policy for the U.S. dairy industry[J]. Economic information bulletin, 2016, 205:19-25.

[7] SQUICCIARINI M P, VANDEPLAS A, JANSSEN E, et al. Supply chains and economic development: insights from the Indian dairy sector[J]. Food Policy, 2017, 68:128-142.

[8] YAN M J, HOLDEN N M. Water use efficiency of Irish dairy processing[J]. Journal of Dairy Science, 2019, 102(10):9525-9535.

[9] BOLOTOVA Y V. An analysis of retail fluid milk pricing in the Eastern United States[C]. Mobile, Alabama: Southern Agricultural Economics Association, 2017.

[10] DOLGOPOLOVA I, ROOSEN J. Competitive niche in milk pricing: analyzing price dynamics of GMO-free, organic, and conventional milk in Germany during 2009-2010[J]. Food Policy, 2018,78:51-57.

[11] REZITIS A N, ROKOPANOS A. Impact of trade liberalisation on dairy market price co__ovements between the EU, Oceania, and the United States[J]. Australian Journal of Agricultural and Resource Economics, 2019,63(3):472-498.

[12] FITZSIMMONS J A, CACCHIARELLI L, HOYT E. One decade after the dairy compact: the response of retail fluid milk prices in New England[C]. San Francisco, California: Agricultural and Applied Economics Association, 2015.

[13] ELSKAMP R, HAILU G. The impact of market intervention on quota mobility: the case of the ontario dairy industry[J]. Canadian Journal of Agricultural Economics/revue Canadienne Dagroeconomie, 2017, 65(2):249-270.

[14] BETHAN T, LUIZA T, BARNES A P, et al. The effect of date labels on willingness to consume dairy products: Implications for food waste reduction[J]. Waste Management, 2018, 78:124-134.

[15] CHARLTON D, KOSTANDINI G. Can Technology Compensate for a Labor Shortage? Effects of 287(g) Immigration Policies on the U.S. Dairy Industry: Can Technology Compensate for a Labor Shortage?[J]. American Journal of Agricultural Economics, 2021,103(1):70-89.

[16] EM A, NM B, Fs C, et al. Could the new dairy policy affect milk allocation to infants in Kenya? A best-worst scaling approach[J]. Food Policy, 2021,101:102043.

[17] BUCKLEY P J. Measures of International Competitiveness: A Critical Survey[J]. Journal of Marketing Management, 1988, 4(2):175-200.

[18] FROHBERG K, HARTMANN M. Comparing Measures of Competitiveness[J]. Iamo Discussion Papers, 1997, 2:6-14.

[19] WARD H, STECKEL J C, JAKOB M. How Global Climate Policy Could Affect Competitiveness[J]. Energy Economics, 2019, 84:104549.

[20] BLIGNAUT C S. Analysing Competitive Advantage in the South African Dairy Industry: An Integrated Appoach [J]. Agrekon, 1999, 38(4):693-706.

[21] ŠPIČKA J. The competitive environment in the dairy industry and its impact on the food industry [J]. AGRIS on-line Papers in Economics and Informatics, 2013, 5(2):89-102.

[22] BOJNEC Š, FERTŐ I. Export competitiveness of dairy products on global markets: the case of the European Union countries[J]. Journal of Dairy Science, 2014, 97(10):6151-6163.

[23] CHATELLIER V. International, European and French trade in dairy products: trends and competitive dynamics[J]. Working Papers SMART - LERECO, 2017, 29(3):143-162.

[24] HOCHULI A, HOCHULI J, SCHMID D. Competitiveness of diversification strategies in agricultural dairy farms: Empirical findings for rural regions in Switzerland[J]. Journal of Rural Studies, 2021, 82:98-106.

[25] VIAENE J, GELLYNCK X. Competitive Position of Dairy Products in the Food Industry[M]// Economics of Innovation: The Case of Food Industry. Physica-Verlag HD, 1996:295-306.

[26] KAWAGUCHI T, SUZUKI N, KAISER H M. A Spatial Equilibrium Model for Imperfectly Competitive Milk Markets[J]. American Journal of Agricultural Economics, 1997, 79(3):851-859.

[27] BOEHLJE M, SCHIEK W. Critical Success Factors in a Competitive Dairy Market[J]. Journal of Dairy Science, 1998, 81(6):1753-1761.

[28] DOBSON W D. Competitive Strategies of Dairy Processing Firms in Ireland[J]. Discussion Papers, 2007, 3:6-14.

[29] DILLON P, HENNESSY T, SHALLOO L, et al. Future outlook for the Irish dairy industry: a study of international competitiveness, influence of international trade reform and requirement for change[J]. International Journal of Dairy Technology, 2008, 61(1):16-29.

[30] HADRYJAŃSKA B. Pro-ecological activities of dairy firms in Wielkopolska as a factor

of their competitive position [J]. Journal of Agribusiness & Rural Development, 2008, 10(4):25-35.

[31] GAMMA T M. Influence of External Environment on Competitive Ability of Dairy Enterprises[J]. Journal of Applied Management & Investments, 2013, 2(2):75-82.

[32] MUTURI P M. Kenya's dairy value chain analysis and its competitive advantage[M]. Germany: LAP LAMBERT Academic Publishing, 2015:50.

[33] GUO Q, WANG H H, CHEN Y. Do Chinese dairy firms have market power? An estimation of market power with price heterogeneity[J]. China Agricultural Economic Review, 2016, 8(2):206-214.

[34] SCOLLAN N, PADEL S, HALBERG N, et al. Organic and low-input dairy farming: avenues to enhance sustainability and competitiveness in the EU [J]. Euro Choices, 2017,16(3):40-45.

[35] CHINDIME S, KIBWIKA P, CHAGUNDA M. Determinants of sustainable innovation performance by smallholder dairy farmers in Malawi[J]. Cogent Food & Agriculture, 2017, 3(1):1379292.

[36] DZUKOU K, DUVALEIX-TREGUER S, LATOUCHE K. Product innovation and Export behaviour in French dairy industry[J]. Post-Print, 2019, 12:22.

[37] 刘秋篁. 重庆市牛奶业产供销一条龙 [J]. 财经科学，1980(1):44-49.

[38] 曾晓光. 论奶牛业在农业现代化建设中的作用 [J]. 农业经济问题，1983(6):43-45.

[39] 陈俊家. 城市近郊奶业发展的矛盾与出路 [J]. 中国奶牛，1989(1):21-22.

[40] 奶业市场经济调查组. 我国奶业滑坡的原因及对策 [J]. 中国农村经济，1994(10):59-63+58.

[41] 庹国柱. 我国奶业的市场化进程及面临的抉择 [J]. 中国农村经济，1999(1):47-53.

[42] 赵全厚. 加强农业结构调整 积极扶持奶农和奶业 [J]. 农业经济问题，2002(11):10-15.

[43] 吕向东，宗会来. 我国奶业发展进入调整期面临的问题及对策探讨 [J]. 农业经济问题，2008(7):45-50.

[44] 郑军南，黄祖辉. 农业产业演化中的政府规制变迁：机理和证据——基于中国奶业产业发展的实践与观察 [J]. 农村经济，2016(8):3-8.

[45] 郑军南，徐旭初，黄祖辉，郑思宁. 中国奶业多层级共生演化分析 [J]. 中国畜牧杂志，2016, 52(8):50-55+61.

[46] 卫龙宝，王倩倩，王文亭. 我国奶业演化动力、机制与路径研究：一个演化经济学分析框架 [J]. 农村经济，2018(6):38-42.

[47] 韩磊，刘长全. 中国奶业经济发展趋势、挑战与政策建议 [J]. 中国畜牧杂志，2019, 55(1):151-156.

[48] 刘浩，董晓霞，王玉庭. 中国奶业质量安全政策分析与评价 [J]. 中国乳品工业，2020, 48(9):30-36.

[49] 花俊国. 基于SVAR模型的奶业产业链中垂直价格传导机制研究 [J]. 河南农业大学学报，2013, 47(4):492-497.

[50] 刘亚钊，刘芳. 我国生鲜乳价格波动规律研究——基于B-N数据分解的分析 [J]. 中国

畜牧杂志, 2017, 53(4):131-135.

[51] 李翠霞, 栾颖. 关于我国原料奶价格波动研究——基于马尔科夫区制转移模型的分析[J]. 价格理论与实践, 2017(5):81-84.

[52] 于海龙, 吴静, 张瑞娟. 生鲜乳价格波动、倒奶杀牛与奶业调控政策研究[J]. 华中农业大学学报(社会科学版), 2018(1):65-72+159.

[53] 严哲人, 徐媛媛, 肖小勇, 等. 国内外原料奶市场价格溢出效应研究——基于滚动协整与BEKK-GARCH模型[J]. 农业现代化研究, 2018, 39(1):113-121.

[54] 王倩倩, 卫龙宝, 王文亭. 基于GARCH类模型中国原料奶价格波动实证分析[J]. 农业经济问题, 2020(11):97-107.

[55] 张利庠, 王兴旺. 基于Logit模型的奶农收入影响因素分析[J]. 经济理论与经济管理, 2012(9):101-108.

[56] 薛强, 乔光华, 樊宏霞, 等. 基于Malmquist指数的家庭奶牛饲养全要素生产率研究——以中国10个奶业省为例[J]. 农业现代化研究, 2012, 33(4):440-442+460.

[57] 郜亮亮, 李栋, 刘玉满, 等. 中国奶牛不同养殖模式效率的随机前沿分析——来自7省50县监测数据的证据[J]. 中国农村观察, 2015(3):64-73.

[58] 周杨, 郝庆升. 中规模奶牛养殖与原料奶生产效率研究[J]. 黑龙江畜牧兽医, 2018(6):31-34.

[59] 刘浩, 彭华, 王川, 等. 我国不同奶业产区奶牛养殖效率的比较分析——基于266个养殖场的调研数据[J]. 中国农业资源与区划, 2020, 41(12):110-119.

[60] 张莉侠, 孟令杰. 我国奶业生产波动及原因分析[J]. 农村经济, 2007(1):44-46.

[61] 周宪锋, 朱香荣, 花俊国. 基于供求弹性角度的原料奶生产影响因素的实证分析[J]. 中国农村经济, 2008(7):73-80.

[62] 唐洪峰, 张俊华, 白君泽. 我国奶业发展中的双重约束及其对奶业增长的影响——基于VAR模型的实证分析[J]. 中国乳品工业, 2016, 44(10):30-34.

[63] 张莉, 侯云先, 梁文卓. 我国生鲜乳生产模式转变的演化博弈分析[J]. 软科学, 2017, 31(5):133-139+144.

[64] 梁亚静, 王玉婷. 奶牛养殖最优规模的确定——基于多目标规划的方法[J]. 中国畜牧杂志, 2012, 48(10):44-48.

[65] 赵文哲, 钱贵霞. 奶牛规模化养殖的可持续性评价[J]. 中国人口·资源与环境, 2013, 23(S2):435-438.

[66] 罗燕芳, 道日娜. 基于马尔科夫模型的中国牛奶生产结构变迁分析[J]. 前沿, 2015(12):74-78.

[67] 熊汉林, 陈新. 试论传统奶业体制的弊端与出路[J]. 中国奶牛, 1994(6):11-13.

[68] 陈前恒, 安玉发. 关于产业化经营中合同式利益机制问题的探讨——以河北省丰润县奶业为例[J]. 中国农业大学学报(社会科学版), 2000(3):20-24.

[69] 姜冬梅, 申倩, 申荣. 基于AHP方法分析奶业产业化组织模式的路径选择——以呼和浩特市奶业为例[J]. 农业技术经济, 2010(5):112-119.

[70] 李峰, 梁波. 地方产业政策介入何以削弱奶农行动能力?——基于L市乳制品产业的观

察 [J]. 南京农业大学学报（社会科学版），2018, 18(1):149-159+164.

[71] 姚凤桐，李娅男. 构建奶业龙头企业与农户间的新型利益机制 [J]. 内蒙古农业大学学报（社会科学版），2004(4):16-18.

[72] 宝音都仍，郭晓川，郑承云. 基于博弈论的奶业企业与奶农利益关系研究 [J]. 黑龙江畜牧兽医，2006(11):6-9.

[73] 何亮，李小军. 奶业产业链中企业与奶农合作的博弈分析 [J]. 农业技术经济，2009(2):101-104.

[74] 缪建平. 奶牛合作社与奶业经营体制创新 [J]. 农村经营管理，2003(11):28-31.

[75] 侯守礼，王威，顾海英. 不完备契约及其演进：政府、信任和制度——以奶业契约为例 [J]. 中国农村观察，2004(6):46-54+81.

[76] 王瑜，应瑞瑶. 奶业专业合作社的理论分析及问题探讨 [J]. 生产力研究，2007(12):22-23+46.

[77] 钟真，张琛，张阳悦. 纵向协作程度对合作社收益及分配机制影响——基于4个案例的实证分析 [J]. 中国农村经济，2017(6):16-29.

[78] 国家奶牛产业技术体系产业经济研究室课题组，苑鹏. 农民合作社可持续发展模式探析——以法国最大奶农合作社索迪雅（Sodiaal）为例 [J]. 农村经济，2018(5):110-115.

[79] 于海龙，李秉龙. 基于产业链的我国奶业利益分配关系分析 [J]. 云南财经大学学报，2011, 27(6):56-62.

[80] 钱贵霞，张一品，吴迪. 液态奶产业链利润分配研究——以内蒙古呼和浩特为例 [J]. 农业经济问题，2013, 34(7):41-47+111.

[81] 王坤. 内蒙古乳品产业集群成长研究 [J]. 农业技术经济，2014(4):120-126.

[82] 马彦丽，何苏娇，高艳. 以乳品加工企业还是以奶农为核心？——中国奶产业链纵向一体化政策反思及改进思路 [J]. 南京农业大学学报（社会科学版），2018, 18(6):146-156+162.

[83] 王晓萍，胡峰，任志敏，等. 基于产业组织模式优化的乳品全产业链协同发展研究 [J]. 中国畜牧杂志，2019, 55(1):137-141.

[84] 许可，刘芳，王琛. 北京市奶业链利益分配机制优化研究 [J]. 中国畜牧杂志，2020, 56(10):175-180.

[85] 杨红杰. 中国乳业经济研究加入"世界贸易组织"(WTO)对中国奶业的影响 [J]. 中国奶牛，2001(3):6-8.

[86] 李宇彤. 中国—新西兰自贸区的实施对中国农业的影响及政策建议 [J]. 农业经济问题，2011, 32(5):106-109.

[87] 王莉，沈贵银，刘慧. 中澳自贸区的建立对中国奶业发展的影响研究 [J]. 农业经济问题，2012(9):39-45+113.

[88] 王惠惠，刘芳，王琛，等. 中新、中澳自由贸易区对中国奶业的影响研究 [J]. 世界农业，2016(8):57-63.

[89] 崔力航，李翠霞. "一带一路"倡议对中国向沿线国家乳制品出口的影响研究 [J]. 中国乳品工业，2021, 49(3):42-46.

[90] 李易方, 张桐, 何昌茂, 等. 当前我国乳制品进出口贸易剖析 [J]. 中国食物与营养, 1996(2):34-35.

[91] 胡冰川, 董晓霞. 乳品进口冲击与中国乳业安全的策略选择——兼论国内农业安全网的贸易条件 [J]. 农业经济问题, 2016, 37(1):84-94+112.

[92] 卫龙宝, 王倩倩. 进口奶粉价格对我国原料奶价格的影响——基于 VAR 模型的实证分析 [J]. 中国畜牧杂志, 2018, 54(1):134-137.

[93] 刘芳, 白燕飞, 何忠伟. 中国奶业损害预警模型研究 [J]. 农业技术经济, 2015(3): 46-53.

[94] 何向育, 何忠伟, 路永强, 等. 中新自由贸易区对中国奶业损害预警研究 [J]. 世界农业, 2017(6):197-207.

[95] 袭讯, 俞荣建, 向荣. 中国乳制品进口贸易"溢出之利"和"挤出之弊"[J]. 社会科学战线, 2021(3):101-112.

[96] 刘芳, 危薇, 何忠伟. 中外奶业政策比较分析 [J]. 世界农业, 2014(1):68-73.

[97] 栾敬东, 施海波. 发达国家牛奶生产配额政策及其启示 [J]. 农业经济问题, 2014, 35(9):103-109+112.

[98] 袁祥州, 程国强, 齐皓天. 美国奶业安全网: 历史演变、现实特征与发展趋势 [J]. 农业经济问题, 2015, 36(10):101-109+112.

[99] 姚梅. 中国奶业转型升级中的模式选择——基于新西兰奶业的调查分析 [J]. 河南师范大学学报（哲学社会科学版）, 2016, 43(6):134-137.

[100] 何向育, 何忠伟, 刘芳, 等. 澳大利亚金融支持奶业发展的经验借鉴 [J]. 世界农业, 2017(8):10-18.

[101] 张立平. 乳制品质量安全监管的国际经验与启示 [J]. 食品与机械, 2021, 37(4):87-90+102.

[102] 卫龙宝, 张菲. 我国奶牛养殖布局变迁及其影响因素研究——基于我国省级面板数据的分析 [J]. 中国畜牧杂志, 2012, 48(18):52-56+61.

[103] 李帮鸿, 李翠霞, 邹玉友. 中国原料乳生产区域布局变化及其影响因素研究——基于1995—2011年省际面板数据的分析 [J]. 中国畜牧杂志, 2014, 50(8):51-56.

[104] 道日娜, 罗燕芳. 从资源到资本: 中国奶业区域格局演化成因分析 [J]. 农业现代化研究, 2016, 37(2):205-213.

[105] 道日娜, 罗燕芳. 中国奶业地理集中演化模式及其成因分析 [J]. 农业现代化研究, 2017, 38(5):852-861.

[106] 郎宇, 王桂霞, 吴佩蓉. 我国奶牛养殖区域布局的变动与成因——基于全国省级面板数据的实证研究 [J]. 中国农业资源与区划, 2021, 42(1):127-134.

[107] 许世卫. 中国奶业消费特征与消费量预测 [J]. 中国食物与营养, 2009(12):4-7.

[108] 陆海霞. 中国奶类消费现状及影响因素研究 [J]. 中国乳业, 2009(3):28-33.

[109] 何玉成, 张俊, 郑娜. 中国城镇奶粉消费市场特征分析 [J]. 当代经济, 2010(6):6-7.

[110] 王帅, 汤铃, 余乐安. 基于单变量分解集成的牛奶消费需求预测研究 [J]. 系统科学与数学, 2013, 33(1):11-19.

[111] 翟世贤, 张彩萍, 白军飞. 收入增长和城市化对液态奶消费结构的影响 [J]. 中国农村

经济，2017(8):45-60.

[112] 杨祯妮，肖湘怡，程广燕.中国城镇居民家庭收入对其乳制品消费结构的影响[J].农业技术经济，2021(5):121-132.

[113] 钱贵霞，解晶.中国乳制品质量安全的供应链问题分析[J].中国乳业，2009(10):62-66.

[114] 钟真.生产组织方式、市场交易类型与生鲜乳质量安全——基于全面质量安全观的实证分析[J].农业技术经济，2011(1):13-23.

[115] 李红，常春华.奶牛养殖户质量安全行为的影响因素分析——基于内蒙古的调查[J].农业技术经济，2012(10):73-79.

[116] 国琳，赵秀娟，孙长颢.我国乳制品质量安全的影响因素及对策[J].预防医学情报杂志，2013,29(1):58-61.

[117] 张莉，侯云先.基于演化博弈的乳制品供应链主体质量保障策略分析[J].大连理工大学学报（社会科学版），2017,38(2):86-92.

[118] 吴强，沙鸣，张园园，等.奶农质量控制认知与行为分析——基于10省（自治区）奶农的调查[J].农业现代化研究，2018,39(2):265-274.

[119] 乌云花，乌云，于童，等.农村消费者对乳品质量与安全的认知及其对消费的影响——以内蒙古科右前旗液态奶消费为例[J].中国畜牧杂志，2020,56(11):195-198.

[120] 杨伟民，胡定寰.中国乳业食品安全危机的根源及对策[J].中国畜牧杂志，2008(22):40-44.

[121] 李静.中国食品安全监管制度有效性分析——基于对中国奶业监管的考察[J].武汉大学学报（哲学社会科学版），2011,64(2):88-91.

[122] 郭利亚，王加启，李发弟.浅析我国生鲜乳质量安全监管及对策[J].中国畜牧杂志，2012,48(12):42-45.

[123] 郑继媛，王海燕，胡浩.产业集聚对乳制品质量安全的影响研究——基于中国省域面板数据的实证分析[J].管理评论，2021,33(2):77-86.

[124] 崔惠玲，董筱丹，姚莉，等.中国奶业发展的产业主体分析[J].经济问题，2002(4):33-35.

[125] 王树进.提高奶业竞争力的产业化路线与模式探讨[J].商业研究，2003(15):140-143.

[126] 韩高举.中国奶业发展问题研究[D].武汉：华中农业大学，2005.

[127] 张宏升，赵云平.农业产业集聚对提升竞争力的效应探析——基于呼和浩特市奶业产业集聚的分析[J].调研世界，2007(7):18-20.

[128] 刘吉昌，柴春雨.提升中国乳业国际竞争力问题研究[J].世界农业，2006(6):23-26.

[129] 史芳，王咏红，高瑛.我国乳制品国际竞争力研究及政策建议[J].安徽农业科学，2008(1):337-339.

[130] 张希颖.中国乳制品国际竞争力研究[J].特区经济，2010(7):285-286.

[131] 李胜利.中国奶业竞争力提升——中国奶业的供给侧改革[J].饲料与畜牧，2016(7):18-23.

[132] 王世昆，刘国燕，李媛媛.华北地区奶业区域竞争力评价体系构建及实证分析[J].河

北经贸大学学报，2011, 32(6):93-96.

[133] 刘芳，危薇，何忠伟，等. 北京奶业市场竞争力研究 [J]. 中国食物与营养，2014, 20(5):16-20.

[134] 赵慧峰，李彤，等. 河北省奶业发展战略研究 [M]. 北京：中国农业出版社，2017:300-311.

[135] 张文兵. 国内需求对产业国际竞争力的影响分析：以中国奶业为例 [J]. 管理世界，2006(4):146-147.

[136] 陆海霞，张丽君. 中国奶业国内市场需求空间与竞争力研究 [J]. 中国奶牛，2007(12):4-6.

[137] 宗桂琴，薛莉. 我国奶业关联产业和支撑产业国际竞争力探析 [J]. 中国奶牛，2007(8):3-6.

[138] 薛莉，宗桂琴. 我国奶业国际竞争力的政府行为因素分析 [J]. 中国畜牧杂志，2009, 45(16):34-39.

[139] 谢锐，赖明勇，肖皓. 中国奶品行业的国际竞争力与技术含量的比较 [J]. 软科学，2010, 24(8):6-10.

[140] 张亚伟，任爱胜，赵婧洁. 基于钻石模型的奶粉国际竞争力分析 [J]. 中国农业资源与区划，2016, 37(2):84-90.

[141] 班洪赟，周德，田旭. 中国奶业发展情况分析：与世界主要奶业国家的比较 [J]. 世界农业，2017(3):11-17.

[142] 刘长全，韩磊，张元红. 中国奶业竞争力国际比较及发展思路 [J]. 中国农村经济，2018(7):130-144.

[143] 姜冰，曹亚楠，徐雅楠，等. 世界乳业生产及贸易格局分析——兼论中国乳业国际竞争力 [J]. 中国乳品工业，2019, 47(1):36-42.

[144] 张文兵. 中国奶业国际竞争力：基于RCA和"钻石"模型的分析 [J]. 农业经济问题，2005(11):38-42.

[145] 蒲佐毅，龚新蜀. 基于"钻石模型"的新疆乳业产业集群竞争力分析 [J]. 产业与科技论坛，2009, 8(11):125-128.

[146] 马子红，杨媛慧. 我国乳制品产业竞争力评价及策略选择 [J]. 改革与战略，2017, 33(8):158-162.

[147] Young J A. Global competition: the new reality[J]. California Management Review, 1985, 27(3):11-25.

[148] 郝华，林秀梅. WEF与IMD国际竞争力评价比较研究 [J]. 经济视角（中旬），2012(4):79-80.

[149] 于文波. 吉林省农业产业国际竞争力研究 [D]. 长春：东北师范大学，2001.

[150] 郭京福. 产业竞争力研究 [J]. 经济论坛，2004(14):32-33.

[151] 赵儒煜，刘锦明. 中国产业竞争力报告 (2008) [M]. 长春：吉林大学出版社，2009:21.

[152] 雷仲敏，付诗谣. 城市产业竞争力研究：理论轨迹与评价方法 [J]. 城市，2012(5):3-13.

[153] 国家体改委经济体制改革研究院，中国人民大学，深圳综合开发研究院联合研究组.

中国国际竞争力发展报告 (1996) [M]. 北京：中国人民大学出版社，1997.

[154] 翁鸣，陈劲松，等. 农业竞争力研究 [M]. 北京：中国农业出版社，2003:11.

[155] 刘飞翔，潘国亮，占纪文，等. 福建农业竞争力的指标评价与动态分析 [J]. 中国农学通报，2009(18):494-499.

[156] 赵树宽，刘冠宏. 农业竞争力理论范式探讨 [J]. 当代经济研究，2013(5):20-26+93.

[157] 尚涛. 比较优势理论、竞争优势理论的世界观与方法论分析 [J]. 国际经贸探索，2009(3):4-10.

[158] 孙晓，张少杰. 产业国际竞争力理论的源流与演化探析 [J]. 社会科学战线，2015(4):263-266.

[159] 杨小凯，张定胜，张永生. 发展经济学：超边际与边际分析 [M]. 北京：社会科学文献出版社，2003:82.

[160] 龚讯，俞荣建，向荣. 中国乳制品进口贸易"溢出之利"和"挤出之弊" [J]. 社会科学战线，2021(3):101-112.

[161] 刘成果. 中国奶业史 [M]. 北京：中国农业出版社，2013.

[162] 柯炳生. 不公平的世界农产品贸易体系与中国农业政策的改革调整 [J]. 中国农业经济评论，2003(2):121-136.

[163] 王海，沈秋光，邹明晖，等. 各国乳品的生乳标准分析比对 [J]. 乳业科学与技术，2011, 34(6):293-295.

[164] 陈卫平. 农业国际竞争力理论初探 [J]. 财经问题研究，2003(1):66-69.

[165] 王惠惠，刘芳，王琛，等. 中新、中澳自由贸易区对中国奶业的影响研究 [J]. 世界农业，2016(8):57-63.

[166] 陈慧萍. 2011年规模奶牛场从业人员状况调查报告 [J]. 中国乳业，2012(8):6-11.

[167] 李胜利，姚琨，刘潇，等. 中国奶业白皮书 [M]. 北京：中荷奶业发展中心，2016:63.

[168] 国家奶牛产业技术体系. 中国现代农业产业可持续发展战略研究－奶牛分册 [M]. 北京：中国农业出版社，2016:265-266.

[169] 王莉，沈贵银，刘慧. 中澳自贸区的建立对中国奶业发展的影响研究 [J]. 农业经济问题，2012(9):39-45+113.

[170] 张亚伟，任爱胜，赵婧洁. 基于钻石模型的奶粉国际竞争力分析 [J]. 中国农业资源与区划，2016, 37(2):84-90.

[171] PADMORE T, GIBSON H. Modelling systems of innovation: II. A framework for industrial cluster analysis in regions [J]. Research Policy, 1998, 26(6):625-641.

[172] 陈卫平，赵彦云. 中国区域农业竞争力评价与分析——农业产业竞争力综合评价方法及其应用 [J]. 管理世界，2005(3):85-93.

[173] 赵洪斌. 论产业竞争力——一个理论综述 [J]. 当代财经，2004(12):67-70.

[174] 陈红儿，陈刚. 区域产业竞争力评价模型与案例分析 [J]. 中国软科学，2002(1):27-35.

[175] 金碚. 中国工业国际竞争力：理论、方法与实证研究 [M]. 北京：经济管理出版社，1997.

[176] BUCKLEY P J. Measures of international competitiveness: a critical survey[J]. Journal of

Marketing Management, 1988, 4(2):175-200.

[177] MON A A, KYI T, KYAW D. Comparative advantage of black gram and green gram in Myanmar.[J]. Journal of Agricultural Forestry Livestock & Fishery Sciences, 2002, 12:54-56.

[178] SHARMA S K, BUGALYA K. Competitiveness of indian agriculture sector: a case study of cotton crop [J]. Procedia – Social and Behavioral Sciences, 2014, 133:320-335.

[179] POPPE K J, WIJNANDS J H M, VAND M B M J, et al. Struggle for leadership: the competitiveness of the EU and US food industry[C]. Portland OR: American Agricultural Economics Association, 2007.

[180] 陈会萍. 甘肃省草食畜牧业竞争力的影响因素研究 [D]. 兰州：甘肃农业大学，2016.

[181] 张文兵. 国内需求对产业国际竞争力的影响分析：以中国奶业为例 [J]. 管理世界，2006(4):146-147.

[182] GUSTAVSSON P, HANSSON P, LUNDBERG L. Technology, resource endowments and international competitiveness[J]. Working Paper, 1999, 43(8):1501-1530.

[183] 王宏宇，王明利，石自忠，等. 基于随机前沿函数的中国奶业生产效率研究 [J]. 农业科技管理，2014, 33(5):77-80.

[184] 花俊国. 我国奶业生产的波动性及区域特征——基于 H-P 滤波法的分析 [J]. 西北农林科技大学学报（社会科学版），2014, 14(2):60-67.

[185] 陈卫平. 农业国际竞争力理论初探 [J]. 财经问题研究，2003(1):66-69.

[186] KENNEDY P L, HARRISON R W, PIEDRA M A. Analyzing agribusiness competitiveness: the case of the United States sugar industry[J]. International Food & Agribusiness Management Review, 1998, 1(2):245-257.

[187] 朱应皋，金丽馥. 中国农业国际竞争力实证研究 [J]. 管理世界，2006(6):145-146.

[188] 孙婷，余东华. 中国制造业国际竞争力与要素价格关系研究——基于中国 28 个制造业行业的实证分析 [J]. 上海经济研究，2016(5):10-18.

[189] UMA S K. Industry competitiveness: leadership identity and market shares[J]. Applied Economics Letters, 2000, 7(9):569-573.

[190] 李俊，兰传海. 基于区位商的区域优势文化产业选择研究—以东北地区为例 [J]. 经济问题探索，2012(5):41-44.

[191] 侯杰泰，温忠麟，成子娟. 结构方程模式及其应用 [M]. 北京：教育科学出版社，2004.

[192] 王妍，杨华，李艳丽，等. 基于结构方程模型的林木竞争指标研究 [J]. 北京林业大学学报，2015, 37(4):28-37.

[193] 曹杨，刘全胜，聂彬. 多指标评价方法的应用研究 [J]. 火炮发射与控制学报，2006(S1):112-116.

[194] 刘秀娟，周梦，刘佳. 河北省农村居民乳制品消费行为调查研究 [J]. 黑龙江畜牧兽医，2016(12):34-36.

[195] 叶兴庆. 我国农业支持政策转型：从增产导向到竞争力导向 [J]. 改革，2017(3):19-34.

[196] 全世文，于晓华. 中国农业政策体系及其国际竞争力 [J]. 改革，2016(11):130-138.

附录

附表1 23省R05原始数据

区域	年份													
	2003	2004	2005	2006	2007	2008	2009	2010	2011	2012	2013	2014	2015	2016
河北	0.066	0.055	0.044	0.037	0.039	0.045	0.052	0.073	0.049	0.053	0.071	0.073	0.094	0.103
山西	0.054	0.049	0.052	0.063	0.068	0.068	0.072	0.087	0.076	0.090	0.101	0.093	0.129	0.136
内蒙古	0.055	0.063	0.075	0.062	0.071	0.071	0.075	0.102	0.119	0.114	0.095	0.103	0.153	0.183
辽宁	0.090	0.079	0.079	0.092	0.096	0.106	0.114	0.120	0.120	0.178	0.191	0.166	0.162	0.180
黑龙江	0.049	0.045	0.061	0.058	0.061	0.057	0.063	0.091	0.090	0.097	0.117	0.118	0.128	0.135
山东	0.055	0.051	0.042	0.054	0.054	0.051	0.056	0.087	0.084	0.091	0.093	0.092	0.117	0.123
河南	0.032	0.041	0.039	0.038	0.037	0.044	0.048	0.064	0.070	0.061	0.074	0.095	0.080	0.080
陕西	0.064	0.069	0.058	0.071	0.073	0.082	0.086	0.106	0.095	0.101	0.111	0.103	0.165	0.128
宁夏	0.055	0.066	0.062	0.067	0.068	0.070	0.077	0.092	0.083	0.084	0.104	0.099	0.140	0.154
新疆	0.100	0.092	0.080	0.080	0.083	0.089	0.087	0.106	0.129	0.122	0.116	0.119	0.131	0.137
吉林	0.064	0.066	0.064	0.067	0.071	0.072	0.079	0.099	0.086	0.085	0.110	0.113	0.126	0.141
江苏	0.050	0.047	0.065	0.069	0.077	0.067	0.073	0.108	0.113	0.127	0.129	0.134	0.154	0.166
浙江	0.062	0.071	0.051	0.080	0.081	0.090	0.095	0.093	0.119	0.142	0.164	0.143	0.138	0.152
安徽	0.049	0.042	0.036	0.044	0.037	0.037	0.043	0.067	0.063	0.094	0.084	0.097	0.108	0.094
福建	0.047	0.043	0.047	0.055	0.053	0.055	0.091	0.084	0.113	0.072	0.082	0.107	0.119	0.115
湖北	0.054	0.055	0.048	0.073	0.077	0.077	0.072	0.095	0.105	0.114	0.111	0.106	0.140	0.139
湖南	0.047	0.049	0.042	0.047	0.058	0.061	0.057	0.076	0.073	0.068	0.079	0.085	0.110	0.116

（续）

区域	年份													
	2003	2004	2005	2006	2007	2008	2009	2010	2011	2012	2013	2014	2015	2016
广东	0.051	0.048	0.055	0.054	0.061	0.066	0.065	0.082	0.099	0.091	0.076	0.087	0.111	0.138
广西	0.045	0.048	0.037	0.042	0.037	0.030	0.038	0.060	0.080	0.058	0.070	0.073	0.083	0.080
四川	0.037	0.034	0.032	0.042	0.039	0.041	0.053	0.067	0.078	0.093	0.099	0.085	0.103	0.090
云南	0.018	0.035	0.031	0.029	0.037	0.033	0.028	0.058	0.065	0.063	0.071	0.063	0.088	0.087
甘肃	0.044	0.053	0.040	0.031	0.036	0.042	0.045	0.075	0.083	0.083	0.084	0.096	0.117	0.107
青海	0.051	0.042	0.065	0.055	0.066	0.069	0.082	0.086	0.083	0.088	0.116	0.118	0.096	0.097

注：R05代表大专及以上人口占比。

附表 2　23省 R08 原始数据

单位：元/人

区域	年份													
	2003	2004	2005	2006	2007	2008	2009	2010	2011	2012	2013	2014	2015	2016
河北	10 251	12 487	14 782	16 894	19 662	22 986	24 581	28 668	33 969	36 584	38 909	39 984	40 255	42 736
山西	8 642	10 742	12 495	14 106	17 805	21 506	21 522	26 283	31 357	33 628	34 984	35 070	34 919	35 198
内蒙古	10 039	12 767	16 331	20 047	26 521	34 869	39 735	47 347	57 974	63 886	67 836	71 046	71 101	74 069
辽宁	14 270	15 835	18 983	21 802	26 057	31 739	35 149	42 355	50 760	56 649	61 996	65 201	65 354	50 314
黑龙江	10 638	12 449	14 434	16 268	18 580	21 740	22 447	27 076	32 819	35 711	37 697	39 226	39 462	40 432
山东	13 268	16 413	20 096	23 546	27 604	32 936	35 894	41 106	47 335	51 768	56 885	60 879	64 168	67 706
河南	7 376	9 201	11 346	13 279	16 012	19 181	20 597	24 446	28 661	31 499	34 211	37 072	39 123	42 247

(续)

区域	2003	2004	2005	2006	2007	2008	2009	2010	2011	2012	2013	2014	2015	2016
陕西	7 028	8 587	9 899	11 762	15 546	19 700	21 947	27 133	33 464	38 564	43 117	46 929	47 626	50 398
宁夏	7 734	9 199	10 239	11 784	15 142	19 609	21 777	26 860	33 043	36 394	39 613	41 834	43 805	46 918
新疆	9 828	11 337	13 108	14 871	16 999	19 797	19 942	25 034	30 087	33 796	37 553	40 648	40 036	40 427
吉林	9 854	11 537	13 348	15 625	19 383	23 521	26 595	31 599	38 460	43 415	47 428	50 160	51 086	54 266
江苏	16 830	20 223	24 560	28 685	33 837	40 014	44 253	52 840	62 290	68 347	75 354	81 874	87 995	95 257
浙江	20 444	24 352	27 703	31 684	36 676	41 405	43 842	51 711	59 249	63 374	68 805	73 002	77 644	83 538
安徽	6 375	7 681	8 670	10 044	12 039	14 448	16 408	20 888	25 659	28 792	32 001	34 425	35 997	39 092
福建	14 333	16 469	18 646	21 152	25 582	29 755	33 437	40 025	47 377	52 763	58 145	63 472	67 966	73 951
湖北	8 378	9 898	11 431	13 360	16 386	19 858	22 677	27 906	34 197	38 572	42 826	47 145	50 654	55 038
湖南	7 589	9 165	10 426	11 830	14 869	18 147	20 428	24 719	29 880	33 480	36 943	40 271	42 754	45 931
广东	17 795	20 870	24 435	28 077	33 272	37 638	39 436	44 736	50 807	54 095	58 833	63 469	67 503	72 787
广西	6 169	7 461	8 788	10 240	12 277	14 652	16 045	20 219	25 326	27 952	30 741	33 090	35 190	37 876
四川	6 623	7 895	9 060	10 546	12 963	15 495	17 339	21 182	26 133	29 608	32 617	35 128	36 775	39 695
云南	5 871	7 012	7 835	8 961	10 609	12 570	13 539	15 752	19 265	22 195	25 322	27 264	28 806	31 265
甘肃	5 429	6 566	7 477	8 749	10 614	12 421	13 269	16 113	19 595	21 978	24 539	26 433	26 165	27 458
青海	7 346	8 693	10 045	11 753	14 507	18 421	19 454	24 115	29 522	33 181	36 875	39 671	41 252	43 531

注：R08 代表人均 GDP。

附表3 23省D15原始数据

单位：元/人

区域	2003	2004	2005	2006	2007	2008	2009	2010	2011	2012	2013	2014	2015	2016
河北	2 721	3 705	4 310	4 925	5 741	6 983	8 196	9 357	11 098	12 698	14 184	15 832	17 421	19 230
山西	2 201	2 653	4 176	4 780	5 641	6 909	8 197	8 976	10 503	12 119	13 743	15 214	16 457	17 602
内蒙古	2 877	3 742	5 633	6 655	7 917	9 791	11 616	13 500	15 862	18 212	20 320	22 437	24 323	26 589
辽宁	5 536	6 267	7 105	8 042	9 377	11 397	13 390	15 565	18 261	21 090	23 974	26 857	29 148	30 641
黑龙江	3 608	4 075	4 608	5 225	6 096	7 420	8 891	10 438	12 272	14 224	16 182	18 169	20 042	22 118
山东	4 022	4 884	6 625	7 651	9 009	11 024	13 055	14 822	17 304	19 799	22 340	25 019	28 192	30 810
河南	2 510	2 890	3 580	4 132	4 912	6 005	7 111	8 393	9 931	11 469	13 042	14 663	16 604	18 483
陕西	2 155	2 609	3 555	4 075	4 805	5 997	7 244	8 427	9 975	11 539	13 122	14 762	17 343	19 154
宁夏	2 009	2 344	2 924	3 295	3 825	4 617	5 429	6 376	7 469	8 480	9 332	10 177	11 822	12 596
新疆	2 178	2 456	3 173	3 549	4 046	4 814	5 454	6 062	7 050	8 057	9 006	9 918	11 043	11 784
吉林	4 106	4 624	5 378	6 154	7 323	9 087	10 793	12 748	14 971	17 354	19 723	22 093	24 140	26 748
江苏	4 816	5 596	7 625	8 772	10 279	12 584	14 704	17 133	20 056	22 999	26 017	29 157	32 442	35 890
浙江	6 746	7 723	9 456	10 693	12 281	14 535	16 342	18 658	21 839	24 733	27 534	30 692	35 719	39 304
安徽	2 077	2 326	2 884	3 321	3 929	4 834	5 754	6 969	8 211	9 495	10 749	12 035	14 500	16 141
福建	4 990	5 684	6 636	7 600	8 902	10 622	12 223	14 132	16 583	19 076	21 596	23 714	27 366	30 136
湖北	3 930	4 434	5 192	5 993	7 069	8 695	10 364	11 731	13 769	15 914	18 048	20 300	23 888	26 592
湖南	2 726	3 090	3 887	4 469	5 282	6 457	7 670	8 790	10 324	11 832	13 363	14 965	17 727	19 696
广东	6 234	6 992	8 574	9 800	11 216	13 382	14 701	16 679	19 274	21 406	23 914	26 549	28 881	31 584
广西	1 944	1 991	2 998	3 392	3 980	4 855	5 747	7 097	8 312	9 557	10 772	12 025	13 236	14 525
四川	2 404	2 732	3 631	4 189	4 941	5 899	7 036	8 247	9 736	11 253	12 773	14 331	16 916	18 763
云南	1 788	2 004	2 324	2 652	3 089	3 783	4 487	5 433	6 479	7 602	8 612	9 645	10 762	11 989
甘肃	1 823	2 046	2 439	2 753	3 184	3 767	4 630	5 349	6 311	7 410	8 287	9 304	11 184	12 201
青海	1 923	2 145	2 956	3 286	3 774	4 561	5 395	6 146	7 126	8 198	9 417	10 535	11 743	12 929

注：D15代表人均社会消费品零售额。

附表 4 23 省 E16 原始数据

单位：件

区域	年份													
	2003	2004	2005	2006	2007	2008	2009	2010	2011	2012	2013	2014	2015	2016
河北	272	357	371	407	462	549	691	954	1 469	1 933	2 008	2 286	3 840	4 247
山西	269	295	280	314	307	420	604	739	1 114	1 297	1 332	1 559	2 432	2 411
内蒙古	82	108	98	108	120	140	178	262	364	569	549	458	797	871
辽宁	643	911	942	1 063	1 220	1 516	1 994	2 357	3 164	3 973	3 830	3 975	6 569	6 731
黑龙江	230	326	407	565	668	740	1 142	1 512	1 953	2 418	2 238	2 454	4 024	4 345
山东	530	788	903	1 092	1 435	1 845	2 865	4 106	5 856	7 453	8 913	10 538	16 881	19 404
河南	256	306	356	450	563	668	1 129	1 498	2 462	3 182	3 173	3 493	5 384	6 811
陕西	180	459	445	602	755	962	1 341	1 887	3 139	4 018	4 133	4 885	6 812	7 503
宁夏	54	46	40	64	32	48	52	78	103	140	184	243	442	560
新疆	75	75	88	107	90	82	120	189	302	456	540	605	950	910
吉林	234	451	391	449	454	574	719	785	1 202	1 583	1 496	1 434	2 240	2 428
江苏	623	1 026	1 241	1 631	2 220	3 508	5 322	7 210	11 043	16 242	16 790	19 671	36 015	40 952
浙江	398	785	1 110	1 424	2 213	3 269	4 818	6 410	9 135	11 571	11 139	13 372	23 345	26 576
安徽	137	150	238	272	317	489	795	1 111	2 026	3 066	4 241	5 184	11 180	15 292
福建	135	160	242	310	336	530	824	1 224	1 945	2 977	2 941	3 426	5 730	7 170
湖北	417	744	733	855	886	1 152	1 478	2 025	3 160	4 050	4 052	4 855	7 766	8 517
湖南	343	436	533	581	735	1 196	1 752	1 920	2 606	3 353	3 613	4 160	6 776	6 967
广东	941	1 941	1 876	2 441	3 714	7 604	11 355	13 691	18 242	22 153	20 084	22 276	33 477	38 626
广西	82	127	140	183	188	204	326	426	634	901	1 295	1 933	4 017	5 159
四川	342	583	613	676	825	1 086	1 596	2 204	3 270	4 460	4 566	5 682	9 105	10 350
云南	172	235	306	355	368	383	476	652	1 006	1 301	1 312	1 423	2 079	2 125
甘肃	83	127	116	145	180	211	228	349	552	704	785	812	1 238	1 308
青海	17	21	24	30	28	23	35	53	70	101	91	110	207	271

注：E16 代表专利授权量。

附表 5　23 省 E17 原始数据

单位：个

区域	2003	2004	2005	2006	2007	2008	2009	2010	2011	2012	2013	2014	2015	2016
河北	295	286	305	258	299	317	367	394	357	332	345	319	300	247
山西	110	83	96	95	117	157	186	222	261	286	282	304	264	247
内蒙古	80	79	74	74	113	151	205	229	403	435	430	491	528	531
辽宁	210	235	235	319	447	591	741	820	831	677	649	584	464	420
黑龙江	172	197	241	185	197	284	332	339	358	366	348	325	297	295
山东	795	506	601	628	588	718	784	769	644	594	590	583	533	434
河南	210	228	205	205	297	465	495	425	341	344	356	370	341	276
陕西	355	211	188	196	163	306	405	482	548	590	570	495	467	411
宁夏	17	16	15	15	15	22	25	25	27	30	30	32	24	23
新疆	42	56	62	57	62	101	99	104	120	123	123	147	172	174
吉林	64	90	152	133	143	190	280	352	348	325	364	368	330	314
江苏	189	234	215	243	250	273	262	274	196	193	182	166	165	137
浙江	102	94	105	95	121	125	138	157	153	160	159	143	139	125
安徽	277	290	304	247	426	451	524	581	504	514	511	499	500	590
福建	246	205	215	197	215	243	350	399	580	558	539	464	352	359
湖北	187	171	187	187	227	249	343	425	410	467	470	475	486	341
湖南	126	141	156	167	167	581	756	498	422	450	410	416	404	380
广东	335	352	353	268	341	666	805	900	773	710	549	460	439	535
广西	123	151	169	174	172	189	216	217	218	237	246	211	187	221
四川	441	466	512	499	611	461	628	750	818	811	847	835	801	788
云南	47	72	94	126	121	186	237	282	318	317	331	345	356	397
甘肃	115	140	135	101	133	178	217	265	320	328	353	398	442	450
青海	16	18	16	15	15	25	26	39	52	65	62	61	66	62

注：E17 代表种畜场个数。

附表 6　23 省 S26 原始数据

区域	2003	2004	2005	2006	2007	2008	2009	2010	2011	2012	2013	2014	2015	2016
河北	0.009	0.009	0.009	0.009	0.009	0.010	0.010	0.011	0.012	0.013	0.013	0.014	0.015	0.016
山西	0.014	0.015	0.015	0.016	0.017	0.017	0.018	0.019	0.020	0.020	0.022	0.021	0.024	0.025
内蒙古	0.022	0.021	0.020	0.020	0.021	0.022	0.025	0.026	0.027	0.029	0.039	0.041	0.042	0.044
辽宁	0.012	0.012	0.013	0.014	0.014	0.015	0.016	0.016	0.017	0.018	0.021	0.022	0.022	0.022
黑龙江	0.021	0.020	0.022	0.024	0.026	0.028	0.031	0.030	0.027	0.028	0.030	0.034	0.036	0.038
山东	0.008	0.008	0.008	0.008	0.008	0.009	0.009	0.010	0.012	0.013	0.013	0.014	0.014	0.015
河南	0.012	0.011	0.012	0.012	0.013	0.013	0.014	0.015	0.015	0.016	0.019	0.020	0.022	0.023
陕西	0.035	0.032	0.031	0.033	0.034	0.036	0.038	0.039	0.041	0.042	0.044	0.042	0.050	0.052
宁夏	0.069	0.068	0.068	0.069	0.071	0.076	0.082	0.083	0.073	0.078	0.081	0.085	0.091	0.095
新疆	0.032	0.030	0.029	0.030	0.031	0.032	0.032	0.032	0.030	0.028	0.027	0.027	0.028	0.029
吉林	0.030	0.031	0.032	0.032	0.034	0.036	0.039	0.041	0.043	0.047	0.054	0.058	0.064	0.069
江苏	0.013	0.012	0.011	0.011	0.012	0.012	0.013	0.013	0.014	0.015	0.016	0.017	0.018	0.019
浙江	0.015	0.015	0.015	0.016	0.017	0.018	0.019	0.019	0.020	0.021	0.022	0.024	0.024	0.025
安徽	0.024	0.025	0.025	0.026	0.027	0.029	0.030	0.032	0.033	0.034	0.036	0.036	0.042	0.044
福建	0.033	0.033	0.029	0.030	0.031	0.032	0.033	0.035	0.036	0.038	0.040	0.040	0.043	0.046
湖北	0.017	0.016	0.017	0.017	0.017	0.019	0.020	0.021	0.021	0.022	0.028	0.024	0.032	0.033
湖南	0.021	0.019	0.017	0.017	0.018	0.020	0.021	0.021	0.022	0.024	0.029	0.031	0.033	0.035
广东	0.011	0.011	0.010	0.011	0.011	0.012	0.012	0.012	0.013	0.014	0.015	0.016	0.017	0.020
广西	0.041	0.037	0.037	0.038	0.039	0.041	0.043	0.043	0.045	0.047	0.048	0.050	0.053	0.055
四川	0.015	0.014	0.014	0.015	0.016	0.016	0.017	0.018	0.019	0.020	0.021	0.025	0.027	0.028
云南	0.028	0.027	0.025	0.026	0.027	0.028	0.030	0.031	0.032	0.033	0.038	0.040	0.044	0.046
甘肃	0.038	0.038	0.038	0.039	0.041	0.043	0.046	0.048	0.049	0.051	0.054	0.053	0.062	0.069
青海	0.125	0.115	0.096	0.096	0.099	0.103	0.110	0.116	0.118	0.120	0.122	0.126	0.132	0.143

注：S26 代表单位能耗创造 GDP。

附表7　23省K27原始数据

单位：千头

区域	年份													
	2003	2004	2005	2006	2007	2008	2009	2010	2011	2012	2013	2014	2015	2016
河北	1 304	1 613	1 966	1 241	1 458	1 432	1 674	1 808	2 040	1 960	1 912	1 981	1 963	1 806
山西	215	259	299	163	318	314	274	288	416	306	321	347	346	407
内蒙古	1 445	2 194	2 686	2 755	2 512	2 456	2 273	2 925	2 785	2 632	2 292	2 312	2 372	2 023
辽宁	146	207	244	222	284	293	289	321	477	322	305	316	336	348
黑龙江	1 176	1 410	1 102	1 262	1 361	1 401	1 970	2 054	2 852	2 022	1 917	1 972	1 934	1 768
山东	554	680	704	703	793	812	838	933	1 415	1 298	1 250	1 397	1 334	1 293
河南	165	257	312	264	556	578	505	985	895	1 006	1 007	1 032	1 078	990
陕西	329	395	460	270	393	407	435	413	732	469	465	455	435	437
宁夏	130	186	229	219	261	271	272	269	363	329	341	374	354	365
新疆	1 724	2 010	2 149	1 650	2 105	2 049	1 704	1 482	2 853	1 815	1 853	2 030	2 140	2 095
吉林	117	130	145	134	148	152	193	195	548	240	232	245	262	250
江苏	142	154	161	84	94	168	189	221	216	209	204	205	200	199
浙江	77	80	80	56	53	65	61	61	70	57	52	46	44	39
安徽	44	43	40	27	60	62	68	98	95	108	111	117	130	132
福建	69	72	70	38	33	47	50	50	39	51	50	51	50	50
湖北	57	48	47	44	51	52	54	62	78	63	63	65	69	68
湖南	25	29	30	22	24	25	26	131	31	140	144	148	155	143
广东	41	44	48	32	54	55	56	54	55	57	58	54	53	54
广西	24	29	31	19	47	51	23	44	23	47	47	48	52	50
四川	152	170	188	168	176	188	197	197	190	195	194	193	178	176
云南	152	204	201	188	190	199	141	147	203	148	151	173	171	177
甘肃	193	150	187	176	121	127	140	308	213	291	294	302	300	297
青海	155	172	185	223	219	218	282	297	218	288	286	258	256	258

注：K27代表奶牛数量。

附表 8　23 省 K28 原始数据

单位：个

区域	2003	2004	2005	2006	2007	2008	2009	2010	2011	2012	2013	2014	2015	2016
河北	387	541	765	1 080	1 243	1 316	1 917	2 021	1 929	2 430	2 389	2 332	1 984	1 863
山西	87	129	167	213	201	275	302	373	427	383	435	473	458	438
内蒙古	159	677	353	721	1 540	848	1 362	1 473	2 124	2 535	3 636	4 466	3 841	3 168
辽宁	95	130	212	231	221	255	293	327	424	452	430	319	332	292
黑龙江	604	253	369	400	514	810	974	1 186	1 119	1 168	1 141	1 029	1 011	1 187
山东	301	369	470	659	893	1 197	1 282	1 498	1 683	1 982	2 043	1 932	1 737	1 203
河南	101	190	265	390	606	886	769	827	856	834	814	819	716	565
陕西	80	88	245	233	294	413	560	549	727	778	850	846	770	496
宁夏	75	85	189	251	186	197	233	242	270	291	343	530	320	304
新疆	368	273	261	249	419	424	377	434	479	453	479	533	486	490
吉林	36	56	85	108	104	207	316	425	490	365	334	350	270	238
江苏	144	160	182	218	267	277	279	298	306	305	279	292	277	226
浙江	124	120	131	114	120	114	114	110	112	113	105	93	83	72
安徽	47	74	44	55	65	125	118	132	135	126	118	107	102	91
福建	71	70	58	50	40	37	34	36	38	35	33	30	29	30
湖北	48	45	48	55	57	84	63	61	73	62	56	64	41	32
湖南	29	29	41	28	41	32	24	16	13	15	18	18	15	13
广东	45	42	60	65	104	72	83	79	79	82	75	70	61	46
广西	18	23	21	22	28	35	33	32	37	36	38	35	34	35
四川	67	74	76	81	102	121	130	129	134	129	98	104	102	109
云南	29	32	35	46	45	48	43	48	48	54	55	60	71	68
甘肃	59	55	49	60	75	129	138	141	122	141	159	182	186	160
青海	48	48	0	1	1	11	21	30	34	37	38	48	48	51

注：K28 代表存栏 100 头以上的场户数。

附表9 23省K30原始数据

单位：kg

区域	年份													
	2003	2004	2005	2006	2007	2008	2009	2010	2011	2012	2013	2014	2015	2016
河北	29.31	39.25	49.80	59.29	70.70	72.40	64.39	61.85	63.62	64.75	62.70	66.30	63.90	59.10
山西	16.11	18.39	21.30	24.09	24.00	20.00	21.21	20.93	20.83	22.20	23.80	26.40	25.10	25.90
内蒙古	129.47	209.03	290.40	363.41	378.90	378.60	373.51	370.01	366.78	366.16	307.70	315.10	320.30	291.80
辽宁	10.15	13.87	17.80	22.07	24.50	23.50	25.48	27.89	28.43	28.44	27.50	29.90	32.00	32.70
黑龙江	78.78	98.13	115.60	120.45	133.00	132.90	138.20	144.31	141.71	146.05	135.10	145.20	149.20	143.50
山东	13.66	17.58	20.30	23.26	23.50	24.50	25.02	26.57	27.98	29.39	28.00	28.60	28.00	27.10
河南	5.15	7.69	11.10	15.73	23.00	29.70	29.80	30.80	32.63	33.64	33.60	35.20	36.20	34.40
陕西	20.16	26.02	30.60	34.17	39.80	39.70	39.61	36.63	37.59	37.83	37.50	38.40	37.30	36.90
宁夏	67.00	78.85	97.40	107.89	127.60	145.30	130.57	134.70	151.23	160.87	160.10	206.30	205.40	207.70
新疆	58.87	68.42	76.00	88.58	94.70	65.00	56.36	59.27	59.45	59.53	60.00	64.70	66.90	65.60
吉林	8.40	9.36	10.90	12.69	17.40	14.50	16.26	15.87	16.46	17.86	17.30	17.90	19.00	19.30
江苏	6.73	7.23	7.60	7.77	7.90	8.00	7.19	7.35	7.51	7.75	7.60	7.60	7.50	7.40
浙江	5.30	5.52	5.50	5.16	4.70	4.40	3.87	3.81	3.65	3.52	3.30	2.90	3.00	2.70
安徽	1.41	1.58	1.80	2.09	3.00	3.00	3.28	3.39	3.78	4.03	4.20	4.60	5.00	5.30
福建	5.52	5.94	5.50	4.81	4.60	4.00	4.20	4.21	4.18	4.03	4.00	3.90	3.90	4.00
湖北	1.85	1.94	2.10	2.43	2.70	2.70	2.71	2.45	2.48	2.66	2.70	2.80	2.90	2.90
湖南	0.79	1.00	1.10	1.15	1.20	1.20	1.20	1.20	1.23	1.28	1.30	1.40	1.40	1.50
广东	1.33	1.35	1.30	1.32	1.30	1.40	1.46	1.42	1.36	1.29	1.30	1.30	1.20	1.20
广西	0.79	0.99	1.20	1.34	1.50	1.60	1.67	1.74	1.92	2.01	2.00	2.00	2.10	2.00
四川	5.23	6.04	7.20	7.58	8.00	8.10	8.35	8.60	8.85	8.89	8.70	8.70	8.30	7.60
云南	4.99	6.11	7.00	8.15	9.40	9.90	10.62	11.00	11.36	11.56	11.70	12.40	11.60	12.00
甘肃	8.54	9.77	12.10	13.81	13.30	13.20	14.31	13.97	14.45	14.77	14.90	15.30	15.10	15.40
青海	41.68	42.41	43.60	43.62	45.40	45.70	45.55	46.81	47.68	48.28	47.90	52.50	53.80	55.80

注：K30代表牛奶人均占有量。

附表10　23省F34原始数据

区域	年份													
	2003	2004	2005	2006	2007	2008	2009	2010	2011	2012	2013	2014	2015	2016
河北	1.31	0.99	1.07	1.15	1.21	1.07	1.13	1.15	1.07	1.11	1.13	1.12	1.13	1.08
山西	0.96	1.02	1.02	1.13	1.97	1.30	0.85	1.08	1.51	1.85	2.08	1.94	1.72	1.49
内蒙古	1.31	0.96	1.05	0.92	0.95	1.59	1.26	1.17	1.17	0.71	0.44	0.60	0.81	0.57
辽宁	1.17	0.96	0.91	0.78	0.78	0.85	0.87	0.86	1.00	0.91	0.92	0.77	0.56	0.87
黑龙江	1.28	0.83	1.22	0.93	1.28	0.99	0.75	1.13	1.07	1.00	1.05	1.20	1.34	1.20
山东	1.30	0.98	1.13	0.78	0.66	0.32	0.69	0.82	0.62	0.84	0.65	0.77	0.72	0.61
河南	1.39	1.15	1.01	0.75	0.61	1.01	0.96	0.81	0.82	0.84	0.83	0.97	1.01	0.98
陕西	0.76	1.05	1.22	1.20	0.77	0.78	0.93	0.91	0.92	0.94	1.06	0.80	0.59	0.76
宁夏	1.03	0.91	0.92	1.14	1.16	0.77	0.60	1.18	1.01	1.37	1.09	0.76	0.38	0.41
新疆	1.21	1.15	1.19	1.28	1.56	1.41	1.31	0.94	1.11	1.13	1.28	1.09	0.87	1.02
吉林	0.54	0.56	0.80	1.01	0.97	1.42	1.16	1.03	1.33	1.46	1.50	1.34	1.35	1.30
江苏	1.47	0.95	1.05	0.94	0.92	0.90	1.07	0.84	0.67	0.44	0.48	0.81	1.01	1.17
浙江	1.29	1.44	1.40	1.49	1.04	1.25	1.08	1.01	0.92	0.96	1.03	0.97	0.94	0.66
安徽	0.76	1.30	1.20	1.14	0.98	1.02	1.02	0.80	1.08	0.93	0.55	0.74	0.70	0.81
福建	1.49	0.60	0.49	0.38	0.13	0.40	0.54	0.74	0.78	1.26	1.22	1.20	1.39	3.30
湖北	0.87	0.92	0.84	0.79	0.66	0.79	0.92	0.89	0.94	0.99	1.24	1.23	1.35	1.38
湖南	1.43	1.57	1.00	1.07	0.93	1.05	1.14	0.72	1.13	0.85	0.71	0.89	1.21	1.16
广东	0.85	1.19	1.20	1.64	1.82	1.49	1.44	1.27	1.43	1.38	1.10	1.02	1.13	1.10
广西	1.50	1.56	1.08	1.13	1.23	1.15	1.00	1.12	0.88	1.08	1.07	1.44	1.67	2.37
四川	1.21	1.40	1.15	1.56	1.89	1.36	1.29	1.82	1.61	1.60	1.33	1.17	0.97	1.14
云南	1.40	0.90	0.75	0.92	0.90	1.62	1.52	1.19	0.89	1.05	0.77	0.79	1.98	0.63
甘肃	1.35	0.62	0.71	0.94	0.83	1.06	1.12	1.20	1.12	1.02	1.10	1.11	0.72	0.71
青海	0.98	0.82	0.76	0.78	0.57	0.74	0.73	0.73	0.56	0.73	0.65	0.77	0.86	0.88

注：F34代表50 kg主产品盈利水平。

附表 11 23 省 F36 原始数据

区域	2003	2004	2005	2006	2007	2008	2009	2010	2011	2012	2013	2014	2015	2016
河北	0.35	0.21	0.20	0.21	0.21	0.22	0.23	0.27	0.25	0.23	0.27	0.26	0.23	0.24
山西	0.21	0.20	0.19	0.22	0.32	0.29	0.19	0.27	0.35	0.36	0.45	0.42	0.35	0.34
内蒙古	0.26	0.21	0.20	0.18	0.17	0.30	0.26	0.28	0.28	0.15	0.12	0.14	0.17	0.15
辽宁	0.28	0.21	0.18	0.15	0.14	0.19	0.20	0.22	0.25	0.19	0.23	0.20	0.13	0.20
黑龙江	0.28	0.20	0.27	0.20	0.26	0.22	0.19	0.28	0.27	0.23	0.29	0.31	0.30	0.31
山东	0.28	0.20	0.21	0.15	0.12	0.08	0.16	0.21	0.17	0.19	0.17	0.19	0.16	0.16
河南	0.30	0.25	0.21	0.15	0.12	0.21	0.21	0.21	0.21	0.19	0.22	0.25	0.23	0.25
陕西	0.22	0.21	0.22	0.22	0.13	0.17	0.20	0.22	0.22	0.19	0.24	0.19	0.13	0.18
宁夏	0.26	0.19	0.18	0.23	0.20	0.17	0.14	0.27	0.24	0.28	0.27	0.19	0.10	0.11
新疆	0.29	0.24	0.25	0.27	0.28	0.31	0.29	0.23	0.27	0.25	0.32	0.26	0.19	0.24
吉林	0.13	0.12	0.16	0.20	0.19	0.29	0.25	0.27	0.31	0.30	0.33	0.30	0.27	0.29
江苏	0.29	0.18	0.18	0.16	0.15	0.17	0.20	0.19	0.16	0.09	0.12	0.19	0.20	0.25
浙江	0.26	0.26	0.23	0.24	0.16	0.23	0.21	0.23	0.21	0.19	0.23	0.21	0.17	0.14
安徽	0.17	0.27	0.22	0.20	0.16	0.20	0.20	0.18	0.23	0.18	0.13	0.16	0.14	0.17
福建	0.29	0.11	0.09	0.07	0.02	0.08	0.10	0.16	0.16	0.22	0.25	0.23	0.22	0.43
湖北	0.19	0.18	0.15	0.14	0.11	0.15	0.18	0.20	0.21	0.19	0.28	0.27	0.26	0.30
湖南	0.26	0.28	0.16	0.18	0.15	0.20	0.22	0.18	0.27	0.18	0.18	0.21	0.24	0.26
广东	0.15	0.20	0.19	0.26	0.27	0.26	0.26	0.28	0.29	0.25	0.24	0.21	0.20	0.22
广西	0.19	0.22	0.16	0.17	0.17	0.20	0.18	0.24	0.19	0.20	0.23	0.22	0.29	0.35
四川	0.24	0.26	0.22	0.26	0.29	0.27	0.23	0.35	0.33	0.30	0.31	0.26	0.19	0.24
云南	0.31	0.20	0.14	0.17	0.16	0.39	0.37	0.32	0.23	0.23	0.20	0.19	0.44	0.15
甘肃	0.33	0.14	0.15	0.19	0.16	0.22	0.23	0.28	0.25	0.21	0.25	0.25	0.16	0.19
青海	0.25	0.18	0.15	0.15	0.10	0.16	0.15	0.18	0.14	0.15	0.16	0.17	0.17	0.20

注: F36 代表 50 kg 主产品毛利率。

附表 12　23 省 F37 原始数据

单位：%

区域	2003	2004	2005	2006	2007	2008	2009	2010	2011	2012	2013	2014	2015	2016
河北	48.22	25.67	25.52	28.29	28.51	29.35	30.54	38.75	34.59	30.57	38.57	35.43	30.49	32.99
山西	17.63	25.38	22.93	29.70	46.98	41.08	25.89	36.65	54.37	55.93	81.49	73.56	53.69	52.19
内蒙古	25.29	26.92	26.18	22.36	20.70	45.65	37.11	39.57	40.10	17.63	14.07	15.54	20.28	16.99
辽宁	35.44	31.05	22.74	18.61	15.79	24.30	24.60	28.47	32.36	23.83	29.68	24.32	15.20	25.24
黑龙江	32.05	25.17	36.17	25.06	34.38	27.37	22.81	39.78	36.19	29.95	40.77	44.24	42.47	43.77
山东	33.15	25.40	29.33	18.82	15.11	9.09	21.34	30.89	21.82	25.85	23.08	24.25	20.16	18.30
河南	38.43	32.57	25.62	17.67	13.13	26.57	26.25	26.59	26.41	23.71	28.64	32.36	28.70	32.15
陕西	21.29	26.34	28.10	28.45	20.85	20.30	25.19	28.02	28.08	23.73	32.27	22.97	14.84	21.49
宁夏	32.58	25.98	21.99	32.07	26.53	19.58	15.44	37.44	31.24	39.28	37.16	23.09	8.64	11.25
新疆	57.04	32.45	33.05	36.89	38.57	43.69	39.64	30.35	37.28	33.50	47.79	36.75	24.59	32.16
吉林	16.42	16.75	21.46	26.03	23.39	44.38	34.24	37.06	47.30	44.96	52.27	43.79	38.24	41.71
江苏	31.40	23.11	22.79	20.24	18.53	22.41	24.98	24.79	19.64	11.40	16.58	23.99	26.13	33.19
浙江	28.26	36.07	29.36	30.74	20.35	29.90	26.17	29.98	27.42	23.32	30.74	26.42	21.07	17.41
安徽	14.89	37.61	27.95	25.13	19.15	24.99	24.67	24.47	30.64	21.98	16.05	19.71	16.45	20.83
福建	41.19	12.43	9.19	6.92	2.21	9.13	12.00	19.29	19.09	28.51	32.78	29.44	28.35	74.02
湖北	20.52	22.25	18.80	17.69	14.22	20.45	22.93	26.61	27.19	23.89	37.71	36.30	35.17	43.88
湖南	27.26	40.60	19.44	21.24	11.99	24.98	28.80	21.19	29.00	21.81	22.06	25.71	32.55	35.30
广东	19.00	26.18	23.74	33.74	35.63	34.36	34.17	37.20	39.96	31.40	31.58	26.95	25.34	27.88
广西	0.47	28.40	17.95	18.42	18.55	22.49	21.38	30.24	23.69	24.22	29.14	29.83	51.84	48.11
四川	21.81	38.67	30.75	40.27	45.97	38.42	28.43	51.21	48.25	41.38	44.45	35.46	22.58	30.62
云南	35.94	25.49	16.05	20.57	19.68	63.52	57.45	45.26	29.09	30.00	24.24	23.23	21.87	16.47
甘肃	31.84	17.19	17.52	23.57	19.30	28.73	29.83	41.45	33.89	26.22	35.28	33.19	20.32	22.13
青海	24.75	21.42	17.91	18.13	12.72	19.84	19.38	23.07	18.81	18.83	21.77	21.95	21.03	24.81

注：F37 代表一头牛的成本利润率。

附表13 23省C41原始数据

区域	2003	2004	2005	2006	2007	2008	2009	2010	2011	2012	2013	2014	2015	2016
河北	0.15	0.13	0.13	0.14	0.04	-0.01	0.10	0.10	0.19	0.18	0.12	0.15	0.12	0.12
山西	0.03	0.03	0.05	0.05	0.06	0.06	0.04	0.12	0.11	0.11	0.09	0.07	0.04	0.04
内蒙古	0.10	0.09	0.11	0.08	0.12	-0.05	0.07	0.14	0.09	0.06	0.07	0.10	0.11	0.11
辽宁	0.04	0.05	0.04	0.06	0.06	0.05	0.07	0.23	0.12	0.08	0.06	0.05	0.03	0.03
黑龙江	0.07	0.08	0.05	0.05	0.08	0.13	0.14	0.19	0.13	0.11	0.14	0.16	0.12	0.12
山东	0.07	0.08	0.10	0.12	0.12	0.08	0.15	0.12	0.15	0.13	0.15	0.14	0.14	0.14
河南	0.03	0.02	0.11	0.18	0.22	0.19	0.20	0.21	0.23	0.19	0.14	0.17	0.16	0.16
陕西	0.04	0.03	0.05	0.05	0.08	-0.02	0.08	0.02	0.09	0.12	0.07	0.17	0.19	0.19
宁夏	0.04	-0.01	-0.03	0.01	0.03	0.03	0.05	0.02	0.05	0.10	0.06	0.11	0.12	0.12
新疆	0.03	0.01	-0.01	0.02	0.05	0.02	0.04	0.05	0.06	0.08	0.04	0.07	0.02	0.02
吉林	0.03	0.03	0.04	0.01	0.04	0.04	0.00	0.01	0.06	0.05	0.06	0.08	0.07	0.07
江苏	0.03	0.04	0.05	0.04	0.03	0.05	0.05	0.06	0.18	0.04	0.06	0.07	0.07	0.07
浙江	0.04	0.03	0.00	0.03	0.04	0.03	0.05	0.07	0.05	0.10	0.05	0.05	0.08	0.08
安徽	0.00	-0.02	-0.04	0.00	0.12	0.04	0.12	0.23	0.20	0.13	0.10	0.10	0.11	0.11
福建	0.02	0.00	-0.02	0.00	0.04	0.08	0.05	0.06	0.06	0.11	0.11	0.13	0.12	0.12
湖北	0.00	-0.02	-0.01	0.02	0.01	0.01	0.05	0.16	0.11	0.16	0.07	0.09	0.12	0.11
湖南	0.05	0.09	0.09	0.07	0.11	0.02	0.22	0.12	0.12	0.08	0.07	0.07	0.07	0.07
广东	0.12	0.15	0.21	0.23	0.25	0.16	0.13	0.18	0.16	0.16	0.13	0.12	0.12	0.12
广西	0.08	0.08	0.09	0.29	0.11	0.11	0.05	0.09	0.08	0.06	0.07	0.06	0.06	0.06
四川	0.02	0.01	0.00	0.01	0.01	0.02	0.04	0.09	0.08	0.10	0.09	0.08	0.09	0.09
云南	0.03	0.02	0.03	0.01	0.09	0.03	0.11	0.12	0.09	0.09	0.09	0.08	0.09	0.09
甘肃	0.02	-0.01	-0.02	-0.01	-0.03	-0.03	-0.01	0.02	0.05	0.07	0.05	0.07	0.05	0.05
青海	-0.01	0.02	0.01	0.02	0.00	0.01	0.01	0.08	0.12	0.07	0.06	0.05	0.04	0.04

注：C41代表乳企资产利润率。

附表14 23省C43原始数据

区域	2003	2004	2005	2006	2007	2008	2009	2010	2011	2012	2013	2014	2015	2016
河北	0.15	0.14	0.14	0.16	0.09	-0.01	0.06	0.04	0.07	0.09	0.07	0.10	0.09	0.09
山西	0.01	0.01	0.01	0.01	0.02	0.04	0.01	0.02	0.02	0.02	0.01	0.01	0.00	0.00
内蒙古	0.24	0.26	0.28	0.20	0.26	-0.25	0.17	0.27	0.19	0.14	0.20	0.26	0.27	0.27
辽宁	0.02	0.03	0.02	0.03	0.02	0.05	0.04	0.07	0.04	0.05	0.05	0.03	0.02	0.02
黑龙江	0.16	0.17	0.08	0.07	0.10	0.37	0.20	0.18	0.14	0.13	0.16	0.17	0.12	0.12
山东	0.06	0.08	0.10	0.12	0.08	0.14	0.11	0.09	0.10	0.11	0.14	0.11	0.11	0.11
河南	0.00	0.00	0.02	0.03	0.03	0.08	0.04	0.03	0.04	0.04	0.05	0.04	0.05	0.05
陕西	0.02	0.02	0.02	0.02	0.03	-0.01	0.03	0.01	0.02	0.03	0.04	0.05	0.05	0.05
宁夏	0.01	0.00	-0.01	0.00	0.00	0.01	0.01	0.00	0.01	0.02	0.01	0.02	0.02	0.02
新疆	0.00	0.01	0.00	0.01	0.01	0.01	0.01	0.01	0.01	0.01	0.01	0.01	0.01	0.01
吉林	0.00	0.00	0.00	0.00	0.00	0.01	0.00	0.00	0.01	0.00	0.00	0.01	0.01	0.01
江苏	0.02	0.02	0.02	0.01	0.01	0.03	0.01	0.01	0.03	0.02	0.02	0.02	0.03	0.03
浙江	0.02	0.02	0.00	0.01	0.03	0.02	0.02	0.03	0.01	0.02	0.01	0.01	0.02	0.02
安徽	0.00	0.00	0.00	0.00	0.00	0.02	0.00	0.00	0.03	0.02	0.02	0.02	0.01	0.01
福建	0.01	0.00	0.00	0.01	0.00	0.01	0.02	0.02	0.00	0.00	0.01	0.01	0.01	0.01
湖北	0.00	0.02	0.02	0.00	0.00	0.00	0.02	0.02	0.02	0.02	0.01	0.01	0.02	0.02
湖南	0.02	0.03	0.05	0.04	0.04	0.02	0.05	0.02	0.02	0.02	0.01	0.01	0.01	0.01
广东	0.09	0.13	0.12	0.14	0.14	0.20	0.07	0.07	0.08	0.10	0.08	0.07	0.06	0.06
广西	0.00	0.00	0.01	0.02	0.01	0.01	0.01	0.01	0.01	0.01	0.01	0.01	0.02	0.02
四川	0.00	0.00	0.00	0.00	0.00	0.01	0.01	0.01	0.01	0.02	0.02	0.01	0.02	0.02
云南	0.01	0.00	0.00	0.00	0.00	-0.01	0.00	0.00	0.00	0.01	0.01	0.01	0.01	0.01
甘肃	0.00	0.00	0.00	0.00	0.00	0.00	0.00	0.01	0.01	0.01	0.01	0.01	0.01	0.01
青海	0.00	0.00	0.00	0.00	0.00	0.00	0.00	0.00	0.00	0.00	0.00	0.00	0.00	0.00

注：C43代表乳企利润占比。

附表15 23省C44原始数据

区域	年份													
	2003	2004	2005	2006	2007	2008	2009	2010	2011	2012	2013	2014	2015	2016
河北	0.061	0.054	0.058	0.056	0.037	-0.005	0.060	0.047	0.079	0.085	0.058	0.092	0.083	0.085
山西	0.036	0.030	0.041	0.046	0.053	0.060	0.048	0.095	0.082	0.077	0.059	0.047	0.038	0.039
内蒙古	0.083	0.062	0.075	0.050	0.083	-0.036	0.061	0.163	0.098	0.076	0.112	0.103	0.116	0.119
辽宁	0.088	0.111	0.061	0.056	0.047	0.033	0.048	0.145	0.069	0.073	0.067	0.063	0.053	0.054
黑龙江	0.066	0.074	0.040	0.036	0.054	0.078	0.086	0.113	0.078	0.076	0.094	0.115	0.084	0.086
山东	0.047	0.051	0.065	0.072	0.060	0.044	0.077	0.092	0.093	0.073	0.091	0.087	0.098	0.100
河南	0.036	0.026	0.103	0.109	0.122	0.103	0.098	0.106	0.096	0.083	0.075	0.081	0.083	0.085
陕西	0.042	0.035	0.038	0.035	0.047	-0.011	0.047	0.012	0.035	0.044	0.043	0.067	0.093	0.095
宁夏	0.047	-0.011	-0.027	0.008	0.021	0.028	0.047	0.021	0.048	0.065	0.044	0.066	0.089	0.091
新疆	0.061	0.035	-0.021	0.040	0.056	0.027	0.053	0.047	0.059	0.083	0.070	0.094	0.043	0.044
吉林	0.051	0.049	0.083	0.029	0.070	0.056	-0.004	0.011	0.047	0.030	0.028	0.046	0.038	0.039
江苏	0.028	0.031	0.044	0.039	0.034	0.038	0.039	0.045	0.115	0.037	0.046	0.048	0.053	0.054
浙江	0.047	0.038	0.004	0.028	0.044	0.034	0.040	0.072	0.038	0.065	0.033	0.031	0.061	0.062
安徽	0.004	-0.013	-0.050	0.004	0.074	0.024	0.082	0.145	0.111	0.063	0.048	0.049	0.051	0.052
福建	0.060	-0.003	-0.034	-0.002	0.037	0.034	0.030	0.031	0.076	0.083	0.075	0.090	0.088	0.090
湖北	0.002	-0.023	-0.008	0.021	0.013	0.007	0.065	0.115	0.076	0.089	0.033	0.058	0.061	0.062
湖南	0.080	0.080	0.077	0.063	0.078	0.017	0.127	0.099	0.086	0.092	0.063	0.064	0.059	0.061
广东	0.151	0.195	0.201	0.170	0.188	0.112	0.094	0.135	0.124	0.128	0.090	0.111	0.098	0.101
广西	0.117	0.123	0.125	0.400	0.124	0.135	0.123	0.122	0.122	0.087	0.093	0.076	0.097	0.099
四川	0.023	0.014	0.005	0.009	0.012	0.012	0.027	0.061	0.046	0.061	0.045	0.045	0.053	0.054
云南	0.047	0.028	0.046	0.008	0.087	0.031	0.094	0.079	0.067	0.064	0.061	0.063	0.072	0.074
甘肃	0.031	-0.019	-0.029	-0.017	-0.034	-0.031	-0.009	0.019	0.065	0.068	0.051	0.090	0.077	0.078
青海	-0.036	0.020	0.010	0.032	-0.002	0.012	0.040	0.073	0.167	0.105	0.090	0.068	0.064	0.066

注：C44代表乳企成本利润率。

附表16　23省M45原始数据

区域	年份													
	2003	2004	2005	2006	2007	2008	2009	2010	2011	2012	2013	2014	2015	2016
河北	0.1549	0.1447	0.1433	0.1537	0.1506	0.0791	0.0709	0.0731	0.0780	0.0806	0.0801	0.0786	0.0866	0.0866
山西	0.0222	0.0273	0.0208	0.0107	0.0179	0.0200	0.0151	0.0197	0.0169	0.0165	0.0151	0.0128	0.0087	0.0087
内蒙古	0.1958	0.2376	0.2265	0.2160	0.1989	0.1932	0.1920	0.1742	0.1631	0.1329	0.1256	0.1919	0.1903	0.1903
辽宁	0.0136	0.0141	0.0240	0.0322	0.0328	0.0461	0.0518	0.0503	0.0510	0.0463	0.0455	0.0350	0.0243	0.0243
黑龙江	0.1569	0.1336	0.1150	0.1077	0.1148	0.1423	0.1606	0.1581	0.1504	0.1240	0.1181	0.1131	0.1139	0.1139
山东	0.0785	0.0863	0.0906	0.0961	0.0900	0.0925	0.0963	0.0964	0.0935	0.1125	0.1036	0.0925	0.0917	0.0917
河南	0.0086	0.0082	0.0127	0.0176	0.0184	0.0255	0.0265	0.0289	0.0368	0.0406	0.0425	0.0405	0.0448	0.0448
陕西	0.0286	0.0280	0.0370	0.0328	0.0371	0.0376	0.0390	0.0402	0.0454	0.0509	0.0548	0.0489	0.0461	0.0461
宁夏	0.0122	0.0118	0.0104	0.0095	0.0091	0.0086	0.0080	0.0069	0.0091	0.0179	0.0197	0.0200	0.0193	0.0193
新疆	0.0108	0.0100	0.0097	0.0089	0.0126	0.0148	0.0119	0.0139	0.0124	0.0136	0.0120	0.0097	0.0108	0.0108
吉林	0.0029	0.0034	0.0033	0.0034	0.0033	0.0039	0.0049	0.0067	0.0097	0.0100	0.0096	0.0094	0.0110	0.0110
江苏	0.0349	0.0295	0.0224	0.0190	0.0172	0.0206	0.0206	0.0206	0.0246	0.0331	0.0348	0.0341	0.0369	0.0369
浙江	0.0266	0.0294	0.0214	0.0228	0.0203	0.0131	0.0142	0.0120	0.0143	0.0177	0.0170	0.0179	0.0197	0.0197
安徽	0.0050	0.0047	0.0036	0.0065	0.0219	0.0218	0.0207	0.0232	0.0216	0.0251	0.0244	0.0229	0.0221	0.0221
福建	0.0117	0.0113	0.0072	0.0061	0.0071	0.0090	0.0078	0.0070	0.0037	0.0045	0.0046	0.0042	0.0046	0.0046
湖北	0.0120	0.0090	0.0119	0.0110	0.0116	0.0158	0.0164	0.0171	0.0177	0.0180	0.0196	0.0150	0.0202	0.0202
湖南	0.0202	0.0248	0.0362	0.0332	0.0322	0.0282	0.0266	0.0192	0.0197	0.0141	0.0156	0.0133	0.0146	0.0146
广东	0.0408	0.0419	0.0409	0.0511	0.0509	0.0571	0.0543	0.0573	0.0578	0.0591	0.0611	0.0466	0.0448	0.0448
广西	0.0023	0.0023	0.0029	0.0036	0.0033	0.0032	0.0042	0.0067	0.0077	0.0084	0.0099	0.0122	0.0158	0.0158
四川	0.0091	0.0124	0.0122	0.0134	0.0153	0.0188	0.0149	0.0198	0.0217	0.0212	0.0225	0.0215	0.0216	0.0216
云南	0.0072	0.0077	0.0055	0.0058	0.0086	0.0068	0.0073	0.0074	0.0080	0.0114	0.0116	0.0118	0.0128	0.0128
甘肃	0.0066	0.0084	0.0063	0.0049	0.0054	0.0052	0.0039	0.0050	0.0046	0.0079	0.0084	0.0084	0.0079	0.0079
青海	0.0002	0.0005	0.0003	0.0003	0.0007	0.0017	0.0024	0.0043	0.0019	0.0030	0.0028	0.0029	0.0035	0.0035

注：M45代表市场占有率。

附表 17　23 省 M46 原始数据

区域	2003	2004	2005	2006	2007	2008	2009	2010	2011	2012	2013	2014	2015	2016
河北	3.715	3.341	3.274	3.644	3.505	1.708	1.587	1.626	1.615	1.697	1.800	1.849	2.132	2.149
山西	1.347	1.556	1.101	0.582	0.915	0.956	0.900	1.100	0.844	0.848	0.847	0.816	0.663	0.719
内蒙古	20.368	21.624	18.626	16.327	13.526	11.316	9.731	9.182	7.799	6.801	6.613	11.020	11.338	11.143
辽宁	0.308	0.317	0.555	0.723	0.725	0.966	1.010	0.953	0.976	0.884	0.897	0.770	0.723	1.184
黑龙江	7.695	6.946	6.047	5.844	7.356	8.747	11.529	11.084	11.035	9.237	8.959	9.464	11.040	11.823
山东	0.739	0.770	0.741	0.771	0.706	0.715	0.709	0.743	0.770	0.887	0.805	0.705	0.689	0.709
河南	0.231	0.218	0.309	0.396	0.389	0.489	0.501	0.560	0.650	0.721	0.735	0.664	0.683	0.656
陕西	2.220	2.108	2.851	2.374	2.811	2.651	2.651	2.678	2.799	2.895	3.174	2.921	2.773	2.700
宁夏	4.722	4.369	3.978	3.556	3.555	3.144	3.125	2.578	3.201	5.506	5.997	6.323	6.262	6.158
新疆	1.426	1.358	1.134	1.011	1.478	1.651	1.669	1.838	1.562	1.685	1.432	1.182	1.476	1.516
吉林	0.155	0.202	0.229	0.246	0.228	0.245	0.291	0.365	0.498	0.466	0.452	0.443	0.552	0.549
江苏	0.273	0.227	0.170	0.143	0.128	0.158	0.152	0.157	0.194	0.257	0.271	0.262	0.274	0.271
浙江	0.299	0.330	0.241	0.259	0.238	0.167	0.199	0.170	0.227	0.286	0.283	0.311	0.346	0.349
安徽	0.266	0.244	0.189	0.346	1.112	1.021	0.915	0.920	0.761	0.822	0.758	0.683	0.636	0.616
福建	0.349	0.341	0.229	0.203	0.230	0.300	0.258	0.228	0.119	0.141	0.146	0.125	0.131	0.127
湖北	0.415	0.331	0.487	0.472	0.491	0.640	0.589	0.577	0.556	0.526	0.532	0.404	0.526	0.519
湖南	1.103	1.350	1.968	1.789	1.585	1.301	1.132	0.754	0.653	0.467	0.508	0.437	0.460	0.451
广东	0.276	0.295	0.294	0.371	0.379	0.456	0.457	0.484	0.510	0.588	0.607	0.448	0.421	0.408
广西	0.234	0.239	0.292	0.359	0.308	0.288	0.366	0.524	0.545	0.535	0.608	0.723	0.868	0.833
四川	0.382	0.513	0.503	0.538	0.591	0.668	0.462	0.603	0.608	0.626	0.656	0.626	0.629	0.616
云南	0.674	0.737	0.535	0.543	0.798	0.679	0.789	0.820	0.893	1.200	1.221	1.285	1.441	1.438
甘肃	0.819	1.026	0.796	0.619	0.673	0.685	0.556	0.696	0.595	0.953	1.021	1.014	1.074	1.193
青海	0.085	0.250	0.183	0.150	0.333	0.769	1.226	1.954	0.967	1.398	1.384	1.422	1.799	1.807

注：M46 代表区位熵。

附表18 23省M47原始数据

区域	2003	2004	2005	2006	2007	2008	2009	2010	2011	2012	2013	2014	2015	2016
河北	0.1313	0.1427	0.1461	0.1509	0.1285	0.1367	0.1095	0.1243	0.1259	0.1116	0.1175	0.1346	0.1331	0.1320
山西	0.0396	0.0456	0.0370	0.0245	0.0331	0.0259	0.0265	0.0237	0.0232	0.0281	0.0208	0.0188	0.0179	0.0205
内蒙古	0.2759	0.3178	0.3166	0.2493	0.2176	0.2135	0.2123	0.1674	0.1503	0.1274	0.1169	0.1027	0.1096	0.1147
辽宁	0.0303	0.0285	0.0383	0.0470	0.0499	0.0616	0.0313	0.0539	0.0460	0.0492	0.0413	0.0364	0.0360	0.0307
黑龙江	0.0611	0.0464	0.0505	0.0660	0.0775	0.0750	0.0679	0.0633	0.0503	0.0625	0.0643	0.0588	0.0558	0.0513
山东	0.0532	0.0602	0.0640	0.0704	0.0815	0.0828	0.1153	0.1192	0.1390	0.1238	0.0991	0.0846	0.0961	0.0890
河南	0.0285	0.0262	0.0270	0.0411	0.0430	0.0400	0.0538	0.0577	0.0763	0.0677	0.0807	0.0918	0.0937	0.1118
陕西	0.0030	0.0144	0.0360	0.0439	0.0492	0.0521	0.0522	0.0608	0.0616	0.0723	0.0693	0.0572	0.0534	0.0441
宁夏	0.0178	0.0134	0.0103	0.0092	0.0089	0.0062	0.0058	0.0058	0.0064	0.0250	0.0270	0.0296	0.0288	0.0321
新疆	0.0114	0.0130	0.0087	0.0118	0.0113	0.0104	0.0130	0.0129	0.0141	0.0157	0.0151	0.0159	0.0161	0.0183
吉林	0.0084	0.0050	0.0046	0.0062	0.0016	0.0014	0.0035	0.0032	0.0028	0.0070	0.0060	0.0054	0.0057	0.0045
江苏	0.0410	0.0347	0.0293	0.0309	0.0308	0.0461	0.0570	0.0522	0.0456	0.0509	0.0524	0.0535	0.0560	0.0543
浙江	0.0401	0.0354	0.0307	0.0212	0.0142	0.0120	0.0176	0.0121	0.0127	0.0141	0.0161	0.0173	0.0171	0.0207
安徽	0.0032	0.0033	0.0027	0.0172	0.0260	0.0243	0.0256	0.0327	0.0326	0.0331	0.0385	0.0430	0.0349	0.0370
福建	0.0167	0.0145	0.0133	0.0111	0.0078	0.0044	0.0071	0.0067	0.0082	0.0081	0.0093	0.0066	0.0040	0.0045
湖北	0.0224	0.0265	0.0243	0.0240	0.0292	0.0240	0.0289	0.0288	0.0238	0.0282	0.0323	0.0358	0.0395	0.0411
湖南	0.0071	0.0096	0.0086	0.0100	0.0091	0.0129	0.0083	0.0079	0.0107	0.0081	0.0090	0.0133	0.0097	0.0081
广东	0.0244	0.0143	0.0131	0.0172	0.0194	0.0176	0.0209	0.0272	0.0254	0.0130	0.0242	0.0164	0.0181	0.0180
广西	0.0039	0.0038	0.0040	0.0080	0.0182	0.0210	0.0045	0.0051	0.0058	0.0061	0.0089	0.0155	0.0149	0.0158
四川	0.0079	0.0037	0.0083	0.0086	0.0141	0.0201	0.0235	0.0249	0.0307	0.0308	0.0350	0.0396	0.0379	0.0401
云南	0.0098	0.0138	0.0109	0.0114	0.0143	0.0154	0.0169	0.0164	0.0163	0.0214	0.0212	0.0217	0.0225	0.0240
甘肃	0.0028	0.0051	0.0046	0.0068	0.0044	0.0042	0.0059	0.0072	0.0076	0.0106	0.0114	0.0131	0.0125	0.0117
青海	0.0004	0.0013	0.0010	0.0013	0.0032	0.0041	0.0033	0.0050	0.0058	0.0072	0.0070	0.0079	0.0079	0.0071

注：M47代表液态奶聚集率。